U0575637

医疗器械
市场营销与策略管理

齐广利　徐福宁　柳红燕　著

吉林科学技术出版社

图书在版编目（CIP）数据

医疗器械市场营销与策略管理 / 齐广利，徐福宁，
柳红燕著． -- 长春：吉林科学技术出版社，2020.8
ISBN 978-7-5578-7126-0

Ⅰ．①医… Ⅱ．①齐… ②徐… ③柳… Ⅲ．①医疗器
械－市场营销－营销管理 Ⅳ．①F763

中国版本图书馆 CIP 数据核字（2020）第 074050 号

医疗器械市场营销与策略管理

著　　者	齐广利　徐福宁　柳红燕
出 版 人	宛　霞
责任编辑	汪雪君
封面设计	薛一婷
制　　版	长春美印图文设计有限公司
开　　本	16
字　　数	300 千字
印　　张	13.5
版　　次	2020 年 8 月第 1 版
印　　次	2020 年 8 月第 1 次印刷
出　　版	吉林科学技术出版社
发　　行	吉林科学技术出版社
地　　址	长春净月高新区福祉大路 5788 号出版大厦 A 座
邮　　编	130118

发行部电话 / 传真　0431—81629529　　81629530　　81629531
　　　　　　　　　　81629532　　81629533　　81629534

储运部电话　0431—86059116

编辑部电话　0431—81629520

印　　刷　北京宝莲鸿图科技有限公司

书　　号　ISBN 978-7-5578-7126-0

定　　价　55.00 元

前　言

　　市场营销是经济发展的产物，在经济的推动下，市场营销的手段开始多样化，市场营销可以更好地促进企业的发展，目前我国正处在经济体制改革和新一轮医药卫生体制改革的背景之下，从企业改革的多方面出发，市场营销手段成了企业发展的重要组成部分，从而更好地适应经济，这样更需要企业，采取科学的营销策略，先进的营销手段，在市场竞争中获取成功。

　　医疗器械市场营销是将人类对健康的需求转化为医院获利的机会而进行的各类经营活动。随着科学技术的快速发展，我国医疗器械领域的信息技术水平也在不断提升，逐渐与国际先进的医疗器械制造行业接轨。我国的医疗器械行业面临着激烈的国际市场竞争，在国外医疗器械设备研发技术领先的背景下，我国医疗器械行业效益的提升就需要有强力的营销手段作为保障，在当前选择科学合理的医疗器械营销渠道就变得尤为重要，影响着我国医疗器械行业能否在市场竞争中占得一席之地。

　　本书从我国医疗器械市场营销的现状入手，阐述了医疗器械市场的环境、调查与预测，然后分析了医疗器械市场细分、需求及目标市场，最后重点梳理了医疗器械市场组合策略管理、价格策略、分销渠道策略、促销策略，以及医疗服务市场竞争策略等，希望能够为相关领域的人士提供一些借鉴，以便为患者打造更为贴心的医疗器械治疗服务。

　　本书在撰写过程中参阅了大量国内外相关文献和网络资源，在此向这些文献和资源的原创者致以诚挚的感谢。由于作者水平有限，书中疏漏和不足之处敬请专家、读者批评指正。

目　录

第一章　市场与医疗器械市场

市场是商品交换的场所，是商品交换关系的总和。只要有商品生产和商品交换，就必然存在与之相适应的市场。当今社会，市场已渗透到人们生产、生活的各个领域，人们对市场的认识随着生产力的发展和社会分工的扩大而不断深化、充实和完善。随着商品经济的发展，市场学已成为一门新兴的学科，有自身的研究对象和理论体系，其原理和方法有广泛的适用性。医疗器械市场是一个专业技术市场，既有一般商品市场所共有的属性，又有其本身所独有的特性。医疗器械市场学是市场学的一个新型分支，其属性是一门研究人的生命需求与市场供给的新兴边缘学科。研究医疗器械市场学，深入探索医疗专业市场的特征及运行规律，有利于促进我国医疗器械专业市场的发展，提高人民的健康水平，对于我国医疗卫生体制改革的实践具有重大的现实意义。

第一节　市场学概述

一、市场学基本概念

市场学是生产社会化和商品经济大发展的产物，是在资本主义经济迅速发展和市场问题日益尖锐化的过程中产生和发展起来的，是被现代资本主义国家广泛研究和运用的一门新兴学科。在国外书籍中关于市场概念一般有两个词；Market 通常译为"市场"；Marketing 通常译为"市场学"，也有译为"行销学""销售学""市场营销学"或"营运学"等。美国市场营销学会（AMA）的定义委员会对 Marketing 的定义是"引导商品和劳务从生产者到达消费者之手所实施的一切企业活动"的科学。照此定义，则一般地翻译为市场学。美国著名市场学家菲利普·考特勒对其下的定义为："市场营销是致力于通过交换过程满足需要和欲望的人类活动。"

由于市场学是一门比较年轻的、正在发展中的学科，对其定义存在各种各样的表述，可以收集到的就多达五六十种。把它们按基本观点归纳一下大体可分为四类：

（1）持企业服务观点者，认为市场学是一种为消费者服务的理论。如美国理查德·特·赫斯在《基础市场学》中说：市场学的任务是"把握市场需要，对消费者的需求提供满意的商品和劳务"。

（2）持社会活动观点者，认为市场学是对社会现象的一种探讨、理解和认识。如凯洛西尔就认为市场学是研究"出现在生产者之间的某种关系，即由产生意念到变成交易过程的各种可能"。

（3）持销售业务观点者，认为市场学是研究通过一定的销售渠道把生产企业与市场联系起来的过程。如罗杰尔提出：市场学是研究"组织和指导商业活动，使消费者购买公司所经营的特定商品或劳务，从而实现既定的利润或目标"。

（4）持抽象理论观点者，他们把市场学从社会具体实践的经济活动中抽象出来。如西方市场学者之间广泛地流传着："市场学是一门科学，一种行为，一项艺术"。

根据研究的重点不同，市场学可分为以下几种：

（1）实证市场学：研究如何理解、解释和预测实际存在的市场营销活动和现象。例如，如何能够有效地做广告；如何准确地预测需求量；定什么价格能使企业得到最大利益；一个企业采取什么样的分销途径最有效等。

（2）规范市场学：研究一个社会认为市场活动应该怎么样以及人们和企业应该做什么。如应该不应该将计划内物资转为计划外物资；企业在经济活动中是否应该请客送礼；是否应该允许毒品买卖；香烟是否应该做广告；广告是否应该真实；有奖销售是否合理等。

（3）宏观市场学：研究市场体系及其与整个社会的关系。关于市场体系，每个国家都有所不同。经济学家亚当·斯密认为，自由市场制度最有效；美国当代经济学家弗里德曼认为，在当今世界上，香港的市场体系最符合亚当·斯密的模式；凯恩斯认为，当经济处于萧条时，政府应该刺激需求；马克思认为，自由市场必不可免地导致经济危机和社会混乱。

（4）微观市场学：从个人或组织的经营角度对市场进行研究。如一个市场经理如何利用一切可以利用的手段有效地进行市场营销活动；一个企业应该采取什么样的活动才能与社会价值标准相一致。

市场学的定义将随着市场学自身的发展而不断变化，然而对于我们国家而言，社会主义市场学来源于社会主义生产和生活的需要，是从我国社会主义市场的性质和特点出发，在社会主义现代化建设的实践中逐步发展起来的。因此，它应是研究我国社会主义条件下，为满足消费者日益增长的物质和文化生活需要，所实施的以产品出产、分配路线、促进销售、商品定价等为主要内容的一切市场经营活动过程及其客观规律性的科学。

二、市场学的产生和发展

（一）市场学的产生

市场和市场营销活动早在人类社会出现社会分工和私有制的原始社会末期就已存在了，已经历了人类社会几千年的历史。但由于长期商品经济的不发达和各种历史条件的限制，未能形成一门科学。市场学是在资本主义自由竞争向垄断阶段的过渡时期，为适应商品经济的发展和市场经营活动而迅速创立并逐步发展起来的。最早在 1902 年出现在美国，后来传播到西欧、日本等地，从 1912 年世界上第一本市场学教科书 Marketing 的问世，至今只有近百年历史。从市场学发展的历史进程来看，主要可分为三个阶段：

1. 形成阶段

即从 19 世纪末到 20 世纪初，一方面，由于当时各主要资本主义国家先后完成了工业革命，并从自由资本主义向垄断资本主义过渡。另一方面资本主义基本矛盾——社会化大生产与私人占有制之间的矛盾越来越尖锐化。大量商品充斥市场，而劳动者需求的支付能力相对缩小，于是商品过剩，带来了商品经济危机。自 1825 年爆发世界上第一次经济危机后，每隔若干年就要爆发一次。在危机期间，商品销售更加困难，迫使资本家研究如何能找到出路。于是，早在 20 世纪初，为了摆脱这种困境，资本垄断组织需要对这个难以驾驭的魔鬼"市场"进行研究，一些经济学家开始研究销售问题，于是市场学应运而生。

1902～1903 年，美国密执安、加州、伊利诺斯三所大学的经济系正式设置市场学课程。1912 年，由哈佛大学的赫杰特齐教授编写的作为世界上第一本市场学教科书出现在美国大学讲坛上，这是市场学从经济学中分离出来，作为一门学科出现的里程碑。不过这时的市场学的内容实际上只是侧重于研究推销方法和广告技术，并没有阐明现代市场学的原理和概念。当时市场学的研究活动，局限于少数学者在高等学府进行研究，并未引起社会的足够重视。

2. 发展阶段

从 20 世纪 20 年代到第二次世界大战期间，由于资本的积累、技术发展、生产力的进一步提高，以及消费者购买力的更进一步相对贫困化，资本主义残酷竞争而加剧了生产的无政府状态，使商品堵塞，1929 年到 1933 年资本主义国家爆发了生产过剩的经济危机，这种发展趋势并没有因为强化推销而有所缓和。于是对市场的研究受到了社会的普遍重视，市场学由学校走向了社会，为企业家所采用。这期间已有不少市场学教科书问世，并初步建立了自己的理论。1915 年美国全国广告协会正式成立，1926 年改组为全美市场学和广告学教师协会，五年后便成立专门讲授和研究市场学的美国市场营运社，到 1937 年上述两组织又合并组成美国市场营销协会，不仅有企业主和经济学家参加，还吸收大量销售、广告、市场调研部门负责人入会。这期间，在市场学的研究方法上注重于理论与实践相结合。内容上突破了微观销售的局限，跨入宏观领域，并把企业的经营管理纳入市场学的范畴。从而促进了企业的经营，也促进了市场学的发展。

3. 变革阶段

从 20 世纪 50 年代开始，第二次世界大战后，随着第三次科技革命的发展，劳动生产率大大提高，商品产量急剧增加，品种不断翻新，再加上垄断资产阶级及其政府吸取 30 年代大危机的教训，推行高工资、高福利、高消费政策，刺激了社会购买力。消费者的需求和欲望不断变化，原有市场学所侧重的销售观念及其研究已越来越不能适应新的形势和要求，美国经济学家奥尔德逊和科克斯曾批评说："市场学著作向读者提供的只是很少的重要原则或原理，现有的理论不能满足研究者的需要，因为这些理论既未说明也未分析流通领域的各种现象。"于是，市场学的研究开始变革，突破流通领域，进入生产领域和消费领域。

在新的形势下，市场学者提出了"潜在的交换"原理，即生产者的产品和劳务要符合市场消费者的需求和欲望。并对市场赋予了一个新的概念，即市场是生产者与消费者进行潜在交换的场所。凡是为了保证实现这一潜在交换所进行的一切活动，都属于市场经营活动，是市场学的研究对象。市场学研究的范围得到了扩大，市场销售被市场营销所代替。这时的市场学的任务就是要为企业的全部活动提供指导思想和行为方法。如市场调查、预测、产品计划、市场定价、销售渠道、促销措施、经营决策等。这是市场观念在理论上的一个重大突破。它要求企业必须把消费者的需求作为经营活动的中心，企业开发新产品，设计产品计划，在生产周期的起始就考虑到该产品的销售，而不是等到产品进入市场流通领域才考虑销售问题。以"需求导向"的新市场观念，是对"生产导向"和"销售导向"的旧传统市场观念的一次突破性革新。因此，它被西方经济学家和市场学家们公认为是市场学的一次"革命"。这个阶段的特点是市场学作为一门科学，形成了自己的理论系统和科学体系。

（二）市场学在中国的发展及应用

我国早在七千多年前的神农时期，就出现了原始的市场。而作为谋求商品利益的商品交换活动，在五千多年前就已出现，并有文字记载。如我国古代文献《易经》中就有自古相传的"日中为市""致天下之民，聚天下之货，交易而退，各得其所"的记载，这就是对我国市场和交换存在的记述。进入奴隶社会、封建社会以及半殖民地半封建的旧中国时代后，由于长期以来都是手工业生产和自给自足的自然经济占据统治地位，商品经济发展缓慢，市场范围狭小，不具备产生市场营销理论的客观基础。且由于封建统治者颁布了很多歧视商人的政策、法令，严重阻碍了市场学的研究和应用。

现有资料表明，我国最早的市场学教材是丁馨伯先生1933年译编并由复旦大学出版社出版的《市场学》。1949年之前，少数高等财经院校曾经开设过市场学课程，但主要内容仅是介绍西方的商业推销术，未能针对市场特征撰写出当时的中国市场学。新中国成立以后，确立了生产资料公有制为基础的社会主义商品经济，虽然保存了商品和货币交换关系，也允许一定范围内的市场存在。但由于长期小生产和"左"的思想影响，把商品经济和社会主义公有制对立起来，把市场、商品、货币、竞争等视作"滋生资本主义的温床和土壤"，再加上理论上的禁锢，市场在发展经济中的地位和作用被否定了，使得理论界不敢从事市场的研究工作，因而市场学理论便无法形成。

1978年，党的十一届三中全会以后，党中央提出了对外开放、对内搞活的方针，明确指出商品经济发展是社会主义经济发展不可逾越的阶段，要大力发展商品经济。在坚持国家计划经济为主的前提下，充分发挥市场调节的作用，承认市场竞争的合法性，并保护市场竞争，有力地推动了商品经济的迅速发展。从而为我国重新引进和研究市场学创造了有利条件。

1982年，中共第十二届全国代表大会后，确立了我国实行社会主义市场经济的政策，市场出现了空前的活跃和繁荣。一些高等院校的专家教授开始研究西方的市场学，并结合我国的市场实际，为工商企业干部讲授市场学。1984年在中国人民银行的支持下，成立了全国高等财经院校、综合性大学市场学研究会，并于1987年改名为"中国高等院校市场学研究会"。为了推动我国市场学的研究与应用，中国社会科学院于1991年3月在北京成立了"中国市场学会"，由著名经济学家孙尚清任会长。

社会主义市场经济体制的建立，把我国的企业推向了市场，使之成为市场经济活动的主体。同时，随着我国加入WTO，对外贸易的扩大，双边协议的签订，面对国内外市场的风云变幻，要求我们对国内外市场进行深入了解和分析，系统地研究市场营销活动的客观规律，借鉴一些发达国家在市场经济条件下开展经营活动的实践经验，并根据我国的实际状况，建立一套完整的医疗器械市场学理论和方法体系，制定相应的市场营销策略。

三、市场学的研究对象和内容

（一）市场学研究的对象

市场学是研究市场上买卖双方交换商品或劳务活动的科学，其研究对象是随着这门学科的发展而发展的。初期市场学的研究对象局限于产品推销术、广告术，以及推销商品的组织机构和推销策略等，局限于商品流通范畴。第二次世界大战以后，现代市场学有了明显的"管理导向"。它突破了流通领域，参与了企业生产经营管理，强调企业的整体活动必须以消费者需求为中心，这是企业能否生存和发展的关键。

因此，市场学的研究对象是：以消费者需求为中心的市场营销关系，市场营销规律及市场营销策略、途径与方法。具体地讲，就是根据消费者的需求，研究综合的企业经营活动，包括产品、价格、分配路线、销售促进等，满足市场需要，提高企业经营效益，从而使企业获取最大的利润。所谓市场营销关系，就是满足消费者的需求与满足企业获利的要求——二者之间相互满足的交换关系。市场营销规律则是指在市场营销活动过程中带有规律性和普遍意义的规律；市场营销策略是根据市场营销规律在市场营销活动中的具体运用。

另外，还必须针对市场需求制定切合实际的市场战略和营销策略。市场战略主要有：市场细分战略、目标市场战略、市场定位战略及市场营销组合。营销策略主要有：产品策略、价格策略、分销渠道策略及促销策略等。所以，市场学的研究任务是通过对市场供求活动中各种经济关系的研究，正确剖析市场营销关系，探索和掌握市场营销规律，运用最佳市场营销方式，增强企业活力，规划和制定市场营销战略与策略，开拓市场、引导和满足消费需求，提高市场营销的经济效益。

同时，作为一门学科的研究对象，总是由其所研究的特殊矛盾决定的。市场学研究的特殊矛盾就是企业市场营销活动过程中的各种矛盾，如市场商品供求矛盾、消费者的需要与企业提供需要的矛盾等。市场学通过对这些矛盾的研究，揭示其规律并用以指导企业的市场营销活动，实现企业的市场营销目标，使消费者的需要得到满足。

（二）市场学的研究内容

市场学从企业的立场出发，研究市场需求，强调企业的一切活动都以消费者的利益和需求为中心，认为这是企业生存和发展的关键。市场学研究的对象规定了市场学研究的内容范围，即以消费者为研究中心展开对整个市场营销活动的研究。具体可归纳为以下六个方面：

1. 研究市场的分类、结构功能和市场营销环境

企业的营销活动是通过市场实现的，所以必须分析市场的类型、功能、特征、市场细分化以及市场的一般特性，为研究市场营销活动奠定基础。还要研究市场环境，企业都是在一定的营销环境中生存和发展的，熟悉企业的生存环境，了解和掌握影响企业发展的内部环境和外部环境，使企业的营销机会符合市场的宏观环境和微观环境，对于企业的生产经营是非常重要的。

2. 研究消费者的心理和需求规律

要研究消费者的消费心理、购买特点、购买行为、需求规律以及影响消费的各种因素。消费者是企业需求的中心，也是企业市场营销活动成败的决定因素，产品在市场上实现的核心是符合消费者的需求。所以，还要研究消费者的消费水平、消费内容以及消费需求不断变化的趋势与规律，为企业的生产经营和营销决策提供客观依据。

3. 研究市场营销策略

研究市场营销策略，就是要研究如何最大限度地合理利用企业的内部资源，以最恰当的经营方式和价格，在最适当的时间、地点，把最理想的产品和服务提供给最需要的顾客，最大限度地满足顾客的需求。与此同时最大限度地实现企业的利润目标。因此，研究企业的市场营销策略，内容主要有：产品策略、价格策略、分销渠道策略、促销策略，此外，还有开辟市场、发展市场、建立良好的公共关系、广告宣传等。

4. 研究市场营销决策和方法

能否正确地进行经营决策，是关系到企业生死存亡的重大问题。经营决策就是对企业经营活动在一定时期内的目标规划、行动方案、各种策略以及重大措施做出决定和选择。它是对企业经营活动的直接指导，影响和制约着企业的效率、质量，乃至经营活动的成败。正确的经营决策，是要在市场调查，分析研究的基础上，运用科学的决策手段和方法，制

定合理正确的经营目标、经营方式，选择适当的目标市场，制定正确的产品策略、价格策略、分销渠道策略、促销策略以及这些策略的最佳组合运用，以正确指导企业的经营活动。

5.研究市场营销活动规律

以消费者需求为中心的经营活动应贯穿于企业市场营销的全过程。包括生产前的市场调查、市场预测、信息收集、市场行情研究、目标市场的选择，产品设计、开发，产品销售服务，售后追踪服务和信息反馈等一系列经营活动。简而言之，就是要始终围绕着满足消费者需求这个中心。这就是现代市场营销活动的一般规律性。它表明：市场营销活动实际上是一个以满足消费者利益为中心，生产经营一体化的综合性商业过程，是把生产、流通、消费领域的营销活动有机结合的过程。

6.研究国际市场营销和营销管理

国际市场营销是世界经济发展的必然产物，它作为进军国际市场的企业行为，要受国内、国外双重环境的影响，所面临的环境更加复杂多变，营销组合策略的难度也比较大。开拓国际市场是世界各国经济发展的大趋势，每个国家的经济发展都离不开对外贸易的发展。因而，各国都必须参与国际经济合作，扩大对外贸易，以此促进本国经济的发展。那么，就要分析国际市场的特点，尤其是目标市场的特点。研究国外市场顾客需求，进行国际市场商情调研，探索进入国际市场的途径和策略，以便更好地开发国际市场。

四、市场学的研究方法

市场学经历了一个世纪的发展，在这个发展过程中，为了揭示市场营销活动的规律，西方市场学学者从不同角度、不同需要、不同层次，采用不同的研究方法对企业的营销活动进行分析，概括起来，其主要的研究方法有：

（一）商品研究法

从市场学的观点来看，研究商品不仅是研究其本身的用途及销售特点，还要研究商品的价格、商标、厂牌、包装、广告以及分销渠道、销售前后的服务等内容。其内容是如何使商品为消费者所欢迎，吸引消费者购买，更快地把商品推销出去。这中间要研究商品的整体形象，为商品销售创造一个理想的市场营销体系和环境。市场学以营销的商品为中心，研究商品从需求到生产，再到消费的一系列营销活动。它将商品从不同的角度分类，研究各类商品的营销特征，比如商品结构、商品来源、商品设计、商品价格、分销路线、包装广告以及市场占有率等。这种研究方法具体深入，特点突出，由此产生了各种专业的市场营销学，适合于具体企业的营销活动。

（二）功能研究法

功能研究法以市场营销功能为重点，通过分析研究各种市场营销职能（如购买、推销、货物运输、仓储等）和在执行各种市场营销职能中所遇到的问题来研究和认识市场营销。

从市场学的角度来看，这些功能一类是交换职能，包括购买和出售的活动；一类是实体分配职能，包括储藏与运输；还有一类是便利交换和实体分配的职能（包括标准化、资金融通、风险承担，提供市场信息等）。这种方法可以剖析市场营销的各种活动。

（三）组织机构研究法

组织机构研究法是以人为中心来着重分析研究销售渠道系统中各个环节和各种类型的市场营销机构（如各种批发商品、代理商、零售商等）如何开展市场营销活动的问题。企业营销组织结构是否优化，是组织运行是否高效的关键，也是企业实现高效益营销的重要基础。只有实现企业组织结构优化组合，责、权、利相结合，才能调动企业人员的积极性、主动性和创造性，才能真正实现开放性、灵活性经营，取得经营的高效益和高效率。因此，市场机构的建立和设置，必须和市场形势、经营任务、经营目标相适应。

（四）管理研究法

管理研究法也称为决策研究法，是指从市场经营管理的角度，集商品研究法、功能研究法和组织机构研究法于一体的综合研究方法。它把分析与阐述问题和数学方法结合起来，建立市场营销的数学模型，用调查统计数字来检验模型的科学性，提出市场营销的策略和方法。企业的经营管理直接影响着企业的经营活动，管理的水平状况如何，决定着企业整个经营活动能否正常进行，企业经营目标能否实现。因此，现代企业必须以消费者利益为中心，优化企业的经营管理组织和制度，经营战略和策略，为市场提供消费者满意的产品和服务，满足消费者的需求，不断扩大市场占有率、实现企业经营的高效益。

第二节 医疗器械市场学的研究对象与内容

一、医疗器械市场学的概念

医疗器械市场学是市场学的一个新型分支，其属性是一门研究人的生命需求与市场供给的实用性很强的新兴边缘学科。它是建立在经济学、行为科学、现代管理理论、医学等学科基础上的综合性应用科学。也是研究医疗机构如何从满足消费者的需求与欲望出发，有计划地组织营销活动，通过交换，将医疗器械产品和价值从生产者传递到消费者，以实现医疗机构的营销目标。

医疗器械市场学是以自然科学和社会科学为基础，运用市场学的原理、方法、策略来研究、开发医疗卫生事业的社会活动及其发展规律的一门新兴的边缘学科。随着市场学原理在医疗行业经营活动中的不断深入应用，医疗器械市场学理论研究的特殊性日益凸现出来，并引起了营销学者和医疗机构管理者的关注和深入研究，从而使医疗器械市场学逐渐形成了自身的理论体系。正确运用医疗器械市场学的原理、方法、策略来开发医疗卫生市场，能迅速改变医疗卫生工作的质量，优化医护服务态度，加强现代化、规范化、科学化管理，不断提高社会效益和经济效益。

二、医疗器械市场学的研究对象

医疗器械市场学的研究对象，简要地说，就是研究医疗器械市场中医疗器械消费者的需要。具体来讲，医疗器械市场学是研究医疗卫生机构如何正确剖析市场营销关系。探索和掌握市场营销规律，正确制定市场营销策略，开拓市场，满足消费，实现营销目标，以求本机构的发展。就是研究医疗机构如何面向市场，面向医疗器械消费者，并创造令其满意的商品和服务，不断提高医疗机构的经济和社会效益。

三、医疗器械市场学的研究内容

根据医疗器械市场学的研究对象，医疗器械市场学的研究内容主要应包括以下五个方面：

（一）医疗器械市场的宏观及微观环境

医疗机构的任何经营活动都是在一定环境下进行的，要受到各种各样环境因素的影响和制约。在现代市场经济条件下，市场环境已成为医疗机构营销活动的出发点、依据和限制的条件。因此，认真地对医疗器械市场环境进行分析研究，是医疗机构市场研究工作的至关重要的战略性任务。医疗器械市场环境由宏观环境和微观环境构成，宏观环境是指那些给医疗机构造成市场机会和形成环境威胁的外部因素，主要包括人口环境、经济环境、自然环境、科技环境、法律环境以及社会和文化环境。这些是医疗机构不可控制的变量。微观环境是指对医疗机构服务其顾客的能力构成直接影响的各种力量，包括机构本身及其市场营销中介、市场、竞争者和各种公众。

（二）医疗器械市场的调查与预测

在现代市场经济中，市场调查是获取信息的必由途径，是认识市场最基本的方法，是发现市场机会和问题的重要手段，是医疗机构经营与管理决策的基础。系统的、客观的、科学的市场调查研究活动，包括判断、收集、分析、解释和传递各种所需信息，可以为医疗部门决策者提供信息，帮助他们了解环境、分析问题、制定以及评价市场营销策略。市场预测是医疗卫生机构制定计划的重要依据之一。有利于提高医疗器械及其产品的竞争能力，减少经营风险，避免盲目性。市场信息的价值主要体现在对当前及未来市场各方面情况的认识与把握上，也就是要在所掌握信息的基础上，为医疗部门的经营管理与决策提供有益的分析、判断结果。这也正是医疗器械市场调查和市场预测的必要性与重要意义所在。

（三）医疗器械市场的细分与目标市场的选择

医疗器械市场决策是在消费者分析和市场预测的基础上，进行市场细分，确定目标市场和进行市场定位，然后在两个以上可供替代的方案中，选择一个合理方案的分析、判断、抉择的实施过程。医疗器械市场的细分使医疗机构意识到应该挖掘市场上尚未得到满足的消费需求，并开发研制出新的医疗器械产品来满足这些消费需求，从中获得生存与发展的机会。市场细分对医疗卫生部门正确制定营销计划和策略、顺利实现营销目标有着极其重要的意义。

（四）医疗服务消费者的购买行为及需求规律

在市场经济条件下，认真分析消费者的需求特点，掌握其需求规律，对于充分满足消费者的物质和文化需要，组织好医疗器械的提供与经营，搞好服务产品更新换代，合理、有计划地组织市场营销活动具有极为重要的意义。掌握消费者的需求特点是满足消费者需求的重要条件。分析消费者的需求结构与构成，主要是研究消费者服务需求结构，以及他们对各类服务产品需求的内部构成。了解消费者的需求结构与构成，有利于掌握消费者对于各类商品与服务需求总量，各类商品与服务中不同品种的需求量以及各类、各种商品与服务的需求趋势。

第三节　医疗卫生服务的特点和内容

马克思在分析古典政治经济学的理论中指出"在商品经济的条件下，服务也是商品"。医疗卫生服务是一种服务性的社会生产行为，在社会主义市场经济体制下，其提供的产品可以用来交换，具有价值和使用价值，符合商品的概念，可将其视为一种商品。在市场环境中的商品，其生产经营价格等都受市场规律的调节，对于处在市场经济环境中的医疗器械来讲，市场规律是不是对其亦同样适用呢？从 20 世纪 70 年代末开始，随着我国的计划经济体制逐步向市场经济体制转变，医疗卫生领域的市场机制改革亦全面展开，围绕医疗卫生服务与市场和政府之间关系的学术探讨也越来越受到人们的关注。分析研究医疗卫生服务的特性和内在的运作规律，对于更好地把握市场机制对医疗卫生活动的调节作用，使其使用价值得到最大化地利用，提高全民身体素质，寻找实现卫生事业发展的新契机，实现卫生事业社会效益的最大化，具有重要的意义。

一、医疗卫生服务的特殊性

作为市场活动中的医疗卫生服务具有市场经济中商品的共性，又有其本身所独有的特性。由于其关乎个人的身体健康，与生命息息相关，是一种生命维护服务，它不同于其他的一般商品服务和消费服务，带有一定公益性，故具有不同于一般商品的个性。只有充分认识医疗器械的各种特性，据此对医疗器械进行设计和管理，才能提高医疗服务质量。其特殊性主要体现在以下几点：

（一）医疗卫生服务主体的特殊性

1. 服务对象的特殊性

医疗卫生活动所围绕的中心是人的机体。作为一个自然人，是有特定文化思想的，每个人自身都存在特殊的个性，在参与医疗活动中，由于人本身的特殊因素决定了在整个医疗活动环节中会有种种特殊行为。另外，人又是作为社会人而存在的，每个人在社会上承担着多种角色，一个人的行为，可以影响到社会的方方面面，而人的生命只有一次，是至尊宝贵的，所以人的生命健康关系到千家万户的幸福，大的意义上讲关系到整个社会的稳定性。在这一点上，可以说医疗服务由于对象的特殊因素使其具有其他任何一种活动所不具备的特殊地位。

2. 服务提供者的特殊性

医疗卫生事业的服务对象是人，目标是维护人的健康，这就决定了整个医疗卫生活动都应当是高度缜密的，卫生服务提供者应当本着严谨的科学态度，将经验与实践相结合。另外，医疗卫生活动是一项专业性较强的活动，需要经过长期系统规范的培训，非一般人所能够掌握。由于信息不对称，医疗服务提供的供方处于技术垄断地位，这就需要医护人员不断提高医疗技能和服务水平的同时，还要具备比一般人群更高的道德素质水平，要有"慎独"的精神。以病人为中心，树立全心全意为病人服务的信念。否则，就容易产生诱导需求行为，甚或在可能的医疗环节滋生医疗腐败。

（二）医疗卫生服务需求的特殊性

1. 需求弹性低

弹性表示当两个经济变量之间存在函数关系时，因变量的相对变化对自变量的相对变化的反应程度。医疗服务是人们维持生命、解除疾病痛苦、促进健康的一种基本需要，它与一般物质需求和娱乐消费有根本性的区别。因此，医疗服务的需求表现为弹性很小，稳定性很大，有病必然要求医，在基本医疗服务方面，价格的高低对需求的影响极小。比如，肝切除手术，当消费者的肝没毛病时，即使医疗服务价格再便宜，也不会去做肝切除手术。但如果肝病到了不做手术生命就会受到威胁时，就算价格昂贵患者也会接受的。

2. 供需双方信息不对称

在非医疗服务的商品交易中，任何一个层次的消费者对所要购买的商品一般都有明确的目标，可以自由挑选其所期望的商品并自己决定是否购买。供需双方在地位上基本上是平等的。然而在医疗卫生领域，由于医学专业技术的垄断性使得消费者无法拥有购买的决定权。医、患双方的信息不对称以及患者对医疗知识的匮乏，使患者缺乏对医疗服务的质

11

量和数量进行事先判断的知识和能力，消费者无法决定是否需要接受某种医疗服务，对服务项目的选择上也存在一定盲目性，缺乏对医疗服务的提供者所提供服务的质与量是否符合自己病情的准确信息。医生具有明显的信息优势，因而有可能诱导患者过度消费。尽管现在消费者可以按自己的意愿选择医院专家，但因缺少医疗方面的知识，对所将要购买的产品医疗服务的数量、质量难以做出适宜的判断，所以在消费中往往处于被动地位，供需双方的地位是不平等的。

（三）医疗活动的不确定性

1. 医疗活动产生的随机性

在某种程度上讲，疾病的到来是不可预知的。医疗服务需求随时随地都会发生，这一点在个体上体现得尤其明显，我们无法预测在哪个时间点，在哪个地点会有人需要利用医疗服务。俗语"病来如山倒"即形容疾病的来之迅猛。突如其来的事件往往会致人于措手不及的处境。这种需求产生的突发性和紧迫性往往会影响到提供的医疗服务质量。但是对于群体而言，通过人群的发病率、患病率、就诊率等可以预测一定人群的整体医疗卫生需求水平，在一定程度上可以指导医疗活动的规划。

2. 医疗活动产出质量的不确定性

医疗活动的产出是服务和技术，不是普通意义上的物质产品，无法用单一的评价标准来衡量。而且由于疾病本身的复杂多变，患者的个体差异，医疗技术水平的发展变化，不同档次医疗机构的经验技术水平不齐，都使得同一个病种可以有多种预后。另外，不同人群由于文化层次差异，价值观念不同，对健康的理解、疾病的转归等有着不同的认识，进而对医疗服务的效果有不同的满意度。比如从疾病的治愈来讲，临床治愈和痊愈是两个不同的概念，临床治愈有时更多的是指临床缓解，有的疾病是不能达到完全恢复至发病前的状态的，而有的疾病像"感冒"则可痊愈，完全恢复至发病前状态。临床医生在讲临床治愈时普通百姓会理解为痊愈，此时对治疗效果就会有不同的看法。因而带来了医疗活动质量评价难以统一的局面，就造成了其产出质量的不确定性。

（四）医疗卫生活动的社会性

疾病不仅具有生物性，还具有社会性。不论是疾病的病因，还是疾病的表现、影响，都与社会紧密关联。现在占全球发病率首位的几种疾病大多数都与社会因素有关。疾病带来的后果是劳动力的降低，同时疾病的诊治亦消耗大量的社会资源，另外由于疾病带来的残障人群安置都给社会造成巨大的经济负担。其所影响的部门也不光是医疗卫生部门。因而，医疗卫生活动是一项社会性很强的工作，它的产出带来的是社会效益。医疗卫生服务涉及社会上各个角落，每一个人、每一个单位、部门都不可避免地与医疗活动发生关系，因而医疗卫生需要全社会的共同参与、协同努力。另外由于专业条件限制和技术的垄断，医疗服务在其提供上为保证公平与效率还需要一个强大的社会力量（如政府或社会组织）

来计划、干预、组织和协调。

（五）医疗卫生活动的生产性与公益性

1. 生产性

医疗卫生活动属于服务性活动，但这种服务带有生产的性质。医疗卫生事业是对人口再生产和劳动力再生产的保健事业。而劳动力是生产力中最基本、最活跃的要素。从这个意义上说，医务劳动实质上是生产性劳动，从而也可以说它创造价值。

2. 公益性

医疗服务的公益性也就是非商品性，医疗事业是公益事业，虽然存在着一定的经济活动，但也是非营利性性质的，不能像商品市场那样以营利为目的。医疗服务的公益性决定了它必须在讲经济效益的同时坚持以社会效益为首位。在市场经济体制下，医疗卫生服务亦作为商品的形式出现。但医疗卫生活动的目的是为了人民的健康，其宗旨是救死扶伤、发扬人道主义，医疗卫生服务机构必须以提高社会效益为根本原则和最大前提，不能像单纯的商品那样以追求利润为主，不能单纯从消费者的购买能力来决定服务的供给。而且医疗卫生活动行为与其他市场行为不同，个人的医疗活动行为同时带有很强的社会性。比如有些人因为贫穷消费不起医疗服务，对他本人而言是个人的事情，但可能他个人的行为就会影响到周围人的健康，如果他患的是结核病之类的传染病，无法就医使得他作为传染源一直存在着，对周围的人群健康就一直构成危险，很可能还会造成疾病的扩散。因而对这部分弱势人群，应该充分发挥医疗卫生事业的公益性，将其作为一种福利提供给需要的人以体现社会公平。

（六）医疗服务形式的广泛性与多样性

1. 广泛性

医疗服务需求具有广泛性。一个人一生中随时都存在患病的可能，只是在不同的时间表现出来而已。不管是男性还是女性，以及不同年龄阶段的人群均有医疗服务需求。医院应尽量满足消费者的医疗要求，提供适合不同人群的医疗服务。

2. 多样性

医疗服务需求的多样化决定了其服务形式的多样性，对同一种疾病可以有不同的诊治方法，有的人喜欢中医，有的人喜欢中西医结合；有的人喜欢药物治疗，有的人喜欢物理治疗。医疗服务与有形产品不同，它是由医院员工提供，同时有病人积极参与的服务活动，很难确保医疗服务质量的一致性。医疗服务质量取决于很多服务提供者不能完全控制的因素，其中有医务人员的原因，也有顾客的原因。在不违反医疗原则的情况下，可以因人因事灵活掌握。

（七）医疗卫生活动的时效性和连续性

1. 时效性

医疗服务和其他服务行业一样，是医务人员同患者一种面对面的服务，医疗卫生服务的生产和消费具有时间和空间上的同一性，医疗卫生保健活动只能在当时当地双方参与进行，服务产品不能储备，亦不能运输，其生产和消费都受到地理范围的影响和限制，即决定了医疗服务的市场范围受接受服务的方便程度的影响。因此医疗服务对时间有高度的要求，时间就是生命，在治疗与抢救病人过程中要分秒必争。医疗机构必须让患者以最快的速度得到医疗服务，减轻病痛。

2. 连续性

消费者在就诊过程中享受到的服务应是持续不断的。医疗机构要设计和实施为患者提供连续的医疗服务的程序，在医务人员之间进行协调的程序和各环节的衔接工作。另外，除了少数急症，多数医疗卫生服务的效果是无法当场检验的，对人群的医疗服务往往要数年后才能看到显著效果。

（八）医疗卫生活动的无形性与不可逆转性

1. 无形性

医疗服务在本质上是一种行动、过程和表现，而不是实物，是无形的。首先医疗服务的无形性决定了很难用专利等手段加以保护，新的服务项目可以轻易地被竞争对手仿效；其次，医疗服务的无形性决定了很难向病人进行具体展示，因而顾客在购买服务时，比购买有形产品有更多的风险感。

2. 不可逆性

由于医疗卫生服务是无形的，生产的同时就是消费的过程，在生产之前无法检验产品的质量，购买后的产品也无法退货。因而，一旦消费者接受了这项服务，就意味着必须承担服务的后果，已做的医疗干预无法撤回，吃下去的药不可能再吐出来，这就使得这项服务带有不同程度的风险性。需要提供方有较为丰富的经验来尽量降低其风险。消费者对供方的信赖程度会影响其对提供方的选择。

（九）医疗卫生活动的专业性与垄断性

1. 专业性

医疗服务的提供者应具有很强的专业性，即只能是有认证的医疗专业人员以及医疗机构才具有提供服务的资格，这种专业性的特殊规定，是保证医疗器械市场安全活动的必要措施。

2. 垄断性

医疗服务的差异性导致其垄断性。第一，医疗行业是进入壁垒最高的行业之一，有技术的进入壁垒和政府与行业设置的进入壁垒；第二，医疗行业的服务差异性很高，不同医疗单位或医生提供的医疗服务往往具有不可替代性；第三，医疗机构的市场地位通常具有较强的区域性，即消费者一般愿意就近就医，因此可能导致医疗单位在一定区域内获得垄断性市场势力。

二、医疗服务的复杂性

随着时代的进步，卫生观念的改变，老龄化社会的步入，医疗卫生活动在人们的生活中占有越来越重要的比例。它涉及方方面面，可以说从人的出生到死亡，医疗保健无时无刻不伴随左右。其服务领域广泛，覆盖人群面广，体系庞杂，需要深入研究。

（一）医疗服务项目的复杂性

人人享有卫生保健，但是不同层次的不同人群在不同的时间段的医疗需求是有所差异的。从综合医院的现代化诊治到社区医院的预防康复保健，从生命初始的妇幼卫生保健服务到针对老年人的健康服务，再到对残障人群的功能训练以及某些特殊服务如营养、健身、美容等。在每个领域，医疗卫生机构提供的卫生保健服务项目侧重点各不相同，各具特色。伴随着科学技术和社会经济的发展，医疗卫生市场提供的服务项目将会越来越多。与之相适应的医疗服务手段亦趋向复杂化，伴随相关学科的进步和仪器设备的改良，许多高新及特殊技术应用到医疗服务的检查治疗手段中，其目的都是力图将检查治疗对人体的影响降低到最小，如基本对人体无害的磁共振检查技术，如基本不留手术切口的微创技术，还有新兴的基因诊断治疗技术、粪菌移植技术等。医疗服务项目的不断发展壮大可以促进医疗卫生市场的拓展，有利于整个医疗卫生事业的繁荣。

（二）医疗服务所面对疾病的复杂性

世界上没有完全相同的疾病，每一种疾病的临床表现都不是单一的，表现为病情复杂多变。同样的疾病在不同的人身上因为个体的差异，以及外部环境的不同会有多种形式的病情演变过程导致疾病的预后多种多样。而且，经过时代的变迁，世界各国文化的交融，人们生活习惯的改变，地球环境的污染破坏，甚至还有病原体的一系列变异，耐药性的增高，以及由于生活质量的提高，医学科学的发展，人均寿命的延长，使得人类疾病谱发生了明显的变化。过去以传染性疾病、营养性疾病为主的疾病谱现在已逐渐转变为以慢性疾病、老年性疾病为主。由于全球化进程、人际交往地域屏障的打破，更带来了许多新的传染性疾病，如艾滋病、SARS、重复用医疗器械的交叉感染等的传播控制问题。另外，科技的进步在不适当的使用时还引起了新的病种的发生，如核辐射引起的基因突变，都进一步增加了现代疾病谱的复杂性，使得医疗卫生事业任重而道远。

（三）人群医疗服务需求的复杂性

随着社会生产力的提高，医疗卫生状况的改善和科学教育的普及，人们对健康和疾病的认识的提高，人们的医疗需求也愈来愈高。过去是完全被动地接受医院的治疗，现在逐渐地在有选择地消费，选择专家选择医院，有时还能对一些常用药物和器械进行初步选择。过去不予重视的亚健康状态，现在由于人们知识层次的提高也把其放在了医疗保健的重要位置。医学进步显示出对延长人们生命的无穷潜力，还使人们增加了对医疗服务新的需求，如器官移植、影像医学、老年人口的饮食健康指导等。随着知识水准的提高，人们要求高标准的医疗服务，尤其现在人们在追求生活质量的同时也加强了对美的追求，因而过去的普通手术切口现在要充分考虑其大小、位置和瘢痕对外观的可能影响等情况，另外像现在社会流行的整形美容减肥等服务也是应现代的逐美潮流而发展壮大的。

值得一提的是由于生活节奏的改变，社会压力的增强，给现代人们的心理带来了巨大的冲击，心理因素疾病在现代社会上开始占有一席重要的位置，精神卫生也提到了更高的地位。心理服务市场在医疗卫生服务市场中的比例开始上升。心理服务的形式也是多种多样，包括心理咨询、心理治疗等，渠道有电话、门诊、网络等多种，而且心理服务的对象人群也开始从过去的以职场白领、学生为主过渡到向普通大众扩展。

（四）医疗服务体系日益复杂化

任何一个体系都是在发展中不断完善。医疗卫生活动是整体性较强的活动，决定了必须建立整套完善的体系才能保证其顺利完成。从宏观上来讲，国家设立专门的政府卫生行政部门把握国家医疗卫生法规政策方向，从上而下包括卫健委，各级地方卫生行政部门，还有许多其他社会卫生组织、卫生领域的行业协会，相互交织、相互协调共同引领卫生事业的发展。从微观上来讲，在一个医疗机构内，由于疾病的复杂性，决定了不是单纯一个科室就能解决所有问题，它涉及多个部门的分工及各个专业间的协作，每个环节的失误都可能会影响到疾病的诊断治疗进而影响到预后。还需要一系列的辅助设施，配套部门，后勤人员帮助以及信息技术支持等，因而要做到医疗机构的有序运行，各项工作有条不紊的开展，必须对医疗卫生体系的整体运行规律心中有数，条理清晰。

（五）医疗卫生活动涉及的社会关系复杂

与过去的生物医学模式相比，现代医学的生物 - 心理 - 社会医学模式强调了社会因素在影响人的机体健康状态中的作用。在不同的社会关系中的人群有特定的医疗保健需求，在提供医疗服务的时候，亦应充分考虑其所处的社会环境及拥有的社会关系，比如说，一个患有神经症的人前来进行心理咨询或治疗，医生就应该考虑到他的一系列社会关系，如家庭关系、单位里的同事关系、领导关系、社会上的朋友关系等都可能会对他的病情的发生、进展、治愈产生重大影响，在接触其本人的同时，就应该对其社会关系进行一定程度的了解调查。另外由于每个人的社会性，医疗服务人员对个人的进行医疗服务活动同时就间接地在与他人发生着关系，这种千丝万缕的关系时刻都有可能马上摆到服务提供方的面前，当涉及医疗纠纷的处理时体现得尤为明显。

（六）医疗卫生活动的程序复杂

医学科学的发展使得医学专业划分越来越细。过去只是分个大内科、大外科、妇产科、儿科，或者再加个五官科。医生大都是全科医生，辅助检查也少，疾病的诊断基本靠医生的基本功。一个人住院后所需要的处理基本在一个地方就完成了。但在目前由于适应医学科学发展，医疗机构的专业划分越来越细，随着专业研究的深入，使得医生的跨专业知识受到一定程度限制。因而一个患者的治疗可能需要多个科室的协作，医疗活动中会诊程序就多了起来。仪器设备的更新使得功能科室不断壮大发展，为了提高确诊率，减少误诊率、漏诊率，消费者从接受医疗服务开始就要到不同的辅助科室进行检查，在每个环节要走不同的程序。在治疗手段上又有多种技术可以选择，不同的选择也有不同的程序。尤其现在提倡建设法制社会，医疗卫生领域相关法律逐渐健全，医患双方法律保护意识都在加强，消费者在就诊的同时就是双方合同的开始，要严格按照法律合同的规定办事，要求医生要履行告知义务，患者享有知情权等等。医疗过程中所涉及的每个特殊检查治疗都要依程序谈话、签署知情同意书，病情变化了还要有病情通知书，可以说门诊诊治前后，检查化验前后，进出院前后以及其他包括一些财务上的手续程序都是复杂的，使得完成整个医疗服务的流程变得复杂化了。

三、医疗卫生服务的内容及分类

医疗卫生服务的特殊性和复杂性决定了其服务内容的庞杂性。各级医疗卫生服务机构为全体居民提供着种类繁多的服务项目。而且随着社会的进步和医疗科学技术的发展，医疗卫生服务的内容和种类还会越来越丰富。目前按照不同的分类原则大体上可以有如下分类：

（一）按是否直接为人体进行医疗卫生服务分为直接医疗卫生服务和间接医疗卫生服务

直接医疗卫生服务包括医疗卫生机构对消费者直接进行的生理和心理疾患的治疗、护理、康复等活动，包括基础的和特殊的，以及为疾病诊断治疗的辅助科室的服务，如检验、影像、药房、供应室等，还包括为临床科室提供服务帮助的后勤服务、信息服务。

间接医疗卫生服务是指那些虽不直接参与对消费者的卫生服务环节，但其提供的服务与医疗卫生保健机构的服务有密切关联的服务，也是医疗卫生机构完成医疗卫生保健服务不可缺少的要素。例如医疗器械的生产企业所生产的产品是医务人员进行疾病诊疗所必备的物质基础，没有这些，医疗卫生服务就无法进行。因而它是间接的为人体提供医疗保健服务的。

医学卫生教育系统，如医学院校为卫生机构对卫生人力资源的培养储备是为提供医疗卫生服务做准备工作，其服务质量的好坏关系到日后从业医务人员提供的服务质量的好坏。另外卫生宣传出版机构对医疗保健知识的宣教服务、咨询服务等也是提供人群的卫生保健服务力量中不可或缺的部分。

此外，公共卫生设施的维护，公共卫生安全的监督，政府对卫生部门的投入、食品药品的卫生监督，对医疗机构卫生行为的行政监督等都在不同的环节，从不同的角度为消费者提供医疗服务，保证服务的质量，都是在间接的为人体提供医疗卫生服务。

（二）按服务提供方的性质可分为政府提供和非政府提供

政府提供的医疗卫生服务主要是以初级保健为主，因为初级卫生保健是指最基本的、人人都能得到的，体现社会平等权利的，人民群众和政府都能负担得起的卫生保健服务，服务对象不仅限于病人，也包括健康的人。主要内容是疾病的预防和健康的促进，如公共卫生设施的投资，健康教育宣传，主要传染病的预防接种，地方病的预防控制等，所以更多的是体现政府的责任，而且需要很多部门和组织的支持，需要政府的大量投入，还要利用政府的协调控制职能，使整个社会受益。

政府作为健康的"公共产品"服务的主要提供者，非政府提供者则经常成为个人提供公共卫生服务的主要资源，其中包括初级卫生保健的部分内容。非政府医疗卫生服务也是国家卫生系统的重要组成部分之一。但由于区域限制，控制能力等条件限制，非政府提供者提供更多的是对局部人群基础疾病的治疗和疾病后期的康复工作等服务。再就是一般和特殊疾病的诊治。

（三）按服务的经营性质可分为营利性的服务和公益性的服务

医疗卫生服务中有最基本的卫生保健，等同于公共卫生服务，包括：①计划免疫接种和管理；②计划生育和妇女孕产期保健服务；③儿童保健服务；④结核病、艾滋病、非典型肺炎、鼠疫、禽流感、血吸虫病等重点传染病的防治；⑤高血压、糖尿病、脑卒中、冠心病等主要慢性非传染性疾病的防控和管理。

以上几种服务其公益性质强，不以营利为目的，活动主要由政府来发挥其职能进行调节。也有部分为满足不同层次人群的医疗卫生要求而提供的特需卫生保健服务如老年病人的家庭护理康复，对特殊人群的心理健康指导等，可以为营利性的，适宜用市场机制来调节。

四、医疗卫生服务的质量

质量是产品在使用时能满足顾客需要的程度。医疗卫生服务是满足病人需求的综合性有形和无形利益的结果。医疗服务质量可定义为个体和群体的卫生健康服务所能达到的期望健康结果与目前实际达到的职业水平的一致程度。医疗服务质量是医疗卫生服务体系的基本生命线，决定整个医疗卫生体系的绩效。医疗服务提供者必须为医疗服务的消费者提供优质服务。优质服务可以提高服务对象的消费价值，提高服务对象对服务机构的信任感。

在市场经济体制下，任何一个企业都知道"质量就是生命"的口号，企业要生存下去，首先其产品的质量要得到消费者的认可。医疗卫生机构在市场环境中为了自身的生存利益首先要保证其提供的服务质量。而且作为关系到人民群众的生命健康、关系到医疗卫生机构的兴衰、关系到民族身体素质的提高和国家的强盛的医疗服务更是应该有责任把好质量关。虽然如前所述，医疗活动产出质量具有不确定性，带来了医疗质量评价系统的复杂性和标准的不统一，但是有几点是保证医疗卫生服务质量所必须具备的。本节就此展开详细讨论。

（一）评价医疗服务质量的内容及标准

医疗服务是医务人员利用卫生资源，对接受方提供技术服务的过程，其产出是达到身心健康。因而可以从资源、过程、产出三个方面对其进行有效的标准测量及评价：

1.资源结构标准

即实施医疗服务的投入和成分，它包括物质资源（如设备、仪器、资金是否到位）、人力资源（如人员的数量和资格是否符合要求）和组织结构（如医务人员的组织结构是否合理）。

医疗服务的目标是提高群众的健康水平，其服务的提供需要利用卫生资源，合理分配卫生资源，保证医疗健康服务的整体质量。要以达到医疗服务最优为目标，调整服务投入和成分，即资源配置的改变不会在任何一个人效用水平至少不下降的情况下使其他人的效用水平有所提高。提高资源配置的边际效用，提高卫生资源配置的满意度。兼顾配置的公平和效率，实现卫生资源的优化配置。

2.服务过程标准

即在接受或提供医疗活动中，病人和医务人员的行为活动。一般包括：医疗保健服务的安全性；诊断的正确性和及时性；治疗的合理性；护理的周密性；患者心理满足程度；医疗卫生工作效率和效益性等。总的来说要体现两个字"优质"。具体可从以下几个方面评价：

（1）安全性：医疗卫生服务安全是第一要素。生命是不可逆转的，只有建立在安全基础上，病人才有可能进行医疗卫生服务消费。尤其在群众性的保健方面因为涉及群体大，一旦安全出现问题，带来的将是严重的社会问题，进而影响到社会的稳定。

（2）有效性：患者到医疗卫生服务机构就医，最根本的目的是解决其病痛，医疗卫生机构应当尽最大可能提供有效的医疗服务，使患者的病痛得到解决或缓解。如果医疗卫生服务机构提供的服务是无效的或低效的，那么这样的服务也谈不上优质。有效的同时，还要追求高效，在同等条件下，同一时间里，患者的健康状况能够得到最大最快程度的改善，这是所有医务人员和全体人民群众都追求的共同目标。

（3）易及性：包括时间和空间两个方面。在时间上体现为及时性，医疗卫生服务机构应当以最快捷的方式向患者提供服务，方便患者。在地理位置上体现为便捷性，如果医疗卫生机构距离消费者太远，不能就近诊治，会延误病情的处理，同样不是质优。

（4）价廉性：医疗服务的可及性集中表现在服务价格上。能达到同样效果的医疗服务，以价廉者为质优。如果某项医疗服务有效但价高，群众有需要但不可及，同样不能提供优质服务。价廉意味着提供单位医疗卫生服务消耗的卫生资源最少，可以避免浪费有限的卫生资源。

（5）效益性：就医疗卫生服务机构而言，效益表现为经济效益和社会效益两个方面。如果投入与产出成正比，则该项服务有效益，可持续。反之，该服务不可持续。低耗，就患者而言，其支付的费用相对其受益而言要"值得"，只有这样，该项服务才有持续性，反之亦然。

（6）舒适性：优质的医疗卫生服务应当是"以患者为中心"，不仅技术服务优质，还包括非技术服务的优质。病人到医院是带着病痛的身心折磨来就诊的，是一个特殊的被服务群体。因此，医院服务要充分体现人文主义，要从病人的就诊程序、就医环境、接诊服务态度等各方面尽可能让病人舒心，患者不仅自己的身体问题得到了较好的解决，同时在整个就医过程中觉得很舒适，在精神上有满足感、价值感。

3. 产生结果标准

即医疗服务对病人和人群健康状况的影响，它包括病人有关知识和行为的改变、健康状况的改变、病人对医疗服务的满意程度等。可以反映在消费者对医疗机构的忠诚性上，即患者通过就医过程的感受，对该医疗机构提供的医疗卫生服务质量深信不疑，且乐于向周围的群众作正面的宣传，有助于更好地树立该医疗卫生机构的形象。

（二）评价医疗服务质量的方法

医疗服务面向的是广大消费者，只有产品使用者自身的感受对产品的质量才最有评价的资格。但医疗服务毕竟是一种科学性和专业性较强的服务种类，单纯普通消费者的评价有时会有失偏颇，还需要有专门的医疗卫生相关技术人员进行评价。专业人员通过对消费者满意度、医疗机构信誉度以及医疗机构运行过程的调查等，结合专业知识，实际情况，做出综合评价。在评价过程中应持有如下的观点：

（1）必须以实事求是的观点，既不夸大也不贬低地正确评价。不能带着个人喜好和先入为主的观念进行评价。

（2）必须以全面客观的事实、数据作为评价的基础。没有调查就没有发言权，不能只根据某些人的道听途说、口头汇报就妄下评判。

（3）必须有地区性等级性观点。城乡差别，不同地区之间的差别，医院分级管理中的等级差别毕竟是存在的，不同级别的医疗卫生机构限于硬件和软件条件的差异，提供的医疗服务质量难免会参差不齐，应根据实际情况加以分析。

（4）必须以科学的态度和方法综合分析，做出正确的评价。

另外要注意，医疗卫生服务是健康投资，其质量评价不能单纯看病人的满意度，医疗机构的效益，还要由人们健康水平的提高、社会经济的发展和人们福利的满足程度来评价与衡量。要建立不断完善的评价体系，给出客观公正的评价。

（三）医疗服务质量的控制

1. 建立完善的医疗卫生监督系统

卫生监督对保证医疗服务质量有着重要的作用。各级卫生行政部门设立专门的卫生监管机构，依据卫生法规，制度，诊疗用药规范等对医疗卫生机构及从业人员的医疗卫生服务行为进行有效的约束，及时纠正不当行为并给予相应的奖惩措施。

2. 医疗卫生机构和医疗卫生服务人员的质量控制

医疗卫生活动是在医疗机构由医务人员完成的，因此，服务质量的控制主要应放在服务提供者上，包括执业机构和执业人员。严格医疗卫生服务机构的准入管理，规范管理，建立考核评估和淘汰制度，定期对医疗卫生机构进行资格认证和考核，要有符合要求的专业技术人员。对于卫生技术人员的质量控制应从医学院校接受教育时抓起，加强医学理论技能及道德素质的系统培养，严格毕业把关。在从业资格上要有正规的认证制度，如执业医师资格考试和注册制度。从业后进行再培训再教育，定期考核，都要有一系列的保证制度。

3. 加强医疗器械生产流通的监管，保证其质量

医疗器械的质量直接影响着医疗服务质量的好坏。如"福岛内窥镜事件"（产自福岛的十二指肠镜引发感染，造成欧美190多名患者感染了抗生素难以起效的耐药菌）等，都是因为医疗器械生产厂家的原因造成了医疗器械的问题，首先影响到的就是医疗机构提供的医疗服务质量。假劣医疗器械对医疗机构造成了很大的影响，对患者的生命构成了严重的危害，也暴露出医疗器械监管工作存在的漏洞。因而从医疗器械的研制、注册、生产、储存、流通、使用等环节都应有明确的法律规章制度可循，强调监管机构应恪守职责，发挥其应有的作用。

第四节　医疗器械市场学的研究意义

医疗器械市场学，是一门实践性很强的应用科学。认真学习和研究医疗器械市场学，加强医疗器械市场学的研究，开拓医疗卫生市场，对于树立正确的市场营销观念，提高医疗机构人员的营销素质，增强医疗机构的活力和竞争力，加速我国医疗器械市场经济发展的步伐，具有重要的现实意义。学习和研究医疗器械市场学，优化医疗卫生市场，改革卫生体制，是关系到全国各族人民身体健康的大问题。对于发展医学科学，建设一支思想好、业务精良的医疗卫生队伍，不断提高医疗质量和医院管理水平，都具有十分重要的政治意义和社会现实意义。

一、有利于医疗机构制定正确的经营战略与营销战略

在市场经济环境中，医疗机构及其管理人员只有充分地研究分析市场环境，对市场动态做出灵敏的反应，开发适销对路的服务产品，用恰当而有效的营销策略去占领市场，才能避免在竞争中被淘汰。医疗器械市场学作为一门研究医疗器械市场经营方略的科学，可以帮助医疗机构领导者分析市场营销环境，识别和把握市场机会，制定各种战略，运用各种独特的策略去把握和占领市场，创造市场优势，在激烈的竞争中求得生存与发展。

二、有利于增强医务人员的市场观念，适应医疗器械市场发展需要

研究医疗器械市场学有助于医疗机构树立现代营销观念，增强医务人员的政治、社会、经济及市场观念，使之自觉投入到社会主义市场经济大潮中，参加社会的公平竞争，以适应我国社会主义市场经济发展的需要。长期以来，我国医疗服务行业一直实行传统的计划经济管理模式，"只管生产，不问销售"的生产导向观念根深蒂固。学习医疗器械市场学，有助于医疗机构树立以消费者为中心的市场营销观念，把医疗服务消费者的需求放在整个医疗服务的经营活动之中，努力去满足市场需求，并且创造需求，在不断满足消费者需求的过程中适应我国社会主义市场经济的企业经营机制。

三、有利于强化医疗机构的科学管理，提高管理水平

医疗器械市场学是医疗卫生机构各层经营管理人员的一门必修课。对医疗器械市场学的研究，有助于推动医院的分类管理，使各类医院的"软件"和"硬件"进一步充实和提高，充分调动医院的一切积极因素，不断增强活力和动力。学习医疗器械市场学，掌握医疗器械市场营销基本原理和方法，有助于医疗机构做出正确的经营决策和实行有效的管理，减少经营的盲目性；有助于有效开展医疗器械市场营销活动，使医疗服务产品的生产和消费实现有机结合，使医疗机构得到持续、快速、健康发展，并取得较好的经济效益和社会效益。

四、有利于医疗科技的发展，与世界接轨

研究医疗器械市场学，有利于不断更新传统观念。把社会的经济分配和技术竞争机制引入医疗服务实践中，造就一支业务精良的医疗卫生技术骨干队伍，以提高医院的社会效益及经济效益。医务人员将自觉地以优良的技术、先进的设备、优越的环境、优惠的价格和优质的服务拓展业务，吸引更多的病人就医，从而推动医学科学的发展。在经济全球化的今天，研究医疗器械市场学，必将进一步推动我国医疗器械市场产业化道路的发展。进一步发展医疗卫生市场，将有助于我国卫生事业与世界卫生事业接轨。

第二章　市场营销与医疗器械市场营销现状

第一节　市场营销基础知识

根据迈克尔·波特的价值链理论，营销是企业中和研发、生产并列的一项基本增值活动，和其他辅助活动共同为企业和顾客创造价值。创造价值是企业所有职能的共同目标，是共性。那么在共同创造价值的过程中，营销的独特贡献（个性）是什么？正是某种独特贡献构成了一项职能独立存在的基础，不能明确说明并实际提供独特贡献的职能，其组织角色是模糊的，地位是不固定的。营销的独特贡献是需求的创造和扩散。

一、营销的定义

定义是对某一事物的基本属性的概括。随着社会实践的发展和人们认知的不断深化，定义会随之发生变化，学科研究范围也随之演化。对于市场营销的定义而言，不同的学者，机构有着各自不同的理解与界定。

（一）AMA 的定义

美国市场营销会（American Marketing Association，AMA）是一个由致力于营销实践教学与研究的人士所组成的非营利性专业组织，以"捕捉最新市场营销动态，发布最新市场营销研究成果"为宗旨，其所发布的市场营销定义一般代表了同一时代多数学者认同的观点。

AMA 先后发布了 5 次市场营销定义，时间跨度 70 余年。AMA 对市场营销定义的演变轨迹链如表 2-1 所示。

表2-1　市场营销定义

时间	定义	关键词
1935	将产品和服务从生产者传送至消费者的商业活动	传送
1960	引导产品和服务从供应商向消费者流动的商业活动	引导
1985	对创意、产品和服务进行构思、定价、促销和分销，并通过交换来满足个人和组织需要规划与执行的过程	交换

续　表

时间	定义	关键词
2004	采用企业与利益相关者都可获利的方式，为顾客创造、沟通和传递价值，并管理顾客关系的组织功能和一系列过程	顾客价值
2007	创造、沟通、传递、交换对顾客、客户、合作伙伴和整个社会具有价值的提供物的一系列活动、组织、制度和过程	提供物

1935 年的定义　该定义反映了 20 世纪初，由于工业革命使生产方式由家庭手工作坊主转变为工厂批量生产，形成了生产者与消费者在供求地点上的显著差异以及分销出现的社会背景。所以尽管当时市场营销已从经济学中分离出来，但营销的主要内容还只是体现在分销上，"传送"是当时营销的主要职能体现。

1960 年的定义　随着第二次世界大战的结束，战时聚集起来的强大生产能力由供应整个盟军转向只供应美国本土市场，再加上战后婴儿潮约有 8000 万以上的新出生人口，美国压抑已久的市场需求终于爆发。与此同时，电视这行新媒体的出现，促使营销成为企业管理中极其重要的角色，广告的影响力与吸引力越来越大。在此情景下，AMA 认为"市场营销是引导产品和服务从供应商向消费者流动的商业活动"。尽管当时顾客导向的营销理念已显现雏形，但该定义仍然以推销为主导理念，认为商业企业的重要功能是吸引或说服顾客购买产品。因此需要"引导"潜在顾客变成现实顾客，"引导"现实顾客增加购买量，使用"准"和"拉"两种力量引导产品和服务的流动。

1985 年的定义　1968 年，哈佛大学西奥多·莱维特（Theodore Levin）教授提出企业需要警惕"营销近视症"，给传统营销理论带来巨大冲击；1969 年菲利普·科特勒（Philip Kotler）提出营销概念扩大化，认为营销在很多领域中可以使用；以及顾客导向的营销理念、营销的交换本质的最终确定，都成为营销概念变迁的推动力量。AMA 也终于在 1985 年对市场营销进行重新定义，认为"市场营销是对创意、产品和服务进行构思、定价、促销和分销，并通过交换来满足个人和组织需要的规划与执行的过程"。从这个定义中可以看到营销对象扩大化、营销执行的 4P 架构、交换的概念、需要的满足等几个方面的变化。在距离上一次营销定义的 25 年时间里，传统生产技术进行了调整发展，生产率得到充分提高，买方市场全面、实质性形成，以顾客为导向的营销学科最终成型。

2004 年的定义　进入 21 世纪，各个学科都在反思过去、展望未来。此时，营销实践面临的主要问题是营销价值的衡量，营销者急需一种像财务报表一样的数字列表来精准衡量营销的产出。与此同时，顾客满意、顾客忠诚以及关系营销成为市场饱和下的新的竞争策略，网络及便捷的企业顾客互动手段使得顾客可以参与到企业的生产过程中，顾客的双重身份使得营销的交换概念必须与时俱进。在菲利普·科特勒的影响和倡导下，"价值"成为营销的主题，AMA 将市场营销定义修订为"采用企业与利益相关者都可获利的方式，为顾客创造、沟通和传递价值，并管理顾客关系的组织功能和一系列过程"。该定义强化了顾客的作用，不仅顾客的需求决定了市场，顾客也能参与到价值创造的过程，与顾客共同创造价值的经营理念也在互联网普及的背景下被越来越多的创新型组织所采用。从这个意义上说，营销过程也是企业同顾客互相合作的活动过程。

2007 年的定义　此次定义距上一次仅仅相隔三年，其原因是 2004 年的定义不为广大学者所认可，2004 年的定义认为营销范围的界定过窄，且忽略了营销的社会责任与社会作用。通过调研全球营销学者对营销定义的看法，AMA 给出了如下定义："创造、沟通、传递、交换对顾客、客户合作伙伴和整个社会具有价值的提供物的一系列活动、组织、制度和过程"。该定义其实是 1985 年与 2004 年定义的混合体，尽管"交换"不再是营销的唯一功能，但它也必然是其中的一部分，"价值"的核心地位被"提供物"们代替，而提供物涵盖的范围显然超过了创意、产品和服务。

（二）营销的其他定义

菲利普·科特勒与凯文·莱恩·凯勒（Kevin Lane Keller）合著的《营销管理》（14 版）将市场营销定义为"个人和集体伙同他人通过创造、提供、自由交换有价值产品和服务的方式以获得自己的所需或所求"。

杰罗姆·麦卡锡（20 世纪营销代表人物，4P 理论）于 1960 年也对微观市场营销下了定义。市场营销"是企业经营活动的职责，它将产品及劳务从生产者直接引向消费者或使用者以便满足顾客需求及实现公司利润"。

"服务营销理论之父"、世界 CRM 大师克里斯琴·格罗鲁斯 1990 年给出的定义是："市场营销是在一种利益之下，通过相互交换和承诺，建立、维持、巩固与消费者及其他参与者的关系，实现各方的目的。

中国营销界代表人物中国人民大学郭国庆教授在《市场营销学通论》（第 6 版）中将市场营销定义为以满足人类各种需要和欲望为目的，通过市场变潜在交换为现实交换的活动。

哈佛教授迈克尔·波特说："你（企业）为得到或者保持一个客户所做的一切都是营销。这一定义非常简单，但含义完整拉塞尔·维纳（Russell Winer）在《营销管理》中的定义："营销是试图影响选择的一系列活动。"

知乎网友认为市场营销就是企业为消费者创造对方想要的价值，建立与维持关系，以获得回报的过程。思维过程表达式：STP+4P+CRM。彼得 F. 德鲁克认为："营销是使推销成为多余。"

（三）我们对营销的定义

创造、提供有价值的产品是企业整体活动的结果，也就是研发、采购、生产和营销等基本增值活动，是财务强调的重点各有不同，但以下各点却是必然。首先，都强调营销必须创造、提供有价值的产品（利益、欲望）；其次，要影响顾客的选择并维持顾客；再次，必须通过交换使这种产品为特定的顾客所接触并获取；最后，营销必然是一种活动。人力资源等辅助增值活动的共同结果，营销只是在其中发挥了部分作用。交换也只是一系列价值达成，或供需双方最终各取所得的活动过程的最后一环或最终表现，而为什么会发生这种交换、如何促使这种交换的发生才是问题的本源。

基于此，将市场营销定义为：在考量并获得全体利益相关者的支持下，通过对顾客需求的创造与扩散服务于企业创造顾客价值，不断为推动人类美好生活而努力的一种社会活动和管理过程。该定义包含的要点如下：

一从形式上看，营销是一种社会活动和管理过程。营销是一种社会活动，说明营销涉及社会的方方面面，不仅是企业的内部活动，也是企业的外部活动；不仅是买卖双方或相关利益者之间的事，还涉及政府、各种社会团体以及公众；不仅涉及机构或人，还涉及社会价值观、社会制度和组织。因而，营销也必然是一种管理过程，需要对上述方方面面加以协调。

二从目标上看，营销在于推进拥有美好生活的和谐社会的发展。这种美好生活不仅是指物质丰富或奢华，更是生活方式（对消费者而言）或经营方式（对组织而言）的和谐与美好。而生活方式或经营方式又都是由一系列相互关联、相互作用的需求构成的，美好的生活方式意味着一系列美好的需求。从这个意义上说，营销是一种创造社会生活标准的活动。当人类在获得基本生存条件的满足后，推动社会继续发展的不再是产量的扩张，而是质的提升，即生活方式的创新。营销的社会意义由此可见一斑。

三从观念上看，营销者应回归社会公民的本质，强调营销是营销者与顾客、合作状态消除等利益相关者的合作，这就必然要求营销者不仅要考虑自身的、顾客的利益，也要考虑相关利益者即社会整体的利益。

四从本质上看，营销是对需求的创造和扩散。在强调营销是企业顾客价值创造活动的一部分的同时，又指出其有别于研发、生产、采购、财务、物流、人力资源管理等职能活动对企业顾客价值创造的独特贡献。正是这种独特贡献规定了营销的本质。

第二节　营销系统及其内涵

营销既是企业活动的一个重要组成部分，也是社会活动系统的一个子系统，有它自身的系统结构、流程和要素，这些要素构成了营销的核心概念。

一、营销系统及其流程与计划

营销在需求把握和创新的基础上构思有效产品并激发顾客需求，通过市场交换送达市场（买方市场）顾客以满足顾客的需求，所以营销始于需求营销者、产品和市场营销者这些核心概念是理解市场营销的重要基础。

（一）营销系统

营销系统由营销主体——营销者、营销对象——产品、营销客体——顾客和营销载体——市场等四个要素构成。这四个要素同时也是市场营销学的核心概念，是营销学理论与实践的基石。我们将在下面分别详述。

（二）营销流程

需求创造、传递和扩散、实现贯穿于营销过程的始终。营销的基本流程：营销者洞悉顾客的需求，提供满足需求的产品或解决方案，营销者和顾客在市场上通过交换各取所需。这一基本流程在实践上可分为洞悉需求、阐释需求、传递需求和满足需求四个阶段。

洞悉需求市场机会就是未被满足或未被完全满足的需求，所以洞悉需求就是发现市场机会。因此，营销者必须首先熟知需求产生、发展与扩散的基本规律，掌握需求识别与测量的基本方法与技巧。由于需求的产生与变化是内外因素综合作用的结果，营销者需要通过对外部环境要素、消费者需求与行为、组织市场需求与行为的变化监测与分析，预测出未来需求的变化，从而把握市场机会。

阐释需求市场机会存在于顾客明确提出的需求中——显性需求，也隐藏在顾客内心深处不为所知的需求中——隐性需求。如社会观所表明，并非所有的需求都是合理的、有效的，需要进行分析、评估与选择。面对顾客需求的日趋个性化、情感化，营销者出于自身资源有限性与竞争规避的考虑，只能针对部分顾客的部分需求进行满足，确定目标顾客也因此成为市场营销的一项基础战略。为了更好地联结目标顾客，使之忠诚，营销者需要利用品牌来对需求进行阐释，明确需求对顾客的社会心理学含义。

传递需求面对目标顾客及其背后的市场机会，营销者需要通过具体策略——营销行为来向顾客传递需求、扩散需求，让更多的目标顾客认识到了这种需求，知道需求满足的手段及条件。一般来说，营销策略包括产品策略、价格策略、渠道策略和传播策略。

满足最终需求是通过产品消费获得实现的。这就需要构建销售组织与销售流程来帮助目标顾客的购买与使用产品，通过客户管理来加强目标顾客与营销者之间的密切关系以重复消费。由于市场环境的多变、计划执行的偏差，因此，在营销执行过程中还必须建立一套有效的评估、控制机制来确保需求的满足。

（三）营销计划

营销计划是指营销者针对具体业务制定营销目标以及实现这一目标所应采取的策略、措施和步骤的明确规定与详细说明，也是对营销流程的具体化，也称营销方案。表2.2概述了一个典型营销计划（方案）的基本结构与主要内容。

表2-2 营销计划（方案）的基本结构和主要内容

序号	部分	主要内容
1	概要	对计划难点目标及内容的扼要综述，以便上级部门快速抓住计划要点
2	当前营销状况	市场状况：描述整体市场与主要细分市场的情况，评价顾客需求和营销环境中可能影响顾客购买行为的因素
		产品状况：列出产品线中的主要产品销售额、价格和毛利润
		竞争状况：评价主要竞争产品的品牌定位及在产品、价格、渠道与传播中的策略
		渠道状况：评价主要分销渠道最近的销售趋势和其他进展
3	机会识别	通过对环境、竞争对手、需求和行为等方面的调研分析与描述，确认需求和行为的发展趋势，评估可能面临的威胁和机会
4	选择目标市场	在有效的细分市场上，综合竞争对手、企业优势、市场成长性等因素，选择最有利的细分市场
5	品牌定位与概念测试	根据目标顾客的需求和行为，结合自身文化，提炼并阐释品牌定位，设计概念测试方案，评估是否符合顾客心理
6	确定目标	根据环境、竞争、市场的成长性等因素和自身资源，确定市场份额、利润率等市场、财务、营销目标
7	产品、价格及测试方案	为满足顾客需求，就整体产品及价格组合进行设想，确定最佳产品和价格组合
8	传播方案及测试方案	设计需求及产品信息结构，整合各种传播手段形成可能的传播方案，设计传播设计方案，确定最佳信息传播方案
9	渠道及销售组织	设计产品分销渠道，选择经销商和经销方式，确保顾客能接触到产品
10	行动方案	明确营销计划如何转化为具体的行为方案
11	预算	列出预期收益与营销成本
12	评价、控制和调整机制	构建方案执行的评价指标和目标标准，形成指标监测方案，设计控制和调整机制，及时发现并解决执行中的问题

二、顾客及需求

顾客及需求是营销活动的中心，顾客的需求在营销者发起的营销行为刺激下得到，进而产生想要满足自己需求的愿望，并积极寻求能够满足需求的产品和提供者。所以，营销活动就是围绕目标需求，顾客不断创造需求、扩散需求、满足需求、提升需求，再满足需求的一个持续上升的循环过程。

（一）顾客

顾客是相对于营销者而言的，是指在营销过程中处于被动、消极的一方。在买方市场条件下，产品供过于求，卖方主动、积极地创造需求、寻求买方，买方则拥有足够的挑选余地处于主导地位，不采取主动寻购的行为，顾客就是购买者，这是我们今天面临的一般情况。但这绝不意味着顾客在具体交易过程中完全被动，顾客一般会采取一些策略，如讨价还价来获取更为有利的交易条件。反之，买方也可能是营销者，卖方才是顾客。

在自媒体不断发展的前提下，消费者已经越来越主动、积极地表达自己的需求意愿，但这种表达往往缺乏明确的目的性，更没有转变为主动、积极地寻求满足的行为。

（二）需求

需求是市场营销最基本、最重要的概念，顾客之所以是顾客，只是因为他有需求。与需求紧密相关的一组概念是行为、生活方式和经营方式。

需求是人们希望改善目前状态的一种心理愿望，如对目前工作不满而希望更换工作，对生产效率不满而希望改造生产线。就消费者而言，行为是为满足需求而进行的活动或采取的措施，如寻求产品信息、去某个商场或网店购买、在聚会时使用等；就企业经营而言，行为是拓展生产线自行生产某个部件，或直接向这一部件的某个生产商订制。

生活方式是人们根据某一中心目标而安排其生活的模式，并可通过他的活动、兴趣和意见体现出来。这个中心目标就是思想中固有的某种生活价值观，而活动则表现为对衣、食、住、行、劳动工作、休息娱乐、社会交往等物质生活与精神生活内容的向往，也包括为追求这些内容所产生的具体行为。如大学毕业后从集体宿舍到50多平方米的单身公寓是两种差别巨大的生活方式，这里面既有对住房面积、功能、环境的不同需求，也包括了因不同的自由空间所产生的不同行为。

组织开展经营活动过程中与各利益相关者形成的关系以及生产方式统称为经营方式。无论是组织与利益相关者直接的关系发生怎样的演变，还是生产方式产生怎样的变革，都会对社会经济发展产生巨大的影响，在微观层面上引发新的需求与行为。

显然，生活方式与经营方式是涵盖需求和行为的一个更为宽泛的概念，可理解为"元"与"域"的关系，即生活方式是个体众多需求与行为相对稳定的有序集合，经营方式是组织可需机构需求与行为的集合。生活方式与经营方式的改变必然引发需求与行为的改变。

其实，"需求能否被创造"一直是营销研究过程中被讨论的话题，对需求内涵的认识差异是引发争论的根源。如果把需求理解为人们为了生存、发展而需要食品、衣服、住所、安全归属、受人尊重等，这些需求显然是人们与生俱来的并且是稳定的，营销不需要也不可能创造。但这种理解并没有给出需求的定义，更没有揭示出需求的本质，只是给出了需求的具体类型。若将需求界定为"人们希望改善目前状态的一种心理愿望"，由于人们对目前状态的满足标准是变化的，如人们对食物的追求从饱腹耐饿到营养均衡，对服装的关注从遮羞保暖到彰显个性，对住房的要求从遮风挡雨到舒适安逸，而营销就是促成这种标准变化的一个强烈外因，从这个角度来看，需求显然能够被创造。

基于"需求是人们改善目前状态的一种心理愿望"，从营销角度来看，创造需求就是要打破目前顾客的满足状态，使其从满足变为不满足，传递需求就是扩散顾客的不满足，变个别顾客的不满足为群体的不满足。而对顾客满足状态的改变是可以通过提供一种新的满足标准（或参照系）来进行的。具体而言，就是针对消费者可以提供一种新的生活方式，针对组织机构可以倡导一种新的经营方式。美国西部航空公司的广告语"先定义你的生活方式，再选择适合你自己的产品与服务"是对这一思路的最佳注脚。

三、营销者及营销行为

营销者是营销活动的主动发起者，他们创造需求，提供满足需求的产品，在市场上通过系列营销行为激发顾客产生需求，进而寻求满足需求的产品。当买卖双方都积极时，双方都是营销者，这种情况也称之为相互市场营销。

（一）营销者

营销者既可以是组织，也可以是个体，甚至是一种松散或紧密的营销者群体。

企业是最主要的营销者。企业要获取盈利，就必须有顾客购买其产品，而顾客购买产品的前提是有需求，所以企业一般都必然地要制定、实施一系列的营销行为进行需求创造、传递，培育顾客需求和行为，引导顾客进行购买和消费。这里的企业不仅指生产者，也包括经销商和各类辅助商，如广告商、媒体、物流商等，企业之间既有合作也有竞争。

个体为了职业发展或融入朋友圈等，也会采取一些行为来表明自己的价值观、行为规范。

而一些具有共同或相近生活价值观、方式的人也会以各种方式形成正式或非正式、松散或紧密的群体，并以特定的方式宣扬他们的价值观和生活方式。当然，这种宣扬不一定有明确目的。

（二）营销行为

营销行为是指营销者为获取对方或相关利益者、公众的信任与认可，进而得到有利交易条件而采取的策略或措施。就卖方而言，主要是寻求客户并获取高价；就买方而言，则是寻求卖家并获取低价。可见，就相互寻求来看，双方是一致的，就成交价格来看，双方是冲突的。

狭义地看，营销行为的功能是获得有利于自己的交易。广义地看，由于行为既是一个会组织的基本构件，也是这个有组织的形态的显性表现。因而，它有着更为广泛的意义或功能、秩序，效率基本上取决于组织成员的行为，同时行为也是组织（或个体）之间理解互动的基本手段。

根据行为的整体性，营销行为可分为战略营销行为和战术营销行为。

战略营销行为是指对营销主体具有全局性和长期性意义的营销行为。从实际表现看，战略营销行为包括行业协调行为、产业协调行为和用户协调行为。从目标看，主要是实现行业、产业链整体利益的最大化。

战术营销行为是指对营销主体具有局部性和短期性意义的营销行为。从实际表现看，战术营销行为包括产品差异化和促销。

所有营销行为建立的基础都是对方的行为偏好，包括使用偏好、心理偏好、风险偏好、利益偏好等，也包括营销行为偏好。所以，知晓对方的行为偏好是建立并实施自己的营销行为的根本。相对于对方行为这一因素而言，其他诸如环境等都只是约束因素。

四、产品及效用、费用和满足

在营销活动中，如果说需求是本质，产品则是关键，因为需求是通过产品的使用得到满足的。营销者创造的是需求，提供的是产品。所以，对产品的理解是从产品和需求的关系出发的，包括效用、费用和满足。

（一）产品

产品是用于满足需求的一切事物，包括有形实物、无形服务，也可延伸到信息、体验、观念等内容上，更可能是上述内容的组合。需求通过对产品的使用得以满足，需求是产品存在的本质所在。但需求和产品之间并非是一一对应的关系，一种需求可以通过多种产品的使用得到实现，一种产品也可以满足多种需求。如自行车、出租车、家庭轿车都用以满足人们的代步需求，但就豪华轿车而言，既是一种交通工具，又是身份、地位的象征。

在现实生活中，需求一词最常见的表现就是对某种具体产品的需求，企业也往往将注意力投向他们所提供的具体产品上，而非产品所满足的需求上，认为自己是在销售一个产品而非在提供一个需求解决方案，从而容易患上产品观中所提及的"营销近视症"。特别是当科技的高速发展导致产品更新速度明显加快时，企业一定要改变以产品为导向的经营发展思路，以需求为导向，致力于为顾客提供更优的需求解决方案。相对而言，需求变化的速度要慢于产品更新的速度，需求尽管也在不断地变化发展，但不是不断地淘汰与更新，而是不断地提升、丰富和多元。

（二）效用、费用和满足

效用、费用和满足是产品的几项主要属性。

效用是对产品满足需求的程度的评价，如作为交通工具，轿车比自行车更舒适、快捷，因而效用更高。但这种评价许多时候又是因人而异的，如对一些人来说，"网络游戏"比"游戏机"能给人更多的乐趣，对另一些人来说，喝茶打牌、聊天才是最好的娱乐。

费用是指顾客为得到和使用产品的所有付出，包括精力、时间和金钱等。满足是指顾客对产品的满意程度，它是效用和费用的综合函数，或者说是和理想产品的接近程度。所谓理想产品是指完全满足需求、绝对安全和费用为零的产品。

五、市场、交换与关系

一切营销活动都是在市场中进行的，市场是营销活动的载体。营销者在市场中推广传播生活方式和需求、推广产品，顾客在市场中寻求能满足自己需求的产品及供应商。营销者与顾客在市场上的这些行为导致双方互相接近，形成交换，并建立某种关系。

（一）市场

市场最一般的含义是指进行商品交换的场所，也指寻求一个特定产品或某类产品的买方的集合。根据买卖双方在交换过程中的地位，市场分为买方市场与卖方市场。

买方市场是指一种产品的供应量超出了所有顾客对它的需求量，使顾客（买方）在交换过程中处于主动地位；而卖方市场则指一种产品的供应量小于所有顾客对它的需求量，从而使卖方在交换过程中居于主动地位。买方市场的形成是市场营销理论和实践产生与发展的基本前提。由于技术进步、社会经济的发展必然导致买方市场的出现，所以卖方无可避免地在交换过程中处于被动的、不利的地位。从这个意义上说，市场营销的任务就是创造局部的卖方市场。

在市场营销理论中，市场也指共同拥有一个具体需求，并且愿意和能够以交换来满足此需求的所有潜在与实际购买者的集合。根据购买者的不同特性，市场又可分为消费者市场、产业市场、非营利组织市场等。

（二）交换与关系

交换是指以提供某物作为回报而从他人换回所需之物的行为，关系是交换双方由此而产生的供求联系及互信互利等。通常，交换是短期、间断、可变的，而关系则具有长期性、稳固性、连续性，交换是营销者形成、维系顾客并发展与其之间关系的前提。

调查数据显示，吸引一个新顾客的成本要比维持一个老顾客满意的成本高四倍，并且越来越多的企业意识到，失去一个老顾客不仅是失去一次销售，而是失去了该顾客后续的全部购买。也就是说，企业可能在一次交换中蒙受损失，但却能从长期的顾客关系中获得巨大收益。

市场营销是以市场交换为获得产品的基本方式，探讨如何更有效地实现市场交换，并竭力保持、发展这种交换关系。根据由交换而建立的买卖双方关系的内涵，市场营销可分为交易营销和关系营销。交易营销是一种仅与交换有关的市场营销，买卖双方的关系由一次交换而发生，随本次交换结束而终止。

关系营销是指企业、顾客、分销商、供应商等相关利益各方（组织或个人）建立、保持并加强相互之间联系，通过互利交换及共同履行诺言，使有关各方更方便地实现自己的利益，达到双赢、持续交换的一种市场营销。关系营销既是一种营销方法，也是一种新的营销观念。交易营销和关系营销的区别如表2-3所示。

表2-3　交易营销和关系营销的区别

交易营销	关系营销
关注一次性交换	关注保持顾客
较少强调顾客服务	高度重视顾客服务
有限的顾客承诺	高度的顾客承诺
适度的顾客联系	高度的顾客联系
质量是生产部门所关心的	质量是所有部门所关心的

第三节　市场营销的发展

营销的发展是一部从供应不断适应需求、再到创造需求的历史。今天，营销已经渗透到从物质生活、情感生活到精神生活的全部社会生活领域。社会责任、新技术运用创意和人文关怀是现代营销的精髓。

正如过去一个世纪的世界因为技术革新而改变，人类从贫困走向富裕、从追求物质走向追求精神，营销也同样在不断发生着变化。尤其是20世纪80年代以来，随着人类对自然资源开发利用程度的不断提高、贫富差距持续扩大，生态、社会环境都面临严重挑战。进入21世纪，以信息经济、网络经济和知识经济为特征的新经济引领人类进入瞬息万变的信息社会与个性时代，企业的营销环境由此发生全面而深刻的变化。适应这种形势，营销实践与理论在观念、方法和应用领域等许多方面都发生了质的变化。

营销百年的历史，是其理论和实践从孕育、成长到大发展的百年，是营销管理思想不断创新与丰富的百年。发展至今，现代营销呈现以下特征：强调社会责任自然环境恶化、贫富差距扩大已经成为全球经济进一步发展的重大阻碍，营销活动再也不能只是以短期的、个体的盈利为标准，而必须以社会的、整体的利益为出发点。

现代营销首先是一门科学，它有严格的、独有的概念和方法，其理论体系和操作体系都已经相当完善，现代技术得到全面应用，营销活动程序化、公式化、定量化。同时，营销仍然保持着相当大的艺术成分，创意是营销成功的灵魂。营销不仅是逻辑思维的结果，也是抽象思维的结果。任何营销问题都具有一定的特殊性，程式化是基础，艺术化是关键。

随着营销在企业生产经营活动中重要性的日渐上升，企业市场活动从只是单纯的事务性销售逐步演变为专业性的营销活动。营销职能和营销人员逐渐从生产和销售中分离出来，成为一项独立的专业职能，一个独立的行业。

传统营销将重点放在营销道具、手段、过程和方式上，主要是产品展示的技巧和策略，而现在则转向对顾客心理、需求和行为规律，营销者应有的观念、态度、素质和能力的研究。营销活动的核心由说服转向满足，变高压、硬推为对需求的发掘、引导、认识和迎合，不是展示产品多么精致，而是引导顾客认识自身潜在的需求，主动搜寻、选择相应的产品。

一、市场营销的产生与演变

市场营销在 20 世纪初产生于美国，伴随着生产力的发展而不断完善。20 世纪 50 年代，市场营销有了比较成形的理论体系；70 年代初，"定位"理论的提出，标志着传统市场营销理论体系的完善；80 年代开始关注环境与社会；迈进千禧年，营销者开始思考如何运用互联网来应对新经济的挑战；至 2010 年，价值观驱动的营销也许正掀起新一轮的营销变革。

（一）产生背景

20 世纪初，工业生产的标准化、专业化和通用化使工业生产效率有了极大的提高，市场交易范围不断扩大，个人可自由支配收入持续增加，人们对市场的态度和自身行为发生了根本性的变化，中间商的产生等导致了市场营销实践和思想的产生。

1. 市场规模扩大

20 世纪初，由于铁路网的形成，美国国内形成了从西海岸到东海岸，由北到南的统一的大市场，这是一个承载着一亿人口、40% 的居民生活在城市的大市场。这样，生产商不再仅仅局限于在当地销售产品，而是为充满各种不确定因素的外地甚至是国外市场服务，顾客也不再仅仅是购买当地生产商生产的产品。买卖双方不再能像过去那样相互了解、信任和具有安全感。统一的、规模宏大的市场给大规模生产销售带来了机会，也带来了新的挑战，竞争在美国范围内开展，竞争对手更加强大。如何与陌生的顾客打交道？如何将产品送达远方？分销、信息、沟通等变得越来越重要。

2. 买方市场初步形成

科学技术的进步，标准化、专业化和通用化的应用，自动化和机械化的发展，食品储存手段的更新，分工的日益深化，农业社会转向工业社会，家庭作坊式生产转向工厂生产机制的建立和完善，导致了大规模生产的产生，从而既提高了产量，还促使大量新产品的诞生，市场供给超过了市场需求，人们有了更多的选择，消费行为呈现多样化，卖方市场开始向买方市场转化。卖方对充满机会又充满挑战的市场不知所情、买方对前所未闻的产品和卖者而感到迷惘，双方都需要一种新的理论对此做出解释并指导现实经营活动。

3. 分销系统独立

随着生产规模和市场的扩大，不管是工业品还是农产品的生产者都越来越难以完全依靠自己的力量在美国市场上销售自己的全部产品，通过专业中间商销售产品的现象日益增多。到 1909 年，美国有 90% 的产品是通过专业中间商出售的，中间商增加了，并且相互之间有了分工，有了不同的业态，承担了更多的职能，进而产生了能与第一流的生产商具有同等市场影响力的百货商、邮购商和连锁组织。专业中间商通过其专业技术、销售规模和市场控制能力、有效地帮助生产者降低了销售成本，提高了社会再生产的效率和效益。这时，生产者不仅要和最终的顾客打交道，还要和中间商打交道，如何有效地利用中间商成为一项新课题。

所以，独立分销系统的产生既是营销产生的标志，也是营销的课题。

（二）发展历程

市场营销的发展大体上可分为第二次世界大战（下文简称二战）前的萌芽、20世纪50年的急速成长、六七十年代的成熟与80年代以来的丰富及转型等几个主要阶段。

1. 萌芽期：二战前

从20世纪初到二战结束的1945年是市场营销的萌芽时期，在这一时期，市场营销赖以产生和发展的环境逐步形成，促使企业日益重视市场调查、广告、分销活动，专业广告商日渐活跃，百货店、连锁店和邮购店的产生与发展，专业市场调查公司的出现，无不意味着市场营销实践的展开。

1923年美国人尼尔逊创建了专业的市场调查公司，市场调查和分析成为企业生产经营活动的前提。1931年，尼尔·麦克尔罗伊建立了宝洁公司的品牌管理体制，这一体制将宝洁公司的多种产品分别建立不同的品牌，各自拥有相当自主权的品牌经理对一个产品的全面市场表现负责，各品牌间允许存在有限度的竞争。今天，众多的宝洁品牌成为消费者可信赖的品牌，宝洁公司成为小商品领域的市场领导者，这种品牌管理模式功不可没。随之，世界上大大小小的消费品或生产品公司都或多或少地引入了品牌管理模式，就医疗器械行业而言，出现了GE、西门子、飞利浦医疗、强生等知名品牌。

与此同时，理论上的研究也得到了发展，美国一些大学开设了有关分销的课程，并逐步演变至最终采用了营销这一名称。这表明理论上已经把分销活动从生产活动中分离出来，单独地加以考察，研究的范围也从单纯的中间商组织和管理，扩展到广告、行为、价格及其他相关问题，其认为制造创造使用价值，而市场营销创造时间和空间价值，市场营销的雏形已初步形成。

这一阶段的市场营销理论大多以生产观或产品观为导向，这和当时存在大量的潜在需求密不可分。研究重点是市场营销的职能，为达到使产品从生产者手中顺利地转移到使用者手中，市场营销要完成集中、储存、融资、承担风险、标准化、销售和运输等职能，这些职能可以概括为三类：交换职能——销售（创造需求）和收集（购买并集中同类产品）；物流运输和储存产品；轴辅助——融资、风险承担、信息沟通（广告）和标准化等。从对职能的归纳可以看出，人们已经不再把营销仅仅看作是一种单纯的销售（交易）活动。

2. 成长期：二战后到20世纪60年代中期

二战后，战时膨胀起来的战争生产力向生活领域急速释放，资本主义世界的经济获得了买方市场逐渐形成。在这种情况下，市场营销逐步走向成熟，开始了对营销如何进行资源配置，如何影响个人收入和支出，如何影响人们需求和购买行为等各个方面的研究，许多重要的营销原理和实践都是在这一阶段提出的。

工业革命以来，企业追求的一直是以标准化和规模化来扩大产量，降低成本和价格，使消费者的潜在需求转变为现实需求。然而，经历二战后的生产力扩张，人们不再被物资短缺所困扰，价格不再是影响消费者选购产品时的唯一要素。尤其是到了20世纪50年年代中期，战后出生的一代开始渐渐步入消费，而他们显示出来的是更多的个性化和差异化。针对这种情况，1956年温德尔·史密斯提出了"市场细分"的概念和方法。自此，营销界一刻也没停止对消费者的研究。

1957年，通用电气公司的约翰·麦克金特立克提出并阐述了"市市场营销观（顾客观）"，他认为，一个组织应当从发现顾客的需求出发，然后给予相应的产品和服务，最后使顾客得到满足，只有这样，企业才能获得持久的发展。企业经营的重点从"以产定销"转向"以销定产"，实现了企业经营观念质的飞跃。

1960年，密歇根大学教授杰罗姆·麦卡锡提出著名的4P，这使得市场营销从艺术向科学迈进了一大步，市场营销有了规范的操作模式。从此，营销学从原理到操作模式都基本定型，而4P更是在一定程度上成了市场营销的代名词。

3. 成熟期：20世纪60年代中期至70年代的完善时期

到了20世纪60年代中期，市场营销逐渐从经济学中独立出来，又吸收了管理学、行为科学、心理学和社会学等学科的相关理论，进一步趋向完善。乔治·道宁在他的《基础市场营销：系统研究法》一书中提出，市场营销通过定价、促促销、分销活动，并通过各种渠道把产品和服务供应给现实顾客和潜在顾客。菲利普·科特勒作为当代最有影响的市场营销学者，他全面发展了市场营销管理理论，他把市场营销看作是为实现组织目标而进行的分析、设计、执行和控制过程，并且指出，市场营销理论不仅适用于营利性组织，也适用于非营利性组织。

4. 转型期：20世纪80年代以来

到了20世纪80年代，严重的生态恶化和南北差距，生态问题和社会问题对传统营销提出了新的挑战。企业开始反思其传统营销活动，意识到企业营销应负有一定的社会责任。于是，出现了社会观和道德观，有人也称为生态观。这些观念要求企业在营销时，不但要考虑消费者需求和公司目标，还要考虑消费者和社会的整体利益和长期利益。而随着互联网在20世纪90年代后逐渐进入公众生活，它正在慢慢颠覆传统的信息播方式，创造新的社会、经济活动空间。顾客、公众不再仅仅是被动的信息接受者，他们越来越多地主动发声。自媒体、自传播以它自己的方式消除信息不对称，企业越来越不能靠花言巧语来获取信任了。互联网调研、互联网渠道、互联网传播、电子商务都正在改造传统的市场营销理论和实践。

二、核心知识的进化

AMA 定义基本以 20 年左右的时间间隔来对市场营销定义进行修订，以此反映营销学科的发展与核心知识的进化。表 2-4 以 10 年为跨度表明了营销核心知识的进化。受篇幅所限，本节选取部分影响较大或突破性较高的内容进行简单描述。

表2-4　营销核心知识的进化

二战后的 20 世纪 50 年代	腾飞的 20 世纪 60 年代	动荡的 20 世纪 70 年代
产品生命周期	4P 理念	社会营销
品牌形象	营销近视症	定位
市场细分	生活方式	战略营销
营销观念	营销概念拓宽	社会性营销
营销审核	—	服务营销
迷茫的 20 世纪 80 年代	一对一的 20 世纪 90 年代	利润导向的 21 世纪 10 年代
内部营销	4C 理念	4R 理论
全球营销	体验营销	顾客资产营销
本地营销	网络营销	价值观驱动营销
关系营销	赞助营销	
大市场营销		

（一）4P、4C 与 4R

1960 年，杰罗姆·麦卡锡首次将营销要素归结为四个基本策略的组合：产品（product）价格（price）、渠道（place）和促销（promotion），简称称 4P，从此确认了以 4P 为核心的营销组合方法。1986 年，菲利普·科特勒针对世界经济的区域化与全球化所形成的无国界竞争趋势，提出"大市场营销"观念，在 4P 基础上又加上权力（power）与公共关系（publication）2P，强调企业为了进入特定的市场，需要在营销策略上协调运用经济、心理、政治、公共关系等手段，以博得当地的合作与支持，从而达到预期的营销目的。尽管此后 4P 理念被多次扩展甚至形成 11P，但其理念主要是从企业的角度认识满足顾客需求的可行性，强调企业在能力约束下有选择地满足顾客需求。

（二）战略营销

不同学者对战略营销有不同的理解。有学者认为营销不仅是达到企业经营目标的战术性策略的组合，其本身也是一种战略，是企业战略的重要组成部分。该观念的核心是认为企业要把营销放到战略高度，而不仅仅是实现企业战略的手段。也有学者认为营销本身既包含战术性内容，也包含战略性内容，战略营销就是指营销的战略性内容，即通过市场细分确定目标市场和品牌定位，而传统的 4P 只是实现营销战略的战术性策略。战略营销强调在传统的 4P 基础上再加上 4P（市场调查、市场细分、目标市场、产品定位），形成一个全方位的营销策略体系。这是一种有益的观点，是对营销的准确把握，有助于避免把营销和 4P，甚至是促销、推销混为一谈。

不管如何理解战略营销，本质上都是提倡从战略的视角认识营销，也就是从整体上认识营销，营销行为必须符合战略。一是营销战略要服从企业战略，目标市场的选择和品牌定位的确立除了考虑顾客、竞争的因素，还要考虑企业自身资源优势，目标市场和品牌定位既是营销战略的核心，也是企业战略的核心。二是营销首先是确立营销战略，然后才是确立为达到营销战略而必须采取的营销策略。

（三）网络营销

现实生活中，网络不仅仅局限于电脑网络，还包括移动网络、宽带有线电视网等，网络不仅仅是一种工具、一个平台，更是一种环境。近 20 年来，没有什么比网络对我们的生活影响更大的了。网络对企业营销活动的改变主要体现在以下几个方面。竞争环境的改变打破了时空限制，使得企业面临一个真正意义上的全天候的全球市场，竞争对手来自全球范围内，竞争环境更加复杂多变。

顾客主权的改变网络普及以及自媒体的发展，顾客开始摆脱传统营销体系下几乎被扼杀的话语权。一方面，以团购、互相交换为代表的协同消费开始盛行；另一方面，顾客开始参与到企业研发、生产、运营、物流、营销等各个环节。

对企业交易方式的改变网络的交互性使得网络直销成为一对一营销，企业可以不需要中间商就能完成，甚至不需要以传统的货币为媒介进行交易。

（四）价值观驱动营销

2010 年，菲利普·科特勒在与印度尼西亚学者何麻温·卡塔加雅和伊万·塞带亚万（Iwan Setiawan）合著的《营销革命3.0》中指出市场趋势正在呼唤价值观驱动营销。价值观驱动营销包含合作营销、文化营销和人文精神营销三个组成部分，分别对应参与化、全球化和创造型社会三大时代背景。

合作营销强调企业与顾客的互动沟通，吸引顾客主动参与产品的共建，如企业创意广告的网络征集等。文化营销是在经济全球化与民族主义激烈碰撞的背景下，企业通过营销活动为顾客提供生活上的持续感、沟通感与方向感，进而缓解其因价值观矛盾等产生的巨大精神压力和各种焦虑；人文精神营销则是站在人类社会发展的更高层面上，通过营销以"人生的意义、快乐和精神"为核心的人文精神，为顾客提供意义感。

三、组织演变

随着市场营销理论和实践的发展，营销组织也在不断演变和丰富。营销组织是指企业内部涉及营销活动的部门（职能）及其结构。

营销部门的组织形式主要受宏观环境、企业经营理念及企业自身所处的发展阶段、经营范围、业务特点等因素的影响，大致经历了单纯的销售部门、兼有营销职能的销售部门、独立的营销部门和涵盖销售职能的营销部门四个阶段段。

（一）单纯的销售部门

在以生产观念为指导思想的时期，企业只有财务、生产、人事和销售等几个简单的职能部门。销售由主管销售的副总经理领导，该总经理既负责管理销售队伍，也直接从事某些销售活动。如果企业需要进行市场营销调研或做广告宣传，这些工作也由该副总经理负责处理。在这个阶段，销售部门的职能仅仅是销售生产部门生产出来的产品，生产什么，销售什么；生产多少，销售多少。产品生产、库存管理等完全由生产部门决定，销售部门对产品的种类、规格、数量等问题，几乎没有任何发言权。其实销售部门也不需要这种发言权，因为只要产品合格、价格适当，需求和销售是没有问题的。

（二）兼有营销职能的销售部门

随着生产率的逐步提高，供需关系总体上走向平衡，企业由生产观念向推销观念转变这就要求进行经常性的市场研究、广告宣传以及其他促销活动。当这些工作的任务量达到一定程度时，这些工作逐渐演变成专门的职能，企业便会在销售部门设立一名营销经理专门负责这方面的工作。

（三）独立的营销部门

随着买方市场的形成和企业规模、业务范围的进一步扩大，原来作为附属性工作的市场研究、新产品开发、广告、促销和客户服务等营销职能的重要性日益显现，重要性甚至超过了销售，这使得企业认识到必须设立一个独立于销售部门的、专门从事市场研究和市场推广的营销部门。作为营销部门负责人的营销副总与销售副总一样直接对总经理负责，产品销售部和市场营销部成为两个平行的、互相配合的职能部门，各自向总经理报告。

（四）涵盖销售职能的营销部门

显而易见，销售副总经理与营销副总经理的工作只有保持一致、配合默契和互相协调，才能使企业的经营状况保持良好。其次，既然顾客是企业工作的中心，市场调研，新产品开发等营销活动就成为企业所有其他活动的前提，更是销售活动的前提。

以上只是企业营销组织的一般演变情况。到目前为止，这种演变并没有停止，仍然在不断发展之中。其次，大规模、多业务、跨国经营的企业其实际营销组织要复杂得多。

四、领域拓展

营销随市场区域的扩展和产品种类的丰富而产生和发展。当个人的活动范围不再局限于从小生长的村落，当组织不再局限于家族及其（小）规模，人们的社会生活、在组织内的合作和发展也面临着如市场区域扩大所产生的不确定性。当人们不再仅仅满足于物质产品的拥有时，更为多样化的精神产品及其生产者（包括营利性和非营利性组织）更需要借助营销的方法来寻求支持者和追寻者。营销在应用领域方面的拓展可以概括为从组织拓展到个人从组织间拓展到组织内，由物质产品拓展至非物质产品，由营利性产品拓展至非营利性产品由营利性组织拓展至非营利性组织。

（一）个人营销

如今，每一个人的活动范围都在大规模地扩展，一生可能要经历多个组织（工作）。在多个不同的社区甚至是不同的国家生活，拥有多个社交群体，迅速而适当地融入组织和社区，形成能够愉快相处的社交群体是一个人事业发展、生活幸福的前提。所以个人必须向组织社区和群体适当地展示自己，以求获得相互认可。

从创造需求的角度看，人力资源对任何一个现代社会组织都可谓是最重要的甚至是唯一的资产，但不同的行业有不同的人力资源结构。发现组织中的人力资源结构失衡阶梯，即目前各个层级的人力资源瓶颈，是个人在组织中获得良好发展的必要条件。

从提供产品的角度看，人力资源失衡阶梯是个人职业发展的通道，但一个人能够顺着这个通道逐步发展，就应当具备弥补这种失衡或消除这种瓶颈所必需的各方面的基本素质和才能。一般而言，基本素质是品质、文化素养和团队意识，个人才能是岗位要求的知识和技能，基本素质与岗位性质、任务关联行为规范的强度较弱，岗位知识和技能则与岗位性质、任务强度相关。能具有一定的隐蔽性和不确定性，需要长时间的实践观察和磨合才能最终确认。由于人具有自适应性，通过不断的学习、磨合和经验积累，一个人对岗位可以从不胜任到胜任。因此，有意识地运用营销理论和方法向组织展示个人的素质和才能是加快个人职业发展的有效途径。

（二）组织内营销

营销思想和方法在组织内的拓展应用包括两个方面一是组织内各部门之间的相互认同和协作，二是员工对组织的认同。组织内各部门都有自己特定的工作标准和业务流程，只有当这些目标都符合组织的总体目标，围绕为顾客创造价值而展开时，各部门的目标才是有意义的，只有当各部门的业务流程协调一致时，组织整体和各部门的工作才可能是高效率的，这就要求组织各部门间要加强沟通、相互理解，一方面主动去理解其他部门的目标和流程，另一方面主动向其他部门阐释自己的目标和流程。

正如个人要积极主动地融入组织，组织也应当创造条件使员工更易更好地融入组织。

为此，组织必须采取各种措施、运用多种手段向员工传递组织的基本理念、行为规范，使之成为员工的基本信念和自觉行为，不管是部门间的相互认同和协作，还是向员工传递组织的基本理念和行为规范，都是以组织文化为基础的。组织文化建设是一个文化理念的提炼和传播的过程，这一过程和组织品牌建设过程异曲同工，又由于组织品牌也是组织文化的集中反映，这两个过程又是互相交替的。其实，不论是组织文化还是组织品牌，组织内的认同和组织外的认同都具有同等重要性。

（三）观念营销

长期以来，人们主要追求物质的满足和生理的享受，营销由有形产品和服务产品的市场推广需要而产生，也主要运用于这些领域。随着社会经济的发展，生活水平的提高，人们的精神需求日趋旺盛，精神产品日益丰富，营销的运用随之向人们的精神生活领域延伸。

精神产品主要有两类：一是（思想）观念产品，如人与自然和谐相处、共同富裕、小康社会等；二是心态产品，如竞争和对抗、紧张或放松等。观念产品一般不需要物质产品或服务产品为载体，心态产品一般需要附着于一种物质产品或服务产品，如体育赛事所体现和传达的是竞争和对抗，演唱会、酒吧所呈现与表达的是心境，人们一般是通过融于其中来感受和改变自己的精神状态（心态），精神产品最典型的特征是完全差异化，几乎没有两个完全一样的精神产品，即使是同一词语表达的观念产品，其具体描述也会千差万别，如没有人会反对人与自然和谐共处，但在具体操作上，先发展经济后治理环境，还是在不破坏环境的前提下发展经济却一直备受争议而体育赛事、演唱会等等，更是不会有完全相同的情况，即使同一支队伍，都可能产生不一样的结果，更不用说比赛过程了。

精神产品的另一特征是低物质消耗，且不说观念产品本身由于不需要附着物质产品，仅仅需要少量的物质为载体。而且，一个好的观念还有助于人们建立正确的资源观，从而起到节约资源的作用。心态产品直接带给人们身心愉悦的感受，帮助人们提高幸福感，虽然需要借助一些场地、设施，但资源消耗相对来说一般很少。

需要强调的是，观念产品营销有两个特征：一是非营利性，因而营销者一般是政府成为各类非营利性组织；二是面临两个顾客群体，即赞助者群体和观念受众群体。

观念产品营销的本质是观念倡导者希望观念反对者或观望者接受自己的观念。通常，观念反对者不会为观念倡导者买单，观念产品因此不会为观念倡导者带来直接的经济利益。尽管观念的营销者一般是政府或非营利性组织，但基于对社会责任的认识和品牌、形象建设本身的需要，越来越多的营利性组织也以赞助、捐献、公益广告等方式参与到与自己相关甚至无关的观念产品营销中。

既然观念产品不能为营销者（非营利性组织）带来直接的经济利益，营销者就必须采用其他方式获得观念营销所必需的资金或资源，这是一个获取资源的营销过程，所以观念营销面临两个顾客群体，既要运用营销方法使观望者或反对者接受倡导的观念的支持者，还要运用营销的方法从支持者那里获得开展活动所需要的资源。

（四）非营利性组织营销

非营利性组织是不以营利为目的，开展各种志愿性、公益性活动的非政府组织，如各种民间协会、公益性基金会、民办非营利性教育、医疗、养老机构等，具有组织性、志愿性、民间性、非营利性等特征。

非营利性组织的发展主要源于政府和市场。从履行使命的方法看，政府的特点是强制性，即可以运用国家机器强制推行其政策；市场的特点则是非强制性，交易双方以自愿交易为基本准则实现各自的（营利）意图；而非营利性组织是基于志愿的原则，是成员不以获取某种利益为前提的、一般是服务于某项公益性活动。

我国目前存在大量各种类型的非营利性组织，在发展中存在诸多问题，特别是慈善组织近年来不断爆出丑闻，除了先天不足，还在于非营利性组织不能运用营销理论和技术。

非营利性组织营销有如下特点：

公众多样化——非营利组织要获得顾客、捐助者、志愿者及其他公众的认可。

监督公众化——非营利性组织的活动，资金支出必须接受公众监督。

利益多元化——利益相关者从中获取各自的利益，如顾客的社会责任和义务，捐助者的形象和声誉提升，志愿者的成就体验。

良好的公共关系和组织形象——良好的公众关系和公众形象是非营利性组织生存和发展的基本条件。因而非营利性组织必须善于通过事件、演讲、主题活动、公益活动、出版物、公益广告等宣传组织目标和形象，提升组织的知名度和美誉度。

五、方法创新

一方面，伴随着科学技术的发展，许多新的营销工具、手段与关系被催生出来；另一方面，为适应现代社会的要求，越来越多的科学分析方法、工具与手段正逐步引入营销的各个环节，营销在保持其艺术性的同时，科学性也得到了长足发展。

（一）沟通工具

沟通工具的创新集中体现在互联网和动画技术，而互联网沟通区别于传统沟通的特点又集中体现在社会化媒体。社会化媒体的崛起使营销沟通发生了颠覆性的改变，这不仅体现在由全媒体带来的表现力上，更体现为单向传递转变为双向互动，由延时反馈转变为即时对话。现代动画技术则使营销获得了前所未有的展示能力。

（二）社会化媒体

从 Facebook 与 Twitter 诞生的那一刻起，社会化媒体便注定要改变信息传播的方式。社会化媒体使得沟通速度更快、黏性更强、规模更大，沟通的双向性、互动性得到完美演绎。

作为一种给用户带来极大参与空间的在线媒体，社会化媒体具有以下特点：

参与社会化媒体可以激发感兴趣的用户主动创造、贡献和反信息，模糊了媒体和受众之间的界限，"用户创造内容"与"用户本身就是媒体"成为社会化媒体的两个基本关键词。任何一个用户都有可能成为社会化媒体上的内容发布者与信息传递者，只要他愿意公开大部分社会化媒体都可以免费参与其中，鼓励用户评论、反馈和分享信息，参与和利用社会化媒体中的内容几乎是没有任何障碍的。

交流传统的媒体采取的是"播出"的形式，内容由媒体向用户传播，单向流动。而社会化媒体的内容在媒体和用户之间是多向传播，形成交流。

社区在社会化媒体中，用户可以很快地形成社区，只要是感兴趣的内容都可以成为一个共同话题而被充分交流。连通大部分的社会化媒体都可以通过链接将多种媒体融合到一起。

社会化媒体的汹涌对企业营销的影响主要体现在以下四个方面。

（1）有助于企业建立品牌口碑与品牌价值。借助社会化媒体，企业可以通过积极的内容策略与社区管理，鼓励品牌支持者进行主动、正面的口碑传播。

（2）通过为顾客创造更多的价值形成顾客忠诚。企业可以通过社会化媒体，主动聆听顾客的需求、体验反馈、投诉，第一时间针对不足进行补救，为顾客创造更多的价值，从而培养忠诚的顾客群体，提高销量。

（3）提高运营效率。社会化媒体为新产品的研发、生产、上市提供了尽早试错的机会，缩短了从研发到销售的时间。

（4）营造企业文化与提升员工士气。社会化媒体也是企业内部营销的有力工具，可以充分获悉内部员工的需求、情绪，通过有效反馈与改进，能够提升员工的忠诚度与归属感，营造良好的企业文化与氛围；另一方面，通过对内部员工的社会化媒体培训，可以使员工成为基于社会化媒体的特性以及社会化媒体给企业带来的商业影响，通过社会化媒体影响企业在社会化网络上的倡导者。进行营销已经成为一种趋势，社会化媒体营销也呈现出有别于传统营销的特点。连续性传统营销活动总是具有一定的间歇性，但社会化媒体营销则是连续的，企业可以全年无休地关注社会化媒体的信息，保持与顾客互动，实时监测、分析、总结与管理。

第四节　市场营销调研

市场营销调研是发现和提出企业营销的问题与需求，系统地、客观地识别、收集、分析和传播信息，从而提高营销决策的准确性并修正企业的营销活动偏差的过程。市场营销调研是市场营销的重要职能之一，是企业市场预测及理性决策的基础和前提。在现代企业市场营销活动中，市场营销调研已经成为企业市场营销活动的重要组成部分，成为企业在战略上和战术上都必须认真对待和重视的工作。

一、市场营销调研的含义和类型

市场营销调研。就是运用科学的方法，有目的、有计划、系统地收集、整理和分析研究有关市场营销方面的信息，提出解决问题的建议，供营销管理人员了解营销环境，发现机会与问题，作为市场预测和营销决策的依据。

市场营销调研有利于制定科学的营销规划，有利于优化营销组合，有利于开拓新的市场。营销调研要遵守客观原则、科学原则、及时原则、相关原则和经济原则。

市场营销调研可根据不同的标准，划分为不同的类型。如按调研时间可分为一次性调研、定期性调研、经常性调研、临时性调研；按调研目的可分为探索性调研、描述性调研、因果关系调研。

按调研目的分类：

（1）探索性调研。这种调研主要用来搜集初步资料，通常在两种情况下较多采用。一种情况是市场现象复杂，难以确认实质性的问题，为了确定调研的方向和重点，首先采用探索性调研去寻找和发现实质性问题。例如，某市场产品销售量出现下降，到底是什么原因所致不清楚，这时可运用探索性调研，找出主要原因，才能做进一步的深入调查。另一种情况是当企业提出新的设想和构思时，可借助于探索性调研帮助企业进一步确认这些设想和构思是否可行。

（2）描述性调研。这种调研是对市场的客观情况（包括历史情况和现状）进行如实的记录和反映。描述性调研首先需要大量收集有关市场营销信息，其中包括各种有关数据，然后对调查资料进行分类、分析、整理，形成调研报告。描述性调研的目的是对客观状况做出描述，因此一定要客观公正，并且要有定量分析。

（3）因果性调研。这种调研主要是为了寻找出有关市场现象之间的因果关系，它既可以用于了解已经发生的市场现象之间的因果关系，也可以用于进行某项市场试验。因果性调研可分为定性调查和定量调查两种，定性调查的目的是寻找出引起某一变量产生的原因变量，而定量调查的目的则是确定两个或多个变量间的数量关系。在使用因果调研方法时，应注意防止片面性。

二、市场营销调研的特征

市场营销调研作为一项职能活动，它具有科学性、系统性、不确定性、时效性、客观性和应用性等基本特征。

（1）科学性。在进行市场营销调研时，调研目标的确定、方案设计、资料搜集方法、资料整理方法和数据信息分析方法都必须以经济学、市场营销学、统计学、消费者行为学、组织行为学等相关学科的理论和方法为指导，依据抽样推断、误差控制等理论以及统计整理、统计分析等方法，并体现该领域工作的逻辑性。特别要指出的是，在进行方案设计时要先提出一定的假设，然后在以后的资料搜集、资料分析中再进一步验证假设，不受感情因素的影响，克服个人偏见和主观影响。

（2）系统性。市场营销调研是对市场营销活动、市场状况进行的分析，研究是全过程性的活动，它包括调研立题、调研设计、资料整理收集、资料分析、调研报告等阶段。这一过程中的每一环节密切联系，并形成一个有机的系统。在各个阶段如果不按照这一系统的要求周密计划、精心组织和科学实施，就难以得出正确的调研结果。因此，在进行决策时，一定要系统地进行市场营销调研，否则根据不完全的调研信息进行决策，将会导致难以挽回的损失。

（3）不确定性。市场是不断变化的，政府政策的改变、竞争力量的改变、供应条件的改变等多种因素的影响使得市场营销调研的结果具有不确定性特点。这种不确定性在工业用品市场营销调研中并不明显，但在医疗用品的调研中有时会表现得很明显。基于调研结果做出的判断或决策存在着风险。市场营销调研就是要通过努力，将误差控制在一个允许的范围内，获取尽可能接近市场事实或反映市场状况的信息，以减少信息的不确定性，降低营销决策的失误率。

（4）时效性。市场营销调研是在一定时间范围内进行的，它所反映的只是特定时间内的信息和情况，在一定时期内调研结果是有效的。随着新情况和新问题的出现，以前的调研结果就会滞后于形势的发展，变为无效的。此时企业若仍沿用过去的结论，只会使企业贻误时机，甚至陷入困境。

（5）客观性。市场营销调研的客观性是指市场调查人员要有良好的专业素质，在研究工作中不应受个人或其他权威人士的价值取向及信仰的影响，要保持"中立"的态度，调查的数据要有时效性及全面性。

（6）应用性。市场营销调研可以分为基础性调研和应用性调研，两者的不同之处在于其研究目的不同。基础性调研旨在拓展新的知识领域，或者扩大一个学科的知识体系，而不是以某个具体问题为目标。通常，基础性调研的结果在短期内不能直接应用于实践。应用性调研是为了解决企业所面临的特定问题而进行的调研，如更好地了解市场、为决策提供依据、减少决策的盲目性等。在实际中，企业进行的市场营销调研大多数是应用性的。

三、市场营销调研的内容

市场营销调研的内容十分广泛，涵盖营销管理活动所涉及的全部领域，企业可根据确定的市场调研目标进行取舍。最普遍的几种市场调研活动是：市场特性的确认、市场潜量的衡量、市场份额的分析、销售分析、企业趋势分析、长期预测、短期预测、竞争产品研究、新产品的接受和潜量研究、价格研究。下面介绍市场营销经常调研的内容。

（1）市场营销环境调研。市场营销环境的变化直接影响企业的营销活动和消费者的需求变化。营销宏观环境调研应主要集中于政治、经济、法律、科技、社会文化以及自然环境等方面，如政策法令的变化、经济和科技的发展、人口状况调查和社会时尚的变化。微观环境调研应主要集中于企业的竞争者状况、营销中介等方面调研。

（2）市场需求调研。市场需求调研主要是对市场需求总量、构成、特征及其变化趋势进行调查研究，包括对市场现实需求和潜在需求的调研，各细分市场及目标市场的需求调研，市场份额及其变化情况调研，以及客观环境、企业的营销活动及竞争者的营销活动对市场需求的影响等内容。

（3）消费者调研。消费者调研主要包括对消费者规模及构成、动机、消费行为等方面的调查。

（4）企业营销活动评估性调研。企业营销活动评估性调研主要包括对企业营销活动中计划、组织、实施以及控制过程中出现的问题进行调查，以便于企业营销决策人员更好地管理营销活动的全过程。

（5）企业形象调研。企业形象调研主要包括企业理念形象的调研、企业行为形象的调研、企业视觉传递形象的调研。

（6）企业营销组合调研。企业营销组合调研主要包括对产品、价格、销售渠道以及促销等问题的调查分析。产品调研主要包括产品实体调研、产品形体调研和产品服务调研。价格调研主要包括产品成本及比价的调研、价格与供求关系调研和定价效果调研。渠道调研主要包括现有销售渠道的调研、经销单位调查和渠道调整的可行性分析。促销调研主要包括广告及促销群体的调研、广告及促销主体的调研、广告及促销媒体的调研、广告及促销受众的调研、广告及促销效果的调研。

四、市场营销调研的意义

市场营销调研是企业营销活动的出发点，其作用十分重要，具体有以下几个方面。

（1）市场调研能为企业科学预测和决策提供信息。通过市场调研，企业可以获得市场需求的过去、现在的信息，了解竞争对手所采取的营销策略，继而对市场变化趋势做出较为科学的预测，正确地做出企业营销策略，使企业的营销活动始终与市场需求相一致、相吻合。只有这样，企业才能生存和发展。

（2）市场调研是了解消费需求、促进销售的有效方法。当今消费者的需求呈现多样化，而且水准也在逐步提高。企业的产品只有满足消费者的需求和欲望，才能销售出去，实现其价值。同时，企业通过市场调研，可以摸清消费者购买心理和购买动机，制定出恰当的促销方案提高产品的销售量。另外，越来越多的企业实行跨国经营，参与国际市场竞争，这就必须开展对国际市场的调研活动，使企业始终处于主动地位，在国际贸易中获得最大利益。

（3）有利于企业发现市场机会。市场机会与市场营销环境的变化密切相关。通过市场营销调研，可以使企业随时掌握市场营销环境的变化，并从中寻找到新的市场机会，为企业带来新的发展机遇和新的经济增长点。随着科学技术的进步，新技术、新工艺不断涌现，企业只有通过市场调查，了解国际国内市场的需求情况，分析产品处在市场生命周期的哪个阶段，并分析市场空缺，才能确定在什么时候开发研制、生产和销售新产品，以满足消费者的需求，把握市场机会，使企业不断开拓新市场。

（4）有利于进行准确的市场定位。企业要在竞争中求得生存和发展，关键是要比竞争者更好地满足目标顾客的需要。顾客的需求多种多样，而且会发生变化。企业只有通过市场调查，才能了解和掌握顾客的需求变化情况并进行准确的市场定位，只有提供其所需要的产品和服务，才能提高顾客的忠诚度，从而确立竞争优势，使企业在激烈的市场竞争中立于不败之地。

（5）有利于企业建立和完善市场营销信息系统。市场营销信息系统是指由人、设备和程序组成的一个持续的彼此关联的结构，包括内部报告系统、营销情报系统、营销调研系统和决策支持系统四个子系统。其任务是准确、及时地为营销决策者收集、挑选、分析、评估和分配有关信息。其中，营销调研系统是对特定的问题和机会进行研究，是非常重要的子系统。缺少它必然影响整个市场营销信息系统的运行，影响企业的生产经营正常进行。通过持续的、系统的市场营销调研，可以加深对市场机制作用及方式的了解，提高对影响市场变化的诸多因素及相互联系的认识，增强把握市场运行规律的能力，从而增强参与市场活动的主动性和自觉性，减少盲目性。同时，可以把握行业发展态势，了解消费者需求、竞争产品的市场表现，评估和监测市场运营情况，从而提高企业的经营管理水平。

（6）市场调研有助于企业形象的塑造。在现代社会中，消费者在购买产品时，除了考虑产品的价格、性能、质量和售后服务外，更多的是考虑企业的形象。具有良好形象的企业，其产品是消费者首选的对象。而企业形象设计成功的关键，就是要客观地测定企业形象的实际状态，这是不可缺少的一项基础性工作。只有通过全面、充分的市场调研，才能正确地设计出企业形象，使企业营销活动获得成功。

五、市场营销调研步骤

营销调研通常应根据不同客户的个性化需求有针对性地开展。它是一个由不同阶段、不同步骤、不同活动构成的动态过程，涉及调研内容的确定、样本量的确定、样本的抽取、问卷设计、调研方法选择、研究报告撰写等诸多方面。为保证调研活动的有效性，必须要对整个动态过程预先进行统筹规划，研究确定优选方案，并撰写调研策划书以便于管理人员决策与执行。

营销调研的过程通常包括五个步骤：确定问题与调研目标、拟定调研计划、收集和分析资料、撰写调研报告、跟踪研究。

（一）确定问题和调研目标

调研的第一步要求营销研究人员认真地确定问题和商定研究的目标。营销研究人员应认真仔细地确定本次调研应该弄清的问题，并据此确立调研的目标。因为对一个问题做出恰当定义等于问题的一半已被解决。

通常，为了准确界定研究问题，调研人员需要对研究问题产生的背景有较深入的理解。比如，客户为什么要做营销调研；行业发展的基本状况与趋势：客户以往的经营情况、销售量、利润、市场占有率；可利用的资源（资金和研究技术）和面临的限制条件（成本和时间）；企业对市场前景的主观预测；客户要做的决策及要实现的目标是什么；现有顾客与潜在顾客的人数及地域分布、人口统计及心理统计特征、产品消费习惯等；相关的经济、法律环境等。

营销经理和市场研究人员一般需要借助二手资料收集和分析以及小范围的定性研究来进行背景分析。二手资料主要包括企业微观环境与宏观环境的内容，具体指企业内部有关生产、销售的记录与预测数据，外部有关政治、法律、人文方面的信息，有关产品的目标消费者的信息以及来自竞争者的消息尤为重要。小范围的定性研究经常通过与业内的专家以及其他有见识的人（比如关系良好的销售商等）的深度访谈或小组座谈来进行。将收集的二手资料与定性研究资料进行整理、分析，请企业决策者参与讨论，在财力的限制范围内归纳出问题要点。

营销调研人员必须解决的问题有两种类型，即营销管理问题与营销调研问题。营销管理问题以行动为导向，回答决策者需要做什么、可能采取什么行动，是决策者面对的问题，例如"是否应实施降价策略""是否应增加广告支出"等；营销调研问题则以信息为导向，涉及为解决营销管理问题到底需要什么信息、如何有效获取这些信息，是研究者面临的问题，例如"某类产品的价格需求弹性""顾客消费行为中的广告支出效应"等（如表1-2所示）。因此，为了保障调研内容的合理性，首先必须做到准确地识别企业的营销管理问题，这是营销调研的出发点。

表1-2　营销管理问题与营销调研问题之间的关系

营销管理问题	营销调研问题
是否推出一种新产品	确定消费者对此产品的偏好程度及购买意向
是否应进入新市场	确定市场规模、支付能力、竞争情况
是否应改变广告活动	确定现行广告活动效果
是否提高某产品价格	确定价格需求弹性、不同价格水平对销售和盈利的影响

营销管理问题的识别与确认步骤包括：①确定问题的征兆（如销售量、市场份额、利润等）；②列举产生征兆的各种可能原因（竞争者、顾客、企业自身及其他环境因素），确认关键原因；③提出营销经理能接受的可能解决方案。

营销管理问题确认之后，研究人员应据此确定营销调研问题。其中，应遵循三个基本原则：①确保调研者获得营销决策所需的全部信息；②能指导调研者开展调研活动；③调研问题不能过于宽泛，也不能过于狭窄。

为了避免定义问题时过宽或过窄，可以将调研问题用比较宽泛的、一般的术语来陈述，但是同时具体地规定其各个组成部分。比较宽泛的陈述可以为解决问题提供较宽阔的视角，而具体的组成部分集中了问题的关键方面，从而可以为如何进一步操作提供清晰的指引路线。营销调研目标是设计调研方案、编制调研策划书的重要依据。确定调研目标，就是指出在营销调研中要解决哪些问题，通过调研要取得哪些资料，获取这些资料有何用途。随着营销管理问题与营销调研问题的逐步明晰，营销调研目标便可相应得到确认。如某公司因原材料涨价导致利润降低，管理层考虑将成品提价，有关调研目标可描述为：通过对价格需求弹性的调研研究，确定不同价格水平对产品销售和盈利的影响，为公司制定合适的价格政策提供依据。

（二）制订调研计划

营销调研的第二阶段是要求制订一个收集所需信息的最有效的计划，以保证调研方案的实施。调研计划应包括：确定所需的信息资料及其来源、确定收集资料的方法、确定获取信息的技术方案、制订时间规划、制定经费预算。

1. 确定所需的信息资料及其来源

不同的调研项目所需的信息资料是大不一样的，但是按照来源可以归纳为两种基本类型，即一手资料和二手资料。一手资料也称原始资料，是指专为特定的研究目的而收集的资料；二手资料是指那些因其他目的而收集的资料。二手资料既可来自公司内部，也可来自公司外部。相对而言，二手资料的获得具有时间短、费用省的特点，因此它被研究人员广泛采用。但二手资料并不能完全满足特定研究项目的需求，因而一手资料的收集是必然的。在一手资料的收集中还需进一步明确向谁调研和由谁具体提供资料的问题，即确定调研对象与范围。调研对象是根据调研目的、任务所确定的调研的范围以及所要调研的总体，它是由许多某些性质上相同的调研单位所组成的。

2. 确定收集资料的方法

二手资料的收集方法比较简单，比如网上搜索，查阅付费数据库，访问统计部门、图书馆等。一手资料的收集方法较多而且复杂，主要有访问法、观察法、实验法和一些特定的定性研究方法。

（1）访问法主要是通过对受访者的询问获取信息，包括电话访问、邮寄访问、网络访问和人员访问，其中人员访问又包括入户访问、拦截访问和座谈访问。

（2）观察法则是通过观察特定对象的行为来获取信息，按观察方式分为人员观察和机器观察，按观察场所可分为购买现场观察和使用现场观察。

（3）实验法是在一定的环境状况下，通过变量值的有目的调整，以确定不同变量相互间的影响和关系。

（4）定性研究方法主要包括焦点小组访谈法、深度访谈法、投射法等。焦点小组访谈法主要通过小型座谈会的形式就某一个专题进行讨论从而获得对有关问题的深入了解；

深度访谈法则是一种相对无限制的一对一深入的访谈、用以揭示对某一问题的潜在动机、态度和情感；投射法通过给受试者一种相对无限制的、模糊的情景并要求其做出反应，从而探测其真实的情感和态度。

3. 确定获取信息的技术方案

在技术方案中应明确如何具体实施信息的收集、整理与分析。在信息收集方面往往涉及问卷设计、抽样方法的选择、样本容量的确定等问题；在资料整理与分析方面应明确资料处理的基本目标和要求、分析的具体方法等。

4. 制订时间规划

方案设计一旦完成，就应考虑进度安排和经费预算，以保证项目在可能的财力、人力和时间限制要求下完成。

在总体方案的设计或策划过程中，要制定整个调研工作完成的期限以及各个阶段的进程，即必须有详细的进度计划安排，以便督促或检查各个阶段的工作，保证按时完成调研工作。进度安排一般包括如下几个方面。

（1）总体方案的论证、设计。

（2）抽样方案的设计，调研实施的各种具体细节的制定。

（3）问卷的设计、测试、修改和最后的定稿、印刷。

（4）访问人员的挑选和培训。

（5）调研实施。

（6）调研数据的计算机录入和统计分析。

（7）调研报告的撰写。

（8）鉴定、论证、新闻发布会。

（9）调研成果的出版。

最后两个方面的内容并不是每项调研都必须进行的，但前七个部分是一般抽样问卷调研必不可少的。

5. 制定经费预算

在进行经费预算时，一般需要考虑如下几个方面。

（1）总体方案策划费或设计费。

（2）抽样方案设计费（或实验方案设计）。

（3）调研问卷设计费，包括测试费。

（4）调研问卷印刷费。

（5）调研实施费，包括访问员选拔培训费、试调研费、劳务费、交通费、礼品或酬金费，复查费等。

（6）数据录入费，包括编码、录入、查错等。

（7）数据统计分析费，包括上机、统计、制表、作图、购买必需品等。

（8）调研报告撰写费。

（9）资料费、复印费、通信联络等办公费用。

（10）专家咨询费。

（11）劳务费（公关、协作人员劳务费等）。

（12）上交管理费或税金。

（13）鉴定费、新闻发布会及出版印刷费用等。

在进行预算时，要将可能需要的费用尽可能考虑全面，以免将来出现一些不必要的麻烦而影响调研的进度。例如，预算中没有鉴定费，但是调研结束后需要对成果做出科学鉴定，否则无法发布或报奖。在这种情况下，课题组将面临十分被动的局面。当然，没有必要的费用就不要列上，必要的费用也应该认真核算做出一个合理的估计，切不可随意多报乱报。不合实际的预算将不利于调研方案的审批或竞争。因此既要全面细致，又要实事求是。

客观上不存在唯一的调研计划方案，研究人员往往有很多的选择，每一种选择都会有其优缺点，这就需要调研人员进行综合的考虑和权衡。一般来说，主要需要权衡的是调研成本和调研信息的质量之间的关系，通常所获得的信息越精确，错误越少，成本就越高。若项目预算过高，则要修改设计方案以减少费用，或者改用较小的样本，或者用邮寄调研代替面访调研等。另外需要权衡的还有时间限制和调研类型，调研人员必须在很多条件的约束下，向客户提供尽可能科学的调研方案。

（三）收集和分析资料

收集资料是市场研究人员根据调查方案采用各种手段和方法通过各种途径和渠道获取所需信息的过程。制订市场调查计划后，收集资料是执行计划的第一个重要步骤。资料收集的数量和质量直接关系到调查结果的准确性和有效性，因此要特别重视。

市场调查所需要的信息资料具有复杂性和多样性，资料来源可以是公司内部，也可以来自消费者、经销商、竞争者及其他外部环境。因此，不仅要按照有关要求具体地收集一手资料（原始资料），还包括二手资料（文案资料）的收集。实地调查成果的有效性和真实准确性取决于调查人员的素质、责任心和组织实施管理的科学性。具体来讲要注意两个方面：首先，要对参与调查的人员进行培训，让调查人员理解调查主题和有关计划，掌握调查技巧及与调查目标有关的专业知识及注意事项。其次，科学组织实施实地调查，即调查人员按之前设计的调查计划书所规定的时间、地点及方法，收集有关资料。

资料收集完成以后，研究人员必须按照一定的标准和要求对所获取的各种一手资料和二手资料进行处理与分析，形成有用的信息，给出一定的结论，其中涉及的活动有资料的接收、编码、录入、统计预处理、统计分析等。

（四）撰写调研报告

在对所获取的资料进行深入的分析研究之后，研究人员应按照一定的格式和要求撰写营销调研报告并呈交客户。调研报告一般包括以下四部分。

（1）序言，简单介绍有关调研项目的基本情况。

（2）调研结果和结论摘要，简练和准确地概括市场调研的结果。

（3）正文，准确载明全部有关论据，包括提出问题、结论、论证全过程、问题分析方法、可供决策者们不受支配地进行独立思考问题的全部调研结果，或重新提出具有个人创见的其他必要的信息。

（4）附件，目的是集中所有论证、说明或深入分析报告正文内容所必须参考的资料。

（五）跟踪研究

在提交了调查报告以后，并不能认为调查过程就此完结，还应进行跟踪研究，继续了解其结论是否被重视和采纳、采纳的程度和采纳后的实际效果以及调查结论与未来市场发展是否一致等，以便积累有关经验，不断改进和提高调查工作的质量和效率。

六、市场营销调研的方法

营销调研方法选择是否合理，会直接影响调研结果。因此，合理选用调研方法是营销工作的重要环节。营销调研的基本方法可分如下三类。

（一）询问法

询问法是将所要调查的事项以当面、书面或电话的方式，向被调查者提出询问，以获得所需要的资料，它是市场调查中最常见的一种方法。通常应该事先设计好询问程序及调查表或问卷，以便有步骤地提问。询问法主要可以用下列几种方式进行。

（1）面谈调查法。这种方法是将所拟调查事项，派出访问人员直接向被调查对象当面询问以获得所需资料的一种最常见的调查方式。这种方式具有回答率高、能深入了解情况、可以直接观察被调查者的反应等优点，相较其他的方法能得到更为真实、具体、深入的资料。但是这种方法也存在调查的成本高、资料受调查者的主观偏见的影响大等缺点。

（2）邮件调查法。这是调查者把事先设计好的调查问卷或表格，通过邮件形式发送给被调查者，要求被调查人自行填妥发回，借以收集所需资料的方法。其好处是调查范围大、成本低、被调查者有充分时间独立思考问题。同时存在所用时间长、受调查人文化程度限制、问卷回收率低等缺点，企业通常采用有奖、有酬的刺激方式加以弥补。

（3）电话调查法。通过电话和被调查者进行交谈以收集资料的方法。这种方法进行调查的主要优点是：收集资料快、成本低、电话簿有利于分类。其主要缺点是：只限于简单的问题，难以深入交谈；被调查人的年龄、收入、身份、家庭情况等不便询问；照片图像无法利用，这与访问法相比有隔靴搔痒之感；受电话装机的限制。

（4）混合调查法。三种询问调查方法混合起来加以综合使用。例如，派出专人访问，与收到邮件调查表的人进行深入交谈，或在电话调查中发现线索再派专人出访。

（二）观察法

观察法是指通过观察正在进行的某一特定市场营销过程，来解决某一市场营销问题的方法。调研人员可以到现场观察被调查者的行动如顾客行为、顾客反应等，也可以安装仪器进行收录和拍摄（如使用录音机、照相机、摄影机或某些特定的仪器）来收集市场信息资料。观察法能客观地获得准确性较高的第一手资料，但调查面较窄，花费时间较长。

（1）直接观察法。直接观察是指观察员直接到销售、使用现场观察。其优点是：能通过观察直接获得资料，不需其他中间环节，因此，观察的资料比较真实。不足的是：受观察者本身限制，一方面人的感官都有生理限制，超出这个限度就很难直接观察；另一方面观察结果也会受到主观意识的影响。例如，企业派出若干观察员到出售本企业产品的商场、展销会，现场观察并记录顾客购买商品的习惯、态度、言行及使用商品的情况。

（2）设计观察法。设计观察法是指调查机构事先设计模拟一种场景，调查员在一个已经设计好的并接近自然的环境中观察被调查对象的行为和举止。所设置的场景越接近自然，被观察者的行为就越接近真实。

（3）掩饰观察法。众所周知，如果被观察人知道自己被观察，其行为可能会有所不同，观察的结果也就不同，调查所获得的数据就会出现偏差。掩饰观察法就是在不被观察人、物或者事件所知的情况下监视他们的行为过程。其优点是可以在自然状态下的观察，能获得生动的资料。

（4）机器观察法。在某些情况下，用机器观察取代人员观察是可能的甚至是所希望的。

在一些特定的环境中，机器可能比人员更便宜、更精确和更容易完成工作。但是也存在自身的局限性，即无法进行大范围的研究调查。

观察法分人工观察和非人工观察，在市场调研中用途很广。比如，研究人员可以通过观察消费者的行为来测定品牌偏好和促销的效果。现代科学技术的发展，人们设计了一些专门的仪器来观察消费者的行为。观察法可以观察到消费者的真实行为特征，但是只能观察到外部现象，无法观察到调查对象的一些动机、意向及态度等内在因素。为了尽可能地避免调查偏差，市场调查人员在采用观察法收集资料时应注意以下几点：①调查人员要努力做到采取不偏不倚的态度，即不带有任何看法或偏见进行调查。②调查人员应注意选择具有代表性的调查对象和最合适的调查时间和地点，应尽量避免只观察表面的现象。③在观察过程中，调查人员应随时做记录，并尽量做较详细的记录。④除了在实验室等特定的环境下和在借助各种仪器进行观察时，调查人员应尽量使观察环境保持平常自然的状态，同时要注意被调查者的隐私权问题。

（三）实验法

实验法是指将选定的刺激措施引入被控制的环境中，进而系统地改变刺激程度，以测定顾客的行为反应的方法。这种方法主要用于新产品的试销和新方案实施前的调查。如某新产品在大批量生产之前，先生产一小批，向市场投放进行销售试验。实验的目的：一是看该新产品的质量、品种、规格、外观是否受欢迎；二是了解产品的价格是否被用户所接受。实验法是比较科学的调查方法，取得的资料比较准确，但所花费用较高，时间也较长。

1. 常见的实验方法

实验调查法既是一种实践过程，也是一种认识过程，它将实践与认识统一为调查研究过程。市场实验调查的基本要素包括实验者、实验对象、实验环境、实验活动以及实验检测五个组成部分。常见的使用方法有以下几种。

（1）实验室实验。实验室实验即在实验室内，利用专门的仪器、设备进行调研。比如，调研人员想知道几种不同的广告媒体进行促销宣传的优劣，便可通过测试实验对象的差异，评选出效果较好的一种广告媒体。

（2）现场实验。现场实验是在完全真实的环境下，通过对实验变量的严格控制，观察实验变量对实验对象的影响，即在市场上进行小范围的实验。比如，调研人员想要了解某种产品需求价格弹性，便可选择一个商店，选择几次不同的时间、同一产品安排几种不同的价格，通过分析顾客人数及购买数量的增减变化。即可得到所需信息资料。又如，某种产品在大批量生产之前，先把少量产品投放到几个有代表性的市场进行销售试验，看一看那里的销售反应如何，观察和搜集顾客对产品反映的有关资料。

（3）模拟实验。模拟实验的基础是计算机模型。模拟实验必须建立在对市场情况充分了解的基础上，它所建立的假设和模型，必须以市场的客观实际为前提，否则就失去了实验的意义。

2. 市场实验法的优点及局限性

市场实验调查法是一种具有实践性、动态性、综合性的直接调查方法，它具有其他调查方法所没有的优点，同时也有自身的局限性。

（1）市场实验调查法的优点。市场实验调查法，能够在市场现象的发展变化过程中，直接掌握大量的第一手实际资料。某市场现象的发展变化主要是由实验活动引发的，这是市场实验调查最突出的优点，也是其他调查方法不能做到的。市场实验调查的另一个优点是能够揭示或确立市场现象之间的相关关系。因为市场实验调查不是等待某种现象发生再去调查，而是积极主动地改变某种条件，促进市场现象的发展，以达到实验目的。所以实验调查不但能够说明某市场是什么样，而且能够说明它为什么是这样。市场实验调查还具有可重复性，这使得实验调查的结论具有较高的准确性，具有较大的说服力。市场实验调查还特别有利于探索解决市场问题的具体途径和方法。在进行商品生产和营销中，不论是从宏观管理还是从微观管理，都有很多具体的方针政策、措施方法等方面的问题，需要不断探索、研究和制定，实验调查法为此提供了重要的手段。因为只有经过实践检验的方针政策、措施方法，才能证明其正确性和可行性，实验调查过程恰恰起到了这个作用。

（2）市场实验调查法的局限性。主要表现在实验对象和实验环境的选择，难以具有充分的代表性。实验调查的结论总带有一定的特殊性，其应用范围是很有限的。实验调查中，人们很难对实验过程进行充分有效的控制。这是因为很多影响因素是无法也不能排除的，而对它们又很难一一测定或综合测定出来，因此准确区分和检测实验效果与非实验效果就很困难，在实验效果中往往混杂着非实验因素的影响结果。市场实验调查法对调查者的要求比较高，花费的时间也比较长。

第五节　我国医疗器械企业的营销现状及特征

一、我国医疗器械企业市场营销现状

第一，营销战略只是一种形式。许多医疗器械企业即便制定了营销战略，也仅停留在喊口号的阶段，无法把其贯穿于自身经营活动中，使营销战略成了装点门面的东西。由于战略迷失，许多企业在竞争过程中不断被动地调整自己的发展方向，白白浪费优势资源。

第二，先制造后销售。许多医疗器械企业在产品出厂时，连产品卖给谁都不清楚，就胡乱地打广告。渔夫都明白"在有鱼的地方打鱼"的道理，而许多医疗器械企业并不清楚自己的消费者在何处，更不清楚他们的喜好、消费能力、年龄、性别、社会定位等方面的内容。

第三，营销＝广告＋促销。大量广告漫无方向地狂投及大量买赠促销过后，销量仍然不尽如人意。经销商开始提出退货，销售精英纷纷流失，产品大量积压面临过期，企业再次陷入迷茫。难道是产品价格太贵了？产品质量不好？始终找不到问题的答案。

第四，盲目跟风。许多企业一看竞争对手在电视上打广告，就迅速跟进。一看对手聘请了空降兵团，自己也毫不示弱地招兵买马。借鉴其他公司的先进营销经验本无可厚非，但许多企业迷信知名公司的操作方式，盲目照搬其他公司（特别是竞争公司）的经验往往给自己带来巨大损失。

二、医疗器械企业营销管理中存在的问题

（1）营销观念过时。随着市场高速发展，买方市场形成，各个企业根据顾客需求生产商品进行销售，部分企业销售观念仍然停留在只注重产品质量而忽视营销管理，认为产品质量占市场主导因素，企业管理者应对市场展开深入考察与分析，了解不同消费者需求，制定完善的营销管理方案，打破旧的观念，拓展新的市场，才能对企业发展起到有效推动作用。

（2）营销手段效果不显著。随着科技技术进步，部分企业选择网络宣传等科技营销

手段，但是宣传效果均不显著，未能达到宣传效果与目的，在市场竞争中影响不明显。企业在营销管理中，经常出现消息反馈不及时不能精确了解掌握顾客的喜好要求与感受，对市场需求缺乏敏感。部分企业对管理营销定位不精准，没能正确了解其形态，把营销管理当作一般推销，使用保守传统的手段进行宣传与推销，达不到宣传的效果与推动企业发展塑造企业形象的作用，缺乏创新精神与完善的营销方案，使医疗器械企业在激烈的市场竞争中难以发展。

（3）缺乏完善的营销策略。就目前市面上的医疗器械企业来看，部分企业虽然发展起来，却在原地踏步难以进一步发展，没有完善的营销方案是其发展障碍的主要因素。虽然企业在发展过程中积累总结了一定经验，对企业也起到推动作用，但难以持续性发展，这是因为营销方法不够科学与完善，在市场调研、信息收集、顾客需求及市场敏感度把握不够精准，没能正确认识营销管理的精髓。在企业发展中，依旧保持原有的营销策略，不进行改革与创新，生产商品单一化，控制成本，保守发展，部分企业在战略上选择多样化、创新化发展，但在产品制作上缺乏资源条件、狠压成本，不能使企业良性发展，提高市场竞争力。

（4）营销团队水平低下。一个企业能否良性发展与企业高层管理者及员工息息相关，企业营销管理的发展与完善也与企业营销人员综合素质有很大关系。现阶段的营销工作人员缺乏实质性的实践经验与专业营销知识，企业管理者应关注营销队伍的建设与管理，建立健全完善的营销体系制度，给营销人员一个正确发展方向及参考，使营销人员能迅速进入新的营销模式中，改变传统的营销方式。

（5）缺乏创新改革意识。当前社会竞争激烈，传统的营销方法已经很难对企业经济发展起推动作用，并且由于市场医疗器械企业之间竞争越来越激烈，旧的营销管理方法已经限制到企业经济发展，所以企业要想持续发展下去，立足于激烈的市场竞争中，改革与创新是当前营销管理发展的重中之重。

三、我国医疗器械企业销售问题的成因

（1）营销组织不完善，缺乏系统的市场判断。企业总部缺乏营销职能部门，使得企业不能对营销策略进行系统性的整体规划，也没有建立一套系统的推广模式。企业缺乏地区分支管理机构，对经销商的管理过于粗放，市场管理重心太高，对市场的控制能力很弱。

医疗器械企业对市场趋势、销售数据、市场结构以及市场推广效果缺乏系统分析，整个营销推广工作比较盲目，主要是跟随竞争品牌的动作进行随机调整，对市场的推广缺乏主观能动性。在开展市场推广工作时，战术的实施缺乏针对性，即某一项具体销售政策出台时，由于对市场现状及发展趋势把握不足，其实施的理由以及可能达到的效果往往不能准确地击中市场关键。

（2）缺少明确的营销策略。不了解本产品的目标消费群体特点，缺乏明晰的市场定位，对本企业在市场中的地位没有清醒的认识；因此对产品的发展方向不明确，只是被动地跟随竞争品牌的脚步。由于企业及产品定位模糊，所以整个市场推广工作缺乏前瞻性，没有及时适应市场的变化，在当时具有一定市场影响力的时候没有借势建立健全的分销网络，以至于以后容易受到竞争品牌的夹击。

（3）区域管理不到位，缺乏重点市场管理。虽然可能在全国也有几个销售最好的区域市场，但这都是经销商自身发展的结果，企业并没有进行系统的管理，对市场成功的经验没有总结，因此也就缺乏一种成功的区域销售模式。销售主管对各地区市场的管理太简单，对经销商的指导不够，对市场的跟进也不够，对市场的变化也不能做到及时反应，因此往往陷入被动的局面。

（4）分销结构和销售手段比较单一。目前我国许多医疗器械企业的主要渠道是二级市场，而目前国内流通市场正面临转型，二级市场受到"两票制"、"4+7"政策的影响，单一的二级市场分销体系成为企业持续发展的障碍。医疗器械企业调整营销模式的难度较大，其目前要迅速调整原有僵化的分销体系结构，面临的困难十分巨大，涉及多方面的调整，包括经销商的调整、销售组织的调整、产品的调整以及费用的调整，这些都将影响到企业的转型是否成功。

企业的销售手段基本停留在低价和返利上，而且对每次返利促销的目的不是很明确，是扩大消费群体呢？还是提升消费量？是营造声势呢？还是阻击竞争品牌？是巩固客户关系呢？还是刺激进货量？都没有一个明确的策略，仅仅是依靠"这些方式都是经常用的，应该会有效的"的经验想法。除了自身没有采取丰富的销售手段外，对于如何指导经销商去开展促销也没有做足，主要体现在对返利的运用不规范，往往经销商为了拿到返利而降低批发价，从而破坏了正常的价格体系，当返利取消时又反过来向厂家施加降价压力。这些问题都说明企业缺乏成熟的推广模式，无法对经销商的行为进行指导和控制。

（5）销售人员业务素质较低，销售后勤缺乏保障。许多医疗器械企业有不少销售主管不具备足够的营销知识，对很多市场上的问题不能进行合理的解决，也无法有效地指导经销商，相反还要受经销商的指导。部分销售人员服务态度较差，作风粗暴态度生硬、缺乏耐性，与顾客发生争吵，甚至侮辱客户，使顾客不敢上门购买。有些销售人员业务素质较低，不熟悉产品性能，缺乏推广能力，不够热情，不能主动介绍产品，企业没有实行售后服务和送货上门。还有的销售人员的品德较差，利用职权营私舞弊。有些销售人员甚至在私自承揽业务，甚至挪用企业资金搞非法交易，赚钱的归自己，亏本的归企业。这类弊病危害极大，常发生在企业内部控制制度不严的情况下。

另外，医疗器械企业没有完善的物流配送管理，也没有专门的人员来处理繁杂的储运事务，而是需要营销人员自身担负起货物配送的责任，因此其精力无法集中于销售业务的开展，往往要守在工厂"抢货"，这样就降低了其工作效率。促销物品很欠缺，很少制作宣传海报和横幅等促销物品，使经销商无法在市场进行宣传，造成该品牌在市场上的品牌影响力明显不足。

四、我国医疗器械企业开展市场营销活动的特征

（1）许多医疗器械企业营销组织架构简单。营销总部职能处于不完善状态。规范化的营销管理流程并没有建立起来，诸如策略规划、战术制定、计划管理、信息管理、物流管理、区域管理、广告管理等许多职能都欠缺或者是没有明确的责权划分。地区分支机构处于虚拟状态。尽管有些医疗器械企业名义上设立了各区域的销售主管，但销售主管平常多数时间都待在总部，对各自管辖的区域采取的是虚拟管理方式，对经销商的管理基本是靠电话沟通。我国许多医疗器械企业缺乏成熟的营销模式：一是没有系统推广；二是对推广效果没有总结，造成这种情况的原因是销售人员营销素质的低下。

（2）以低价竞销为主要营销推广措施。近年来，多数医疗器械企业主流产品的价格累计降幅明显，这主要是由于医疗器械企业自身的低价竞争策略造成的，而这种过度重视价格竞争，忽视品牌等相关建设的营销策略对我国医疗器械企业的长远发展极为不利。

（3）主要依靠经验来制定企业的营销计划。企业的销售计划基本都是依靠经验制定出来的，所以经常发生产销衔接的不平衡，造成断货或积压，影响销售的增长。难以看到医疗器械企业对市场的系统分析，也难以看到完整的营销策略规划。

（4）对营销费用控制很严。销售主管的收入主要依靠销售提成，而其底薪很少。医疗器械企业内部集权管理现象严重，销售主管可以灵活运用的销售费用很少。我国许多医疗器械企业一般不设立地区分支机构，以节约营销人员费用。

五、我国医疗器械企业市场营销的对策

（1）加强营销科学研究，更新企业营销观念。营销学是一门实践艺术和科学理论相结合的管理学科，从 20 世纪初首创于美国到现在已经经历了近百年的发展历史，发达国家在企业管理实践发展基础上，不断丰富和发展着营销学理论，企业的营销观念更新很快。由于对营销科学认识上的不足以及生产力发展水平上的限制，我国对于营销学的研究和应用与发达国家还存在较大差距，理论研究的滞后在一定程度上造成了企业营销观念的落后。营销观念是企业开展营销活动的指导思想，是企业整个营销工作的核心。营销观念的落后是影响我国医疗器械企业营销创新的重要因素。政府部门应积极鼓励专家学者在营销科学领域深入探索，优先资助营销学领域的课题研究；积极组织企业家考察国外企业在营销学理论应用方面的情况；推动建立营销领域的学术团体，使其带动我国营销学的理论研究和在企业中的应用。从企业来讲，应重视对营销科学的实践应用，尽快转变落后的营销观念，有条件的企业要勇于践行先进的营销理念，创新营销观念，改进营销工作系统，这样也能起到对营销观念落后企业的示范带动作用。

（2）加大市场调研考察客户需求。对企业来讲"客户就是上帝"，尤其对医疗器械企业来讲，客户的满意度和需要是企业必须要考虑的内容，要综合的考虑客户的个性化要

求，切实站在客户的角度考虑问题。从客户的满意度出发，全心全意地为客户服务。客户是产品销售的终端，企业生产的产品只有被消费者使用后才算到了最后，所以说客户是企业服务的终端，他们对产品的态度直接决定了产品的生死存亡问题。只有让客户满意，企业的产品才能在市场上继续流通，企业的营销能力才能得到保障，企业才能更大程度的盈利。因此，医疗器械企业把自己的注意力从经销商身上转化到顾客上来，在消费者和企业间建立一个完整的便于沟通的营销体系。在当今市场竞争的大环境中，医疗器械企业的资源有限，抵抗风险的能力也较低，这使得其在发展过程中必须要充分利用有限的资源创造出最大的利益。消费者是医疗器械企业最终的服务对象，在产品服务中，直接面对客户，可以省略不必要的环节，降低服务的折扣，尽量在最大限度上满足消费者的需求。在经济化的今天，人们对产品的需求越来越多样化、个性化。各医疗器械企业应该提供有特色的、有针对性的服务，这样有利于开展自己的业务，使企业得到更大的发展。

（3）制定科学的营销计划。营销计划是营销实施的准则，如果营销计划本身有问题，营销实施效果就可想而知了。在实践中，市场营销计划制订环节的问题主要有三点。一是计划脱离实际。营销计划通常由上层专业计划人员制订，实施则主要靠基层的操作人员。专业计划人员更多考虑的是总体方案和原则性要求，容易忽视过程和实施中的细节，导致计划过于笼统或流于形式。二是长期目标和短期目标相矛盾。不少企业一方面制订了着眼于长期目标的营销计划，另一方面又制定了一些注重短期效益的考核目标，造成企业员工行为的短视。三是缺乏明确的行动方案。有些计划之所以失败，是因为营销计划缺乏操作性，缺乏一个能使企业内部各有关部门、环节协调一致、共同努力的依据。

（4）树立整体营销手段的概念。医疗器械企业在开展营销活动中，必须要使用各种营销手段，调整好内外关系，依靠各种因素，组织好营销的活动，使消费者满意。医疗器械企业要消除那种认为营销活动只是营销部门的工作与其他部门无关的闭塞思想，要调动所有部门的积极性，使各部门都能主动配合营销部门，采取一致的行动使顾客满意。整体营销要求企业发挥产品、价格、渠道、促销四大效应，确保企业营销目标的落实。如果其中的一个因素没有达到最佳的状态，即使其他因素发挥的再好，也不能使企业的营销活动达到最好的效果。所以只有各部门共同努力，企业的产品、销售渠道、价格和促销活动协调一致，才可以是企业获得最大的利益。

（5）加强营销队伍建设，加快专业营销人才培养。企业营销能力的强弱，很大程度上取决于营销队伍素质的高低。企业只有拥有一批高素质的营销队伍，才能制定与实施高水平的营销策略、开展营销创新。目前，我国医疗器械企业受过系统化、专业化和正规化教育和培训的营销人才严重短缺，市场营销专业已经连续多年成为高校就业名单中的急需专业之一，也从侧面反映了这一问题。为此，一方面政府应尽快采取有效措施，如加强高等学校市场营销专业特别是医疗器械营销专业的师资力量、加大对营销科学研究的支持力度等，从而加快专业营销人才的培养。另一方面企业应将营销人才的培养和使用结合起来，要不断完善营销培训设施，健全营销培训队伍，形成适合本公司经营特点的营销培训体系；

制定周密的营销培训计划，并与其他经营计划相衔接；建立有效的激励机制，为营销人才设计好一个完善的事业发展阶梯，发掘他们的潜能，留住优秀的人才。

（6）创新企业文化并树立名牌意识。企业价值观的综合体现就是企业文化，企业文化创新很重要，这需要我们建立合理科学、合理的价值观。建立与市场经济相适应的的企业文化，创新企业的营销文化，这可以提高企业员工的凝聚力。企业员工的精神源泉就是企业的价值观，它可以引导企业的经营方式。营销人员可以通过企业的价值观认识到自己的工作价值，以企业的发展为自身发展的前提，与企业同进退，共命运，努力开展工作。优秀的企业文化不仅企业更容易得到消费者的认同，而且还可以使员工更加团结。要想树立企业的形象，必须要有先进的企业经营观念，以满足消费者的需求为中心，以产品的质量为基础，通过各种途径发展企业的营销理念，使企业有鲜明独特的形象，区别于其他的企业，为企业的发展和生存做出努力。

名牌意识是企业的一个重要的发展动力。树立名牌意识是企业实施名牌战略，创造名牌产品的前提。具体来说。名牌意识主要有：①追求卓越的进取精神。名牌不是昙花一现，而是有较为持久的生命力的。创造名牌就必须不断进取，始终向着更高的目标努力。"没有最好，只有更好""追求卓越""只有第一，没有第二""质量第一，服务第一，信誉第一""视今天为落后"等观念都是追求卓越进取精神的体现。②科技创新意识。科学技术是第一生产力。任何名牌都应给人以科学的理性印象。国际名牌应该是先进科学技术的象征。企业只有不断创新，用新的观念、新的技术、新的产品、新的形象，才能创造和树立名牌。③品牌形象意识，品牌形象意识是名牌意识的重要组成部分。成功的名牌都是以强有力的名牌形象作为支撑。④现代营销意识。树立名牌形象、创造名牌产品，必须树立大市场的观念，充分运用各种现代营销手段，不断开拓市场。中国一些企业为国外品牌从事生产加工，由于没有自己的品牌，更谈不上名牌，在市场竞争中处于十分被动的不利地位。

第三章　医疗器械市场的环境、调查与预测

第一节　市场营销环境概述

一、营销环境的内涵

菲利普·科特勒认为："营销环境由营销以外的那些能够影响与目标顾客建立和维持成功关系的营销管理能力的参与者和各种力量所组成。营销环境同时提供机会和威胁。"按照现代系统论，环境是指系统边界以外所有因素的集合。市场营销环境是存在于企业营销系统外部的不可控制或难以控制的因素和力量，这些因素和力量是影响企业营销活动及其目标实现的外部条件。

营销环境是一个综合的概念，由多方面的因素组成。环境的变化是绝对的、永恒的。随着社会的发展，特别是网络技术在营销中的运用，使得环境更加变化多端。虽然对营销主体而言，环境及环境因素是不可控制的，但它也有一定的规律性，我们可通过营销环境的分析对其发展趋势和变化进行预测和事先判断。企业的营销观念、消费者需求和购买行为，都是在一定的经济社会环境中形成并发生变化的。

任何企业都如同生物有机体一样，总是生存于一定的环境之中，企业的营销活动不可能脱离周围环境而孤立地进行。企业营销活动要以环境为依据，主动地去适应环境，同时又要在了解、掌握环境状况及其发展趋势的基础上，通过营销努力去影响外部环境，使环境有利于企业的生存和发展，有利于提高企业营销活动的有效性。因此，重视研究市场营销环境及其变化，是企业营销活动的最基本课题。

营销环境的内容比较广泛，可以根据不同标准加以分类。基于不同观点，营销学者提出了各具特色的对环境分析的方法，菲利普·科特勒则采用划分微观环境和宏观环境的方法。我们认为，微观营销环境和宏观营销环境是主从关系，而不是并列关系，即微观营销环境受制于宏观营销环境，微观营销环境中的各种要素都受到宏观营销环境中的各种力量的影响。

营销环境按其对企业营销活动的影响，也可分为不利环境与有利环境，即形成威胁的环境与带来机会的环境。前者是指对企业市场营销不利的各项因素的总和，后者是指对企

业市场营销有利的各项因素的总和。营销环境按其对企业营销活动影响时间的长短，还分为企业的长期环境与短期环境，前者持续时间较长或相当长，后者对企业市场营销的影响比较短暂。总之，市场营销环境的变化，或者带来企业的营销机会，或者造成企业的环境威胁，所以，从这个意义上讲，市场营销环境＝机会＋威胁。

二、营销环境的特征

（1）客观性。企业总是在特定的社会、市场环境中生存、发展的，这种环境具有强制性与不可控制性的特点。企业营销管理者无法摆脱环境的制约，也无法控制营销环境，特别是间接的社会力量，更难以把握。

（2）动态性。动态性是市场营销环境的基本特征。构成企业营销环境的因素是多方面的，任何环境因素都不是静止的、一成不变的。相反，这些因素始终处于变化甚至是急剧的变化之中。企业必须密切关注市场营销环境变化的趋势，以便随时发现市场机会和可能受到的威胁。

（3）差异性。市场营销环境的差异性表现在三个方面：一是市场营销环境本身的差异性；二是不同企业或行业要受到不同环境的影响或制约；三是同一市场营销环境因素对不同企业或行业的影响会不同。

（4）多样性。市场营销环境的多样性体现在三个方面：一是构成市场营销环境因素的种类繁多；二是环境因素还可分为多层和多个变量；三是市场营销环境对市场营销活动的影响也多种多样。

（5）相关性。营销环境的相关性是指各环境因素间的相互影响和相互制约。这种相关性表现在两个方面：一是某一环境因素的变化会引起其他因素的互动变化；二是企业营销活动受多种环境因素的共同制约。

（6）不可控性。影响市场营销环境的因素是多方面的，也是复杂的，并表现出企业的不可控性。例如，一个国家的政治法律制度、人口增长及一些社会文化习俗等，企业不可能随意改变。企业如不能很好地适应外界环境的变化，在竞争中就很可能被淘汰。市场营销环境的不可控性也是相对的，对环境的适应也并不意味着企业完全不能影响环境。

三、分析市场营销环境的现实意义

许多担任多年营销经理的人都有这样的困惑：对营销从不熟悉到熟悉，从不专业到专业，管理从不精细到精细，当觉得自己快做到极致时，猛然发现自己的一套东西失灵了。仔细分析起来是营销环境变化了，当营销环境的变化积累到一定程度时，企业必须改变营销对策来适应环境的变化。

大量的营销实践证明：即使在经济衰退时期，企业也可以捕捉到一些新的市场机会，还有相当一部分企业通过出色的营销活动创造出不寻常的业绩；在经济繁荣时期，市场环境也可能给一些企业带来一些新的威胁，这些企业也难以逃脱厄运。也就是说，面对同一环境因素，对有的企业来说是机会；对有的企业可能就是威胁。研究分析营销环境，能使企业对具体环境中潜在的机会和风险有清醒的认识，只有充分认识环境，才能提高自己的应变能力，趋利避害地开展市场营销活动。

市场营销环境的异常变化有时可能超越企业细胞的承受能力，甚至破坏企业细胞，而无数企业细胞的异常代谢或恶性增生又可能导致营销环境的紊乱，因此，企业必须研究如何适应环境的变化，从而促进其成长与发展。从某种意义上说，市场营销学是研究企业如何"物竞天择，适者生存"的科学。

企业只有不断推出适销对路的产品满足消费者的需求，才能达到其生产与经营的最终目的。而消费者需求的形成受多种因素的影响，除受自身的购买力限制外，还要受到消费方式、消费习惯以及价值观念等文化因素的影响。因此，企业必须对这些影响消费的各种因素进行研究，才能组织好自己的营销活动。

四、市场营销环境对企业营销的影响

市场营销环境对企业营销带来双重影响作用：一方面市场营销环境是企业营销活动的资源基础，企业必须分析研究营销环境因素，以获取最优的营销资源满足企业经营的需要，实现营销目标；另一方面市场营销环境是企业制定营销策略的依据。企业营销活动必须发挥主观能动性，制定有效的营销策略去影响环境，在市场竞争中处于主动，占领更大的市场。

（1）环境给企业营销带来的威胁。营销环境中会出现许多不利于企业营销活动的因素，由此形成挑战。如果企业不采取相应的规避风险的措施，这些因素会导致企业营销的困难，带来威胁。为保证企业营销活动的正常运行，企业应注重对环境进行分析，及时预见环境威胁，将危机减少到最低程度。

（2）环境给企业营销带来的机会。营销环境也会滋生出对企业具有吸引力的领域，带来营销的机会。对企业来讲，环境机会是开拓经营新局面的重要基础。为此，企业应加强应对环境的分析，当环境机会出现的时候善于捕捉和把握，以求得企业的发展。

第二节 医疗器械市场的环境分析

一、医疗器械市场环境的概念

企业的营销活动，都是在一定的市场环境中进行的，且都受到市场中诸多因素的影响。不断变化的市场环境既会给企业带来新的市场机会，也会给企业带来新的挑战和威胁。要想获得生存和发展，企业就必须经常调整自己的营销行为去适应不断变化的市场环境。只

有通过市场调查与分析，了解与市场营销活动有关的诸多因素对市场营销的影响力，才能抓住机会，减少威胁，进而开拓并占领市场。

市场营销环境是指与企业营销活动有关的外部因素的集合，是一种不可控的行动者和力量。它是企业营销活动的基础和条件。营销环境包括宏观环境和微观环境，以及各自所包含的若干因素。这些因素数量多、变化快、相互关联、复杂性强，不可能逐一详细分析、评价，只能对其中某些与本企业营销活动相关的重要因素做出分析与评价。

目前医疗器械市场日益受到环境的作用和影响。医疗器械市场供方认识环境的目的，是想了解医疗器械市场供方受到哪些方面的挑战与威胁，又会面临怎样的发展机遇。医疗器械市场环境指的是与医疗机构的经营活动有不同程度联系，并影响医疗器械市场的各种因素的集合，包括宏观环境和微观环境两个方面。有效的市场营销活动能够促成医疗机构内部条件和外部环境的和谐统一。而当医疗机构的市场营销决策脱离了其所处的市场环境，则有可能导致决策执行失误。

随着生产力的提高和经济的不断发展，在人们生活水平不断改善的同时，人们的健康需求也日益增长，医疗器械将面临一个巨大的市场需求。这种现象表明了随着我国市场经济的发展，人民的多层次医疗器械需要的增加。对医疗器械市场环境的分类可以帮助医疗卫生机构从宏观和微观这两个层面来认识需要对哪些方面做出必要的反应，对哪些方面施加影响，而对哪些方面可以暂缓处置。为此，应对这些影响因素进行正确分类，医疗器械供方只有在进行市场环境分析时分清主次，抓住要害，才能在市场的多元化发展中做出最佳的决策。

二、医疗器械市场环境的特点

（一）不可控性

环境是医疗机构外在的不以经营者意志为转移的影响因素，对医疗器械营销活动的影响具有强制性和不可控性的特点。医疗器械企业一般无法摆脱和控制营销环境，特别是宏观环境，难以按照自己的要求和意愿去改变它。但却可以主动适应外在环境的变化和要求，制定并不断调整市场营销策略，跟上市场发展变化的步伐。

（二）动态性

市场环境是一个动态的系统，构成营销环境的各个要素均受众多因素的影响，每一个环境因素都随着社会经济的发展而不断变化。营销环境的变化在给医疗机构带来机遇的同时也会带来威胁和挑战。因此，医疗器械企业可以通过设立预案及相关配套机制，分析、观察和追踪不断变化的市场环境，及时调整营销策略。

（三）相关性

医疗器械市场环境的各个因素之间还有着相互作用、相互制约的特点。某个因素的变化会带动其他因素的改变，进而形成新的市场环境。有时各个环境因素之间会存在矛盾，如某一消费群体对某种器械有购买的需求，但可能由于交通条件的限制，使当地消费者购买行为不能实现，这无疑是扩大市场的制约因素。

医疗器械的市场营销战略工作是从分析医疗器械市场环境开始的。医疗器械主体在制定和调整营销战略和计划时，要根据其掌握的市场信息，进行环境威胁和环境机会的分析。所谓环境机会是指营销环境对企业发展过程有促进作用的各种契机；环境威胁则是环境中某些因素变化对企业发展过程产生不利影响和抑制作用的消极方面。机会和威胁既存在于客观环境中，也存在于人们的主观努力下，重要的是医疗机构能否及时发现、识别和把握它们。

三、医疗器械市场的宏观环境分析

医疗器械市场的宏观环境是指与医疗器械市场供方的经营管理活动联系较为密切的外部因素的总和。宏观环境包括政治法律环境、经济环境、科学技术环境、社会文化环境和自然环境等对整个市场具有全局性影响的力量。宏观环境分析是指从上述等方面进行分析，找出这些因素对医疗器械市场供方战略目标和战略选择的影响。宏观环境因素是服务主体不可控的，但实际上它对医疗器械市场供方的发展具有更持久、更深远的影响。医疗器械市场供方只有在把握外部宏观环境发展趋势的基础上进行决策，才能获得健康发展。

在任何社会制度下，企业的市场营销活动都必然受到政治与法律环境的强制和约束。西方市场学认为：企业的政治和法律环境是由那些制约和影响社会上各种组织和个人的法律、政府机构和压力集团所组成。在与企业市场营销有关的经济立法方面，有些是为了保护竞争、为了保护消费者的利益，或者是为了保护社会利益，防止环境污染。有些则是由于政治的考虑而通过法律以保护国家的安全、保护本国的民族工业以及解决国家特殊环境所造成的种种问题而制定和推行的一系列经济立法。企业时时刻刻都能感受到这些方面的影响，换言之，企业总是在一定的政治与法律环境下运行的。

（一）政治环境

政治因素主要指党和政府的路线、方针、政策的制定和调整对市场需求、对企业市场营销的影响。贯彻执行党和国家的方针政策是企业的基本任务，也是企业进行市场营销的准则。方针政策对企业的市场营销活动可以鼓励、促进，可以限制，也可以制止和取缔。党和国家的方针政策及其发展变化，规定了国民经济的发展方向、发展速度、发展比例和结构、水平，直接关系到社会购买力的投向和提高，关系到市场消费需求的增长和变化，影响人民群众的消费观念和生活方式。我国的医疗器械市场处在卫生改革的大环境之中，医疗卫生政策对医疗卫生改革具有指导意义,也将对医疗器械市场的发展产生深远的影响。

1. 医疗保障政策对医疗器械市场的影响

我国目前所实行的基本医疗保障制度都是通过国家财政、个人等多方筹资,共同组成一个基本医疗保险基金,为参保(合)者提供医疗器械。医疗保障制度改革遵循低水平、广覆盖、共同负担、统筹结合等原则,因此对整个医疗器械市场产生了前所未有的冲击和影响。主要表现在以下方面:

(1)医疗器械市场由卖方市场转为买方市场:在计划经济条件下,医疗器械长期处于"皇帝女儿不愁嫁"的卖方市场局面。医疗保险制度改革后,由于绝大部分的医院均有条件提供基本的医疗器械,患者可以自由选择就医医院,所以医疗器械市场逐渐由卖方市场转向买方市场。

(2)医疗器械市场的竞争加剧:医疗保险制度实施之后,通过拉开不同等级医院的起付线和个人自负比例,促进了患者的合理分流,也促进了不同等级医院之间的竞争。另外,由于医疗卫生服务市场逐渐由卖方市场转向买方市场,买方(需方)在对卖方(供方)进行比较和选择后,就会向服务质量好、技术力量雄厚、价格适中的大医院集中,客观上增加了医院竞争的激烈度。

(3)医疗器械市场逐步规范,对医疗卫生服务市场供方的监管加强:医疗保障制度实施后,医疗保险经办机构成为需方的总代表,对供方的医疗器械质量、价格、品质进行检查与监督,对不合理的医疗支出采取拒付的办法,一定程度制约了供方技术垄断和乱收费的现象。另外,医疗保障制度改革后,制定了一系列规范,如医疗保险报销目录、诊疗规范、转诊规范等,在市场逐步规范的同时,政府对医疗器械市场供方的监管加强。

2. 医疗卫生体制改革对医疗器械市场的影响

改革开放以来,我国医疗卫生体制发生了很大变化。医疗器械市场供方的所有制结构从单一公有制变为多种所有制并存;公立机构的组织与运行机制在扩大经营管理自主权的基础上发生了很大变化;不同医疗器械市场供方之间的关系从分工协作走向不同程度的竞争;医疗器械市场供方的服务目标从追求公益目标为主转变为追求社会效益与经济目标。

当前医疗卫生管理体制、机制上存在两个主要问题:一是公立医疗机构垄断的局面还没有改变,政府、社会、个人多渠道发展医疗器械事业的局面没有形成,医疗机构之间科学有序的竞争没有开展起来,医疗器械资源满足不了群众需求。二是公立医疗机构的运行机制没有理顺,由于政府办医院过多,财力难以支撑,经费投入严重不足,客观上形成了靠市场筹资维持运行和发展的局面。这种靠市场筹资的机制是导致医疗机构盲目追求经济利益、医疗费用大幅攀升、群众负担加重的重要原因。这些问题的存在,影响了卫生事业的健康发展、医疗卫生服务水平的提高及医疗卫生服务的公平和效率。

3. 医疗器械生产流通体制改革政策对医疗器械市场的影响

医疗器械生产流通领域是城镇医药卫生体制改革中的一个非常重要的环节,具有非常重要的地位。近年来，医疗卫生事业的行政管理体制、医疗器械生产与流通体制等发生了非常大的变化，在医疗卫生事业的行政管理及资金投入方面，中央政府的统一协调职能不断弱化，各种责任越来越多地由地方政府承担。医疗器械生产与流通走向全面市场化。

（二）法律环境

法律是体现统治阶级意志，由国家制定或认可，并以国家强制力保证实施的人人必须遵守的行为规范的总和。法律因素主要是指全国人大常委会、国务院，各个主管部门以及省、市、自治区颁布的法规、条例和规定。国家和地方政府通过制定法律法规，来管理和控制医疗器械市场供方，以此来规范医疗卫生服务行为，也就是说，法律法规对医疗卫生服务行为起着指导性、规范性的作用。我国医疗行业的一切市场营销活动，应当在党和国家的方针、政策指导下，以加速生产建设发展不断满足人民生活需求为目的，确定自己的经营目标和市场营销策略。当国家根据国民经济发展需要在一定时期调整或改变某项政策时，医疗器械主体必须相应地及时调整自己的计划和市场营销策略。

概括起来讲，我国现行的医疗卫生法律制度主要包括以下五个方面：

1. 规范预防保健方面的法律制度

主要包括《传染病防治法》、《职业病防治法》、《突发公共卫生事件应急条例》、《艾滋病监测管理的若干规定》、《使用有毒物品作业场所劳动保护条例》、《尘肺病防治条例》、《公共场所卫生管理条例》等。确立了传染病预防控制监督制度、突发公共卫生事件应急制度、职业病防治制度、公共场所和学校卫生管理制度。

2. 规范医疗机构、人员以及医疗救治行为方面的法律制度

主要包括《执业医师法》、《乡村医生从业管理条例》、《护士管理办法》、《医疗机构管理条例》、《医疗废物管理条例》、《医疗事故处理条例》等。确立了规范医疗机构管理的制度、规范卫生技术人员管理的制度。

3. 规范食品、药品、化妆品和医疗器械管理方面的法律制度

主要包括《食品卫生法》、《药品管理法》、《药品行政保护条例》、《血液制品管理条例》、《放射性药品管理办法》、《精神药品管理办法》、《麻醉药品管理办法》、《医疗用毒性药品管理办法》、《化妆品卫生监督条例》、《医疗器械监督管理条例》等。确立了食品卫生监督制度、药品监督制度、化妆品监督制度、医疗器械监督制度。

4. 规范传统医学保护的法律制度

主要包括《中医药条例》和《中药品种保护条例》。坚持中西医并重的方针，确立了保护、扶持、发展中医药事业制度；对中医医疗机构和中医从业人员进行规范化管理；对中医药事业的保障、扶持制度，进行了明确规定；逐步增加对中医药事业的投入，扶持中医药事业的发展。对质量稳定、疗效确切的中药品种实行分级保护制度。

5. 规范卫生公益事业的法律制度

主要包括《红十字会法》、《献血法》和《红十字标志使用办法》。确立了中国红十字会的性质、开展工作的方式以及我国公民自愿参加红十字会的制度；确立了健康公民自愿献血的制度；规定了红十字标志使用制度。

依法治国是我国的基本治国方略，卫生法律制度建设的主要目的，是保障公民的生命健康权益。医疗器械市场供方了解卫生法律，熟悉法律环境，既可保证自身严格按法律办事，不违反各项卫生法律法规，规范自己的行为，又能够用法律手段来保障自身权益。

（三）经济环境

经济环境是指影响企业活动的各种经济因素，包括工农业生产布局与发展水平、国民收入、居民家庭的平均收入及支出状况等。企业的市场营销活动受经济环境的影响很大，它是制约企业市场营销的主要外部力量。医疗器械市场经济环境是指构成医疗器械市场供方生存和发展的社会经济状况及国家经济政策。医疗器械市场的经济环境主要由社会经济发展水平、经济体制和宏观经济政策等要素构成。分析经济环境有利于医疗行业内的各医疗器械主体制定适合本组织的相关战略，指引组织的持续稳定发展。

1. 社会经济发展水平

经济发展水平是指一个国家经济发展的规模、速度和所达到的水准。在经济环境诸因素中，对医疗器械主体而言，社会购买力是最主要的因素，它是一些经济因素的函数。影响社会购买力水平的因素主要是消费者收入、消费者支出及居民储蓄。其中，消费者的收入水平是影响社会购买力从而影响企业市场营销的最重要的因素。要正确估计当地居民对医疗卫生服务的支付能力。

（1）消费者收入

收入指标包括宏观收入和个人收入。宏观收入指标可以反映该国家的经济状况。人均GDP可从总体上影响和决定消费结构和消费水平。个人收入是指城乡居民个人从多种来源所得到的全部收入，包括工资、利息、奖金、福利、第二职业的收入、股票分红、其他投资所得收益等。个人收入指标的高低反映了消费者的购买力水平高低，但消费者并不是把全部收入都用来购买商品。全部收入分为个人可支配的收入和可任意支配的收入。个人收入扣除消费者个人缴纳的各种税款和非税性负担（比如各种费用）所剩下的余额，即个人能够用于消费或储蓄的部分，即为个人可支配的收入，它构成了实际购买力。若从个人可支配的收入中再减去维持生活所必需的支出，其余额即为个人可任意支配收入。

另外，医疗器械市场营销还要分析研究不同阶层、不同地区、不同时期的消费者收入。这对医疗卫生机构搞好目标市场定位，确定其产品发展战略，具有重要意义。

（2）消费者支出

消费者的支出结构或需求结构的变化对医疗器械市场的营销也有一定的影响。居民的个人收入在很大程度上影响着其医疗的消费支出和消费结构。随着消费者收入水平的变化，消费者支出模式会发生相应变化，经济学中著名的恩格尔定律指出：随着家庭收入的增加，用于购买食品的支出占家庭收入的比重（恩格尔系数）就会下降；用于住宅建筑和家庭经营的支出占家庭收入的比重大体不变；用于其他方面的支出诸如服装、娱乐、医疗保健、教育的支出和储蓄占家庭收入的比重就会上升。现阶段，我国居民收入的总体水平仍然偏低，用于医疗卫生服务的费用十分有限，由于医疗器械市场有支付能力的需求有限，这将长期影响医疗器械市场的发展。

（3）居民储蓄

居民的消费水平除受收入因素的影响外，还受储蓄状况的影响。消费者个人收入中总有一部分以各种形式储存起来，这就是一种推迟了的潜在的购买力。制度变迁对个人预期最大的影响在于对未来收入的不确定性。改革开放三十年来，我国城乡居民的储蓄有很大的增加，可将此称之为"体制改革引起的储备性储蓄的增加"，储蓄不仅是购买贵重物品的主要资金来源，而且也是重大疾病、特殊医疗需求的资金保证，储蓄的增加在一定程度上应能促进健康需求。个人储蓄的形式包括：银行存款、购买债券和股票等，这些都可以随时转化为现实购买力。在一定时期货币收入不变，如果储蓄增加，则购买力和消费支出便减少；反之，如果储蓄减少，购买力和消费支出便增加。

2. 经济体制对医疗器械市场的影响

经济体制是指在一定区域内（通常为一个国家）制定并执行经济决策的各种机制的总和，是指国家经济组织的形式。我国宪法第六条第二款规定，国家在社会主义初级阶段，坚持公有制为主体、多种所有制经济共同发展的基本经济制度。在国家大的经济体制背景下，医疗器械市场供方也应该顺势而为进行结构调整，以公有制为主体，同时鼓励、支持和引进非公有制经济。

我国目前的医疗器械市场供方所有制结构与宪法规定的一致。现阶段，全民所有制医疗器械市场供方（即非营利医疗器械市场供方）占绝大部分，处主导地位，是完成医疗卫生服务的主要力量。国家卫生部所直辖的各级医疗器械市场供方，如医院、各基层卫生院属此类别。集体所有制医疗器械市场供方，结构成分复杂，目的是既方便群众防治疾病又以营利为目的的。如广大的乡村级及一些经济实体所办的医疗卫生保健机构均属此类。特殊职能部门的医疗器械市场供方，如军队的医疗卫生系统，海关的检疫、防疫诊所等属此类别。

随着医疗卫生体制改革的不断深入，营利性医疗机构的数量不断增加，这些不同类型的医疗器械机构为保障公众健康起到了重要作用。

（四）科学技术环境

科学技术是第一生产力。科学技术作为营销总体环境的一部分，不仅影响企业的内部环境，而且与其他环境因素相互依存，直接影响经济环境和社会环境。科学技术环境是指一个国家和地区的科学技术水平、技术政策、新产品项目开发能力，以及技术发展的动向等。科学技术在现代生产中愈来愈起着领头和主导的作用。科学技术环境对企业市场营销的影响主要表现在以下几个方面：①科技发展给企业既提供机会又带来威胁；②科技革命引起企业市场营销策略的变化；③科技革命有利于企业改善经营管理。

医疗卫生服务行业是知识密集型、技术密集型行业，医疗卫生服务最能综合体现高科技的发展。随着科学技术的高度发展，各种新兴技术迅速在医疗卫生服务中得以运用，使医疗卫生服务项目逐渐增加，医疗设备以更快的速度更新换代，医疗技术水平也不断提高，这为医疗器械市场供方的服务提供了坚实的物质基础。及时采用适宜的先进技术，是医疗器械市场供方实现自身发展的大好时机。适宜的先进技术不但可以为医疗器械市场供方开创新的服务领域和新的市场，同时也可以促进工作效率和服务质量的提高。当然，若采用不适宜技术，却只能劳民伤财。新技术的出现，或迟或早会淘汰同类型的旧技术。因此，现代医学科技迅猛发展的今天，对那些信息不灵、反应迟缓或缺少技术资金的医疗器械市场供方来说，必定是一场生存危机。

（五）社会文化环境

文化是在某一社会里，人们所共有的由后天获得的各种价值观念和社会规范的综合体，即人们生活方式的总和。社会文化环境主要指一个国家或地区的社会性质、人们共享的价值观、人口状况、教育程度、生活方式、风俗习惯，宗教信仰等各个方面。医疗器械市场供方所处的社会文化环境不是一成不变的，必须使其经营适应社会文化环境的变迁，也就是说，服务主体提供的服务，以及他们的内部政策必须随社会文化环境的改变而改变。社会文化环境可分解为人口、文化两个方面。

1. 人口因素分析

市场是由那些具有购买欲望与购买能力的人构成的。营销活动的最终对象也是人。因此，人口的数量和人口的一系列性质因素对市场需求产生重大的影响。人口因素对医疗行业经营战略的制定有重大影响。一般说来，在收入水平一定的条件下，人口总数决定着医疗器械市场容量的大小，直接影响医疗器械规模；人口的地理分布影响着医疗器械市场供方地址的选择；人口的性别比例和年龄结构在一定程度上决定了医疗器械需求结构，进而影响卫生服务供给结构和医疗器械市场供方的经营；人口的教育文化水平直接影响着医疗卫生服务的人力资源状况等。所以，除了分析一个国家或地区的总人口以外，还应分析人口的年龄结构、性别结构、健康水平、地理分布、经济收入等因素，以便医疗器械供方根据自己的特点和优势，选择适宜的目标市场。

目前我国人口环境呈现的主要趋势为：一是人口增速减缓，并且经济社会发展将推动生育率的进一步下降；二是"未富先老"，我国人口老龄化面临重负，呈现出老年人口的绝对数量增长快和人口老龄化超前于经济发展水平而提前出现的特点；三是城市化水平提速，城市人口持续增加，加剧了人口与城市基础设施和资源环境的矛盾；四是传染性疾病人群迅速增加，公共卫生事业面临挑战。

在人口因素中，影响医疗卫生服务市场的主要是：人口总量、人口结构、出生率和死亡率、人口的平均寿命、人口老龄化程度、人口的年龄和地区分布、人口在教育水平和生活方式上的差异、人口流动状况，等等。

（1）人口总量对医疗器械市场的影响

一个国家或地区的总人口数量，是衡量该国家或该地区医疗卫生市场潜在容量的基本因素。一般来说，在经济发展和收入水平相等的条件下，一国或一地区的人口数量多，则意味着其医疗器械市场的规模大。

（2）人口结构对医疗器械市场的影响

年龄结构：年龄结构主要指不同年龄段的人口构成情况。随着老年人口的不断增长，老年人口的生理与心理问题日益突出，他们会对医疗保健提出更高、更多的需求，相反随着人口出生率的下降，青少年人口比例逐步降低，医疗器械市场主体对此应及时调整战略方向。

性别结构：有许多疾病都呈现出明显性别特征，不同性别的人口对卫生服务的需求不同。女性顾客对医学美容、减肥等医疗项目的需求都大大地多于男性，而男性顾客由于吸烟、酗酒的人数比例大大高于女性，由此引发某些疾病的则明显高于女性。

社会结构：由于经济发展的不平衡，在边远农村和老少边穷地区，缺医少药的现象仍然存在。而在城市，特别是大中城市，随着人们收入水平的提高，对医疗器械的需求亦在逐步提高。人口社会结构的变化，需要卫生服务市场提前做好准备。

2. 文化因素分析

社会文化主要是指一个国家、地区或民族的传统文化。如风俗习惯、伦理道德、生活方式、价值观念、宗教信仰、教育水平等。例如，中华传统文化讲究养生之道，阴阳平衡，与之相应的"秋冬进补""药食同源"等都会影响人们的医疗消费欲望和就医行为。随着人们收入的增加以及生活水平、受教育程度的提高，新的健康理念形成，改变了有病、大病才去医院的传统观念，重视预防保健。医疗器械市场供方应向消费者灌输一系列健康理念，教育和引导消费者进行有益的医疗卫生消费。

社会文化环境对医疗器械市场主体的深远影响还反映在组织文化建设上，组织文化是社会文化的亚文化，组织文化脱离不了社会文化的影响。医疗器械市场供方对文化环境的分析过程是医疗器械市场供方文化建设的一个重要步骤，供方对文化环境分析的目的是要把社会文化内化为医疗器械市场供方的内部文化，使医疗器械市场供方的经营服务活动符合环境文化的价值检验。另外，医疗器械市场供方对文化的分析与关注最终要落实到对人的关注上，从而有效地激励员工，有效地为消费者服务。

（六）自然环境

自然环境是指医疗器械市场供方所处的自然资源与生态环境的总称。自然资源的数量、质量、地理分布、可供利用的程度和国家对自然资源管理的干预作为企业的市场经营宏观环境对企业市场营销的影响十分巨大。自然环境因素是指影响企业生产和经营的物质因素，如企业生产需要的物质资料、企业生产产品过程中对自然环境的影响等，由于这些因素是从物质方面影响企业营销，因此亦可称之为物质环境因素。物质环境的发展变化给企业造成一些"环境威胁"和"市场营销机会"。因此，医疗机构在分析其宏观市场环境时应该重视分析研究其宏观自然环境方面的动向，认真考虑自然因素对医疗器械市场营销决策的影响。

任何医疗器械市场供方的服务活动都与自然环境息息相关，我国地域辽阔，地形复杂，自然环境南北东西差异较大。研究自然环境能让医疗器械市场主体了解所处区域的自然条件、状况、季节气候等条件，以便合理进行经营活动的安排、部署。随着工业化的高度发展，医疗器械市场供方面临的环境日益恶化，由于许多自然资源严重短缺，导致服务主体运营过程所必需的许多物品价格上涨，直接导致服务的费用提高，效益下降。再者，由于环境的改变、污染的诱因，使得过敏性疾病、癌症等患病的概率大大提高。另外，地域条件、气候状况对医疗器械市场供方都有着相当程度的影响。比如，严重缺碘地区的地方病——大脖子病；饮用水中含氟过高，导致的地方性氟黄牙；寒冷地区患哮喘病的较多；潮湿地区患关节炎的较多，夏季患肠道性疾病较多；冬季患感冒者较多等等。

四、医疗器械市场的微观环境分析

医疗器械市场供方能否成功地在市场中生存发展并且开展各项医疗卫生服务活动，其中一个重要方面取决于其适应微观环境变化的能力。微观环境包括内部微观环境和外部微观环境。其中内部微观环境指的是医疗器械机构内部各职能部门的设置及部门之间的关系、协调统一的状况。外部微观环境是指竞争者、供给者、供应商、需求者和公众。

（一）医疗机构内部微观环境

内部微观环境主要指员工素质、职能部门的设置、人员的配备及管理者与被管理者、各职能部门之间工作的协调状况等方面。医疗机构内部各部门的关系及协调合作，能否与竞争对手、供应商、市场营销中间商、消费者、和公众密切配合，将直接影响到医疗器械供方为市场服务的能力。医疗机构市场营销活动的成功与否，不仅取决于其能否适应微观环境的变化，而且也取决于其能否影响微观环境的变化。

医疗器械机构内部的微观环境不是一个封闭系统，而是一个相对独立的开放系统。它还应包括医疗机构的市场营销理念，识别和捕捉市场机会的能力，医疗机构的创新思维和能力等。在分析和研究医疗器械市场营销环境时必须先自行检查医疗机构内部的环境，合理进行这一环境的评价和定位。当医疗机构内部环境出现不良状况时，要及时进行策略性调整，使内部运作系统良性运转。要求医疗器械市场营销者认真审视、分析才能权衡这一环境的优劣。

（二）医疗机构外部微观环境

如果说医疗机构外部宏观环境是其生存和发展的"大气候"的话，那么医疗机构的外部微观环境则是直接地作用于医疗机构的市场营销。医药企业的外部微观环境大致包括竞争者、供给者、供应商、需求者和公众等。

1. 竞争者环境

医疗机构只要参与市场营销就会遇到竞争，任何一个组织都有竞争者，即使是垄断组织也不例外。医疗器械市场竞争者是指争夺、分割卫生资源和利益的社会组织。

（1）竞争者的分类根据不同的标准可对竞争者进行不同的分类。

直接竞争者与间接竞争者：直接竞争者是同医疗器械市场供方规模、技术能力、品牌地位、经营模式、管理水平等基础条件相当，且处于相同市场区域的同类机构；间接竞争者是同医疗器械市场供方基础条件存在一定差异的同类机构或生产替代医疗器械产品的组织。

新加入的竞争者与生产替代性产品竞争者

①新加入的竞争者：是指刚成立随时可能加入医疗器械行业并直接参与竞争的机构。这些机构的加入，往往带来一些新的市场导向，夺去现有医疗器械市场供方的一部分市场"份额"，对现有医疗机构或多或少地构成一定的威胁。

②生产替代性产品竞争者：生产替代性服务产品竞争者是指那些同医疗卫生服务具有同样功能的其他服务的从业机构。这种服务或是以低价格优势进入医疗卫生市场，或者因政策的变化而进入到医疗卫生市场中来，从而使医疗器械市场供方受到威胁。

（2）竞争者环境分析在医疗卫生服务行业中，不同规模、编制和处于不同地区的医疗器械市场供方，存在着一定的竞争。比如医院，从横向看，相同编制床位和人员的医院之间存在竞争；从纵向看，不同的编制和床位的医院同样存在竞争。这些竞争，突出体现在人才、设备、质量、服务、病人及价格的竞争上。

①竞争者分析的侧重点：研究竞争者应侧重研究：战略环境、组织环境、人力资源环境、服务环境、财务环境、营销环境、公共关系环境等。竞争具有相对性，研究竞争者可以有效制定经营策略、合理调整卫生资源、全面提升组织竞争力。没有任何一种竞争策略对所有医疗器械市场供方来说都是最好的，医疗器械市场供方应该利用本机构的核心竞争力，充分发挥自身竞争优势，采取差异化服务的策略，才能在竞争中立于不败之地。不同地位、不同性质的医疗器械市场供方，其竞争策略应该不同。

②竞争机制发挥作用的原因及主要表现：竞争机制能否发挥作用，主要取决于两个因素，第一，我国医疗器械市场是否存在竞争的必要条件，也就是现有的医疗器械市场结构是否能够展开有效地竞争；第二，如果存在竞争，竞争的手段是什么，是质量竞争、价格竞争还是其他方面的竞争。

医疗器械市场的竞争主要表现在：质量的竞争、价格的竞争、信息的竞争、扩大服务的竞争。竞争是医疗器械市场中不可缺少的。

2. 供给者环境

医疗器械供给即医疗器械市场供方直接为社会和人民提供医疗劳务产品。卫生服务供给者即卫生劳务产品的提供者也即医疗器械市场供方自身。医疗器械市场供方通过卫生服务供给保证人口再生产的质量和人人享有卫生保健，促进社会主义现代化的发展。

医疗器械市场存在一定的运作流程。一般认为医院是治病救人的场所，其工作重心是坐等病人上门求医问药。但从市场学的角度来看，这是一种以生产者为核心的"静态"模式。在这种"静态"流程中，生产者处于主动、支配地位，并且始终以某种固有的模式令消费者接受。医疗器械市场属于生活消费品市场中的劳务市场，作为供方和需方的劳务具有统一性，劳务提供的过程就是需求者消费的过程。而这种劳务又不同于一般的生活服务。对需求者来说，大部分人并不是自由选择的，而是听从医生的安排。从需求者愿意付钱购买，供给者愿意提供来看是二者关系平等的。但医疗行业是有某种垄断性的，如诱发需求，定价过高，或人为地压低价格，如此一来，又是不平等的。另一方面，随着信息技术的迅猛发展，医疗器械供给者将会充分利用电脑网络来提供便捷的服务。如今，随着医药电子商务的发展，远程医疗、网上药店正在悄然兴起，将来广大人民群众选择就医的空间将会更大，就医方式也会更灵活。

3. 供应商环境

供应商是指向医疗器械机构及其竞争对手供应医疗器械所需的各种资源的医药企业和个人。医疗器械市场供方要生存发展，必须依靠一定的人力、物力和财力。但是，医疗器械市场供方本身并不一定具备这些条件。因此，医疗器械市场供方必须源源不断地从外界获得这些要素。一般来说，选择供应商时应在公开、公平、公正的前提下，对多家供应商进行有关情况的调查比较，从中选择综合评分最高的一家或几家作为相对稳定的供应商。

医疗器械市场供方的供应商包括：医疗器械厂、医疗设备厂、诊断试剂厂、医用耗材厂等。在整个医疗器械价值链中，供应商为医疗器械供方提供资源，使其有能力提供医疗卫生服务。有句俗语"有医无药医不能，有药无医药无用"，说的就是供应商与医疗卫生服务提供者在整个医疗器械价值链中的互动、互相依赖的作用。由于供应状况对医疗卫生服务活动影响巨大，医疗器械市场供方必须与相关职能部门（如器械科、设备科、采购中心等）配合，密切监视及做好供应链管理。

4. 需求者环境

由于医疗器械供方拥有信息优势从而居于主导地位，且医疗器械产品的生产既不能提前进行，其产品也不能运输或储存，如此一来就增加了消费者的选择难度和被动性，使消费者很难像消费其他商品那样，对医疗器械需求的数量、种类、服务者乃至价格事先做出正确判断和理性选择，使消费的盲目性和选择成本增加。对需方来讲，如果面对的市场不是一个完全的竞争市场，那么他就不会在这个市场中占据主动地位，也就不会充分地获得市场竞争带给他的利益，供需双方在市场运行中必须有的相互制约机制便不会体现出来，因而消费者的利益便得不到有效保障。.

作为医疗器械的需求方，一般商品的需求受价格影响（除基本生活资料外）较大，价格低，买方增加；价格高，买方减少。但医疗劳务商品的需求，大部分是不以价格高低为转移的，无论价高价低，患病都得去就医。医疗器械市场的上述特征，要求医疗劳务的供给和需求不能完全按市场规律办事。

5. 公众环境

公众对医疗行业的市场营销活动举足轻重。公众是一个内涵广泛的概念，通常是一个群体，指所有实际或潜在关注、影响着医疗器械市场供方达到其目标的政府部门、社会组织、群众团体和居民。医疗器械市场供方与公众的关系直接或间接地影响到医疗器械市场活动。所以，医疗机构应认真分析公众环境，考虑其在市场中的每一个行动在公众中可能引起的反应以及这些反应可能给本机构带来什么样的后果。医疗器械供方不仅要考虑消费者，考虑竞争对手，同时还必须考虑公众的认可度。

公众一般可分为政府公众、媒介公众、群众团体、当地公众、内部公众和一般公众等。"政府公众"是指政府有关部门；"媒介公众"是指报社、杂志社、电视台和广播电台等大众传播媒介；"群众团体"是指消费者组织及其他群众组织，是医疗器械供方所在地附近的居民和社区组织；"内部公众"是指医疗器械供方内部的公众，包括高级管理人员、一般管理人员和普通职工等；"一般公众"是指除医疗器械供方所在地附近的居民和社区组织以及内部的公众以外的居民或组织团体。一般来说医疗器械供方通过自身的市场营销活动尤其是医疗机构形象来取得公众的理解和支持，保持并发展与他们之间的良好关系。

公众对医疗器械市场的影响有时十分直接，有时却又是间接而深远的。以下仅以媒介对医疗器械市场的影响进行分析。

大众媒体主要有：广播、电视、报纸、杂志、书籍，标语、传单、宣传画廊等形式。

大众媒体对医疗器械市场的积极作用：

（1）维护医患双方权益的导向作用。

（2）促进提高医疗器械质量的监督作用。

（3）医院信息和形象的传播作用。

大众媒体对医疗器械市场的消极作用：

（1）过分渲染医务界的阴暗面。

（2）虚假广告的恶劣后果。

（3）医疗纠纷的不恰当的报道。

大众媒体对医疗纠纷的曝光在一定程度上对医院的发展起到监督、警示的作用，但是同时由于部分媒体片面、歪曲事实的报道，在医患关系之间起到误导的作用，增加了医患双方的心理抵触情绪，影响了正常的医疗工作。此外，随着现代信息技术的发展，利用大众传播媒体，促进健康信息的交流与共享，被越来越多的人所共识，在健康教育工作中已逐渐得到广泛的应用。医疗器械市场供方可以针对其主要服务对象制定公关计划并加以实施，公关计划是强化服务品牌的有力武器。

在市场经济条件下，医疗行业的市场环境瞬息万变，医疗机构面临着复杂而激烈的竞争。为了获得持续生存与发展，医疗机构应从研究医疗器械市场出发，有效地运用市场调查手段，捕捉有价值的市场信息，并对市场未来的走势做出准确的判断。市场调查已成为医疗机构参与市场竞争不可或缺的重要手段。如何有效地把握市场环境，更好地满足市场需求，赢得竞争优势，在竞争中求得生存与发展，是医疗机构正确制定市场营销战略不可回避的问题。

第三节　医疗器械市场的调查

一、医疗器械市场调查的概念

市场调查是英文"Marketing Research"的汉译，也叫市场调研或市场研究。是指企业采用一定的调查方式、方法，系统地设计、收集、整理、分析并报告给企业有关部门情报资料的一种活动。这里的情报资料就是市场调查的内容，一般包括产品动态信息、市场动态信息、消费者需求信息、竞争者信息、销售绩效信息以及宏观环境动态信息等。

美国市场营销协会对市场调查的定义为：市场调查是对商品及服务市场相关问题的全部数据进行系统收集、记录分析的过程。美国市场营销学权威教授菲利普·科特勒（Philip Kotler）认为"市场调查是系统地设计、收集、分析和报告与公司所面临的具体市场形势有关的数据和发现的过程。"

针对医疗器械市场而言，医疗市场调查（medical marketing research，MMR）是指运用科学的手段与方法，有目的、有计划、系统地设计、收集、整理、分析和报告与医疗器械市场或医院有关的各种数据和资料，并用统计方法得出调查研究结果，提出市场分析研究报告的一系列过程。医疗器械市场调研有广义和狭义之分，狭义的医疗器械市场调研是指针对患者就医需求所做的调查研究；广义的医疗器械市场调研不再局限于患者就医行为，调查研究范围扩大到医院经营及其营销的每一阶段，包括医院经营管理所有的功能、作用，都是调查研究对象。

市场调查对于医疗机构的营销活动起着重要的作用。有效的市场调查不仅能够为医疗机构的营销决策提供有针对性的信息，还为医疗机构市场预测提供必要的情报，从而正确把握医疗器械市场动向和发展趋势。

二、医疗器械市场调查的特点

（一）市场调查的要求

有效地市场调查必须具备有针对性、计划性、科学性和能解决问题四项基本要求。

1. 针对性

就是要符合决策的需要，能够从数量繁多、内容复杂的信息中去粗取精、去伪存真，精选出决策性、实用性和系统性的综合性情报，并能够回答和解决决策中的盲点问题。

2. 计划性

就是要周密设计，有计划、有步骤地合理组织调研力量，以便圆满地、成本最小地完成任务。

3. 科学性

就是要采用既符合调研对象特征又能够获得所需数据资料的调研方式和方法。

4. 解决问题

主要是针对调研结果的要求，与调研过程的针对性、计划性和科学性有紧密联系。

（二）医疗器械市场调查的特点

作为医疗器械市场营销活动的基础，医疗器械市场调查除了具有一般市场调查的针对性、计划性、科学性等特征外，还具有如下几个特点：

1. 被调查群体的特殊性

医疗器械市场调查和访谈的对象主要由两大群体构成，一方面，是医生、护士、技师等医疗专业人员；另一方面，所调查的消费者往往不是健康的人，其消费行为有可能是非理性的。因此，被调查群体的特殊性无形中增加了医疗器械市场调查的难度和复杂度。

2. 调查的目的性

医疗器械市场调查是一项有计划、有组织、有步骤的活动，具有很强的目的性。每次调查都需要有一个总体规划，明确所要达到的目标，医疗器械市场调查的最终目的是为有关部门和医疗卫生机构进行预测和决策提供科学的依据，以保证决策的科学、可行并最终帮助服务取得成功。

3. 调查的全过程性

在医疗器械市场的激烈竞争中，市场调查工作不单单只在医疗器械活动的阶段进行，而是对市场状况进行整体的研究，包括售前、售中和售后阶段都需进行市场调查。它不是单纯的对医疗器械市场信息资料的搜集过程，而是包括了调查设计、收集资料、整理资料、分析资料和提出调查报告的一个完整过程。

4. 调查结果的时效性

医疗器械市场调查是在一定的时间段内进行的，其结果只是反映了特定时期内的市场状况和动向。而市场环境是瞬息万变的，总在不断地出现新情况、新问题。过去的调查结果可能会滞后于环境的变化，而失去其本应有的效用，甚至影响最终决策的准确性。因此，医疗机构应及时准确把握市场动态，为营销决策提供有效、可靠的市场信息。

5. 政策的限制性

医疗器械关乎人们的健康和生命安全，我国医疗卫生产业是带有公共事业性质的行业，各级政府和行政部门的有关政策、法律、法规等限制较多，涉及医疗器械价格、广告宣传、促销等多方面。因此，在医疗器械市场调查中应充分考虑到这一影响因素。

三、医疗器械市场调查的内容

医疗器械行业的市场调查包括一切与医疗机构营销活动密切相关的社会、经济、文化、政策、法规以及患者的医疗器械需求、使用习惯等内容。具体来说有几个几方面：

1. 医疗器械市场营销环境因素调查

主要包括与医疗机构营销活动有关的政策法律环境、经济环境、竞争环境、科学技术环境以及社会文化环境等因素的调查。

2. 医疗器械市场需求调查

主要包括医疗器械市场需求的现况以及变化趋势。医疗需求是营销活动的核心，医疗机构只有在确定和捕捉到市场需求后，才可能有效采取适当的营销组合策略满足消费者的医疗器械需求，最终实现医疗机构的营销目标。

3. 竞争状况的调查

竞争状况调查主要包括竞争产品的价格、市场占有率、销售渠道，竞争企业的数量、生产效率、成本费用和竞争优势、劣势等。只有准确了解竞争对手的状况，医疗机构才能制定出正确的市场营销战略，在激烈的市场竞争中争取主动、赢得优势。

4. 医疗器械产品的调查

一方面，要分析现有医疗器械产品的生命周期，从而针对不同的阶段采取不同的产品策略，以提高医疗器械产品的适应能力和竞争能力；另一方面，要对同类医疗器械产品之间进行价格比较，不同产品间价格与需求的关联度比较，以及各种医疗器械产品定价方法与定价策略的优劣势比较等。

5. 医疗机构营销活动的调查

包括医疗行业内现行的营销策略、执行情况和存在的问题；医疗器械产品的组合策略是否合理，现行的各种促销手段效果如何；媒体选择与广告活动性价比如何等。

四、医疗器械市场调查的分类

一般情况下，市场调查人员对将要调查的问题比较明确，然而有时也会面对各种不同的市场问题所带来的不同的市场调研需求，这就要求调查人员在特定条件下，根据不同的需要、目的和任务，选择恰当的市场调查途径与方式。不同的调查任务要采用不同的调查类型。

（一）探索性调查

探索性调查又称为"非正式市场调查"，一般是在调查的开始阶段为了明确问题、寻找机会或缩小问题的范围所进行的调查研究。其主要功能是"探测"，即帮助调研人员了解和识别：该医疗机构的市场机会可能在哪里，市场问题可能在哪里，并寻找与之有关的影响变量，以便确定下一步市场调查或市场营销努力的方向。

（二）描述性调查

描述性调查是指只说明被调研内容是什么或怎么样为主要特征，而不要求研究其原因与结果之间的关系的调查，这类调查十分重视事实资料的收集与记录。如某种医疗器械的市场占有率和市场潜力调查。大多数调查都属于描述性调查。描述性调查比探测性调查细致、具体，多采用询问法和观察法收集资料，没有描述性调查所提供的资料就无法进行统计推论。

（三）因果性调查

因果性调查是指以说明问题产生的原因与结果间的关系为主的一种调查，这类调查主要解决"为什么"的问题。一般是在描述性调查的基础上进一步分析问题发生的因果关系，并弄清楚原因和结果之间的数量关系。因果关系调查可以使调查人员了解某些问题的起因或了解解决问题主要应从何处入手。它强调调查方法的科学性。

（四）预测性调查

预测性调查是指在收集整理资料的基础上，运用科学的预测方法，分析市场在未来一定时期内产品供需变化情况的一种调查。其目的在于对某些市场变量未来的前景和趋势进行科学的估计和推断，回答"将来的市场是怎样？"的问题。市场预测调查是在描述性调查和因果性调查的基础上，依据过去和现在的市场经验和科学的预测技术，对市场未来的趋势进行的测算和判断，以便得出与客观事实相吻合的结论。对市场需求的预测是医疗机构制定市场营销方案和市场营销决策的基础。

五、医疗器械市场调查的作用

医疗器械市场竞争日趋激烈，医疗器械企业的经营能否适应不断发展变化的市场需要，将决定企业的前途和命运。在医疗服务过程中，谁搜集到重要的有价值、高质量的市场信息，谁就能发掘出新的市场机会。实践证明，医疗器械市场上一切竞争，都必须以准确的市场信息为依据，才能做出正确的决策，迅速而有效地开拓市场。医疗器械市场调查的作用主要体现在以下几个方面：

（一）市场调查是认识目标市场最基本的方法

通过市场调查，可以使企业随时掌握市场营销环境的变化，并从中寻找到市场机会，认识目标市场的历史和现状，探求市场供求矛盾运动规律，为医疗机构带来新的发展机遇。

（二）市场调查有利于企业在竞争中占据有利地位

知己知彼是每一个企业对付市场竞争的有效方法，通过市场调查不仅可以在整体医疗器械市场中挖掘出医疗机构最具竞争优势和发展潜力的细分市场，而且还可以在一定程度上引导潜在需求以培养和创造新的市场，从而将医疗机构的核心竞争力转化为医疗器械市场中具体的竞争优势。因此市场调查对竞争结果的意义十分重大。

（三）市场调查是揭示医疗卫生机构经营过程中所存在问题的重要手段

通过市场调查，可以了解医疗器械市场的供求情况，总结医疗机构执行中的经验，找出存在的问题及不足，可以了解本机构在市场竞争中的状况、设备、技术，以及医疗器械效果如何等，从中总结经验教训，揭示机构经营过程中存在的问题，从而改善经营管理。

（四）市场调查为医疗卫生机构预测未来市场发展提供依据

通过市场调查，能够收集大量医疗机构当前所处环境的相关信息，并在此基础上对医疗器械市场现状进行分析，预测未来发展趋势，从而抓住新的发展契机。这些信息能够帮助医疗行业开拓新市场，确定服务与开发新产品的方向，寻找新的、更有潜力的投资领域，从而为医疗机构制定长期发展战略提供依据。

第四节　医疗器械市场信息的收集与评价

任何营销活动都离不开相应的环境，企业只有充分了解市场，适应市场，获得有价值的市场信息，才能使自己的经营活动与社会需要相协调。医疗器械市场信息来源于人们在医疗器械市场活动中所产生并传递的信息，是一种对医疗机构或医疗器械消费者产生重大效用的特殊信息。反映医疗器械市场活动特征及其发展变化情况的信息，对于企业更好地参与市场竞争的意义重大。市场信息的传递速度和利用水平，不但决定着医疗卫生机构能否向社会提供适销对路的医疗器械产品，而且也直接关系着企业的前途与命运。

一、医疗器械市场信息的内容

信息是各种相互联系的客观事物在运动变化中，通过一定传递形式而提示的一切有特征性内容的总称。而营销信息指的是在一定时间和条件下，同营销活动有关的各种消息、情报、数据和资料的总称。

信息一般可分为自然科学信息和社会科学信息两大类。医疗器械市场信息是市场信息的一个分支，是社会科学信息的重要组成部分。它是指人们在医疗器械市场中各种活动所反映或表现出来的具有特殊效用的信息。它来源于人们的医疗器械活动，并时刻反映着医疗卫生市场的运行状态，表现为医疗器械市场的需求与供给的质与量状况，医疗器械消费者的心理变化，市场的竞争状况等信息。一般可以把信息分成两部分。

（一）企业外部环境信息

企业外部环境信息指来自企业外部反映客观环境变化的各种同医疗活动有关的信息。外部环境是企业生存和发展的基础，任何企业开展的医疗器械营销活动都必须在一定的外部市场环境下进行。主要包括：

1. 政治环境

指政府及各级行政部门在一定历史时期内颁布的卫生事业路线、方针、政策、法令、法规、计划与相关文件。这类信息是任何企业都必须遵守执行的，具有强制性的行为准则，因此必须引起企业的重视。它对企业的活动起着鼓励、推动或限制、兼并、制止、取缔等作用，是企业应当作为常规性收集的重要信息。

2. 经济环境

是影响企业筹划医疗器械项目、规模、结构、深度、广度的主要因素。其中包括：企业所在地区及目标市场的企业种类、布局与发展水平，工农业生产发展水平，国民收入水平及分配状况，社会经济发展的现状与潜能，医疗卫生市场的供求与行情的变化，家庭平均收入水平及消费结构特征。

3. 科学技术环境

科学技术的日新月异，带来了新产品和技术的不断涌现，同时也导致了某些落后产品和技术的淘汰。企业必须及时掌握有关科技情报，并不断改进现有服务和技术水平，才能跟上时代前进的步伐，在市场竞争中占有一席之地。

4. 市场竞争情况

市场经济社会中，参与医疗器械的企业相互竞争是必然的，而且随着市场经济的不断发展，这种竞争将会越来越激烈。企业要加速自身的发展，并在市场竞争中立于优势之地，就必须想尽一切办法去获取竞争者信息。诸如对竞争对手的经营规模、技术设备、管理及经营策略、科研方向和效果等信息的了解，确保医疗器械市场的有效开拓。

（二）企业内部管理信息

企业内部管理信息指通过企业内部管理的各项指标反映其活动情况的信息。内部资料可以帮助研究人员迅速而经济地获得企业积累的各种数据、资料，从中识别存在的机会与问题，是取得营销信息的一个重要来源。主要包括以下几方面：

（1）企业在各个时期制定的医疗器械方针、战略、策略、计划及其实施方案、指令、通知、通报等资料的积累。

（2）企业各职能部门在各个时期的工作安排、总结，各种专题报告及批复处理意见，各个时期专业工作的研究成果，如技术分析、市场需求分析、价格分析、财务收支分析、消费者意见分析等信息的综合。

（3）企业的各种原始资料、报表、数据、申请、报告、情况反映以及工作人员的科研论文和合理化建议等都是重要的信息线索。

二、医疗器械市场信息的种类

参与收集医疗机构信息的种类，对译价收集的信息有着重要的意义。

（1）医学教育信息是指与医学治疗指导相关的各类信息；

（2）决策支持信息是指描述各种治疗方案与结果之信息；

（3）病历：现如今病人的病历已渐被视为消费者健康信息的一部分；

（4）卫生教育信息是指那些有利于增进对健康危害的知晓、态度、技巧与行为，以促进健康的各类信息；

（5）自我保健信息包括如何解释症状、如何自我保健以及照顾家人的相关信息；

（6）医疗保健选择信息又称医疗保健品质信息，是关于帮助消费者选择医疗器械供给者与医疗保险的信息；

（7）另类医疗是指关于疾病的非传统医疗途径的相关信息。

三、医疗器械市场信息的收集

（一）医疗器械市场信息收集的原则

信息收集是指通过各种方式获取所需要的信息，是信息得以利用的第一步，也是关键的一步。信息收集工作的好坏，直接关系到整个信息管理工作的质量。信息收集是市场调查工作的起点和基础，收集市场信息必须注意以下几个方面：

1. 真实性

这是信息收集工作的最基本的要求。真实可靠的医疗器械市场信息对于企业营销活动来说是至关重要的，因此，必须要求信息人员认真负责，对收集到的信息反复核实，不断检验，力求把误差减少到最低限度，及时剔除那些不可靠因素，保留其真实成分。同时还应派专业人员对信息进行严格的鉴定。

2. 全面性

该原则要求所搜集到的信息要广泛，全面完整。在商品经济高度发展的今天，市场是一个广泛的概念。只有广泛、全面地收集信息，才能完整地反映医疗器械市场发展的全貌，为营销决策的科学性提供保障。因此，企业在进行市场信息收集工作时，应强调有计划地、广泛地开拓收集范围，力求系统地、连续地、完整地进行收集，以便加工整理和分析研究，做出准确的结论。

3. 针对性

任何企业收集信息的目的都不是为了收藏，而是为了利用，因此必须根据医疗器械市场调查的需求，有针对性地确定信息收集的范围、规模和重点。由于消费者需求的不断变化，以及在医疗器械活动中产生的信息量大且内容复杂，要求企业在收集市场信息时必须有针对性，应根据市场发展计划，有目的地深入实际，重点捕捉有价值的信息。

4. 时效性

信息的利用价值取决于该信息是否能及时地提供，即它的时效性。信息只有及时、迅速地提供给它的使用者才能有效地发挥作用。市场营销决策对信息的要求是"事前"的消息和情报，而不是"马后炮"。所以信息的时效性是其价值的保证。当收集到所需的医疗器械市场信息后，要在最短的时间内进行加工整理和分析研究，以保证信息情报为决策发挥最大效用。

5. 系统性

企业要为其经营活动和市场营销计划适时地提供所需的信息，就必须追踪行业内外市场发展的进程，系统地、连续地收集和积累有关的信息资源。信息积累可分为纵向和横向的系统：纵向系统按学科、专业或专题进行；横向系统按信息的类型进行。应有计划地不断开拓医疗器械市场信息的收集范围。

6. 预见性

当今医疗科技发展迅速，信息的增长和老化加速。在信息收集过程中，不仅要充分注意已有的信息资源，还要着眼未来，遇见可能产生的新信息、新情况。因此，要密切注视医疗器械市场相关服务领域内的学科技术水平、发展动向和趋势，充分估计到医疗器械对象未来的消费需求，有预见地收集信息。

（二）医疗器械市场信息收集的方法

不同类型、不同内容的信息传递的渠道也不尽相同，因而获取途径和方法也不一样，市场信息的收集是运用常规的调查方法的积累过程，一般分为以下几大类：

1. 询问法

是一种预先准备好要调研的问题，拟好问卷，然后通过访问方式收集医疗器械市场信息的方法。询问法以科学、合理的问卷为基础，所以要重视对问卷的设计。询问法具体包括口头询问、电话询问、书面询问等。口头询问调查双方直接见面，谈话不受任何限制，但花费时间和人力较多。电话询问成本低，但无法询问较复杂的问题，而且受到通信设备线路的限制。书面询问调研的区域较广，方便宜行，被调查者有充分的时间回答问题，但此法问卷回收时间比较长，问卷回收率较低。

2. 观察法

是调查人员直接到医院现场调查，通过实地观察收集资料的方法。在观察的同时，可以使用机器进行现场报道和录音等。这种方法不直接向被调查者提出问题，而是从侧面观察、旁听、记录现场发生的情况。由于医院是个开放式的服务机构，信息人员可以深入到病房、科室，进行观察调查，所获得的信息较为客观、真实，准确性较高，调查结果更接近实际。但这种方法往往只能观察事情的发生，只有把它与询问法结合起来，才能有较好效果。

3. 实验法

是指通过在一定环境和条件下的实验，了解某些营销因素的变化，并测定因此而引起连锁反应（如销售量、对产品的偏好等）的营销信息收集方法。针对医疗器械行业来讲，是指企业在决定开展某一种医疗器械项目时，先选定一定范围进行试点，待取得经验后，再全面实施推广的一种方法。实验法以自然科学的实验求证法为基础，可以获得比较准确的资料，但是实验法所需时间比较长，成本比较高。同时，由于现实营销中的很多因素在实验中很难被确切控制，所以也会影响到实验结果的准确性。

4. 索取

对于一些尚未发表的、少数不公开发表的信息资料，以及已经发表但不够详细和全面的资料，根据需要和可能，企业不通过购买，而通过直接通讯或派人联系取得，称之为索取。目前，国内许多医院都办有各自机构的医刊医讯及一些内部情况的文献资料，信息人员应根据需要适时地前去索取，从中可以发掘出大量有利于本单位的重要市场信息。

以上介绍的几类营销信息收集方法各有其适用情况，企业要根据调查目的、具体情况、调查实施的可能性等综合因素确定信息收集方法，然后按照统计推断原理，用样本提供的信息推论总体的调查。

（三）医疗器械市场信息收集的步骤

1. 制定收集计划

只有制定出周密、切实可行的信息收集计划，才能指导整个信息收集工作正常地开展。

2. 设计收集提纲和表格

为了便于以后的加工、储存和传递，在进行信息收集以前，就要按照信息收集的目的和要求设计出合理的收集提纲和表格。

3. 明确信息收集的方式和方法

要针对不同的需求选择合理、科学、可行的信息收集方法。

4. 提供信息收集的成果

要以调查报告、资料摘编、数据图表等形式把获得的信息整理出来，并要将这些信息资料与收集计划进行对比分析，如不符合要求，还要进行补充收集。

四、医疗器械市场信息的加工

信息加工是对收集来的信息进行去伪存真、去粗取精、由表及里、由此及彼的加工过程。它是在原始信息的基础上，生产出价值含量高、方便用户利用的二次信息的活动过程，这一过程将使信息增值。通常收集到的第一手医疗器械市场信息都是杂乱无章的，只有在对信息进行适当加工处理的基础上，才能产生新的有效信息或知识，为企业的营销决策提供客观的科学依据，或存储起来以备今后研究使用，成为企业的珍贵资源。

（一）医疗器械市场信息加工整理的意义

1. 是市场调查的必要环节

从医疗器械市场获得的信息基本上都是处于原始状态的、分散的、不系统的信息，而且大部分是第一手资料，不具备应用价值，与市场调查，特别是营销决策的需求不完全符合，因此必须按一定的目的、程序和方法进行科学的加工处理，才能有效地用于市场营销决策。

2. 可提高信息的价值和应用性

从市场收集的信息可能会夹杂一些虚假夸大或缩小成分，未经处理的市场信息由于比较杂乱、分散，其使用价值有限，故必须进行加工整理，反复核对、筛选、综合判断，以提高信息的价值和应用性。

3. 可从中发掘出重要信息

通过对医疗器械市场信息的加工整理，信息人员从中可能发现新的重要医疗器械市场信息，以及市场调查工作实施过程中出现的偏差等问题。

（二）医疗器械市场信息加工整理的基本程序

信息加工的基本原则是去粗取精，聚同分异，使之能说明医疗器械市场的某一方面规律性的问题和特征。具体的加工整理程序如下：

1. 筛选和判别

在大量的原始信息中，不可避免地存在一些假信息和伪信息，只有通过认真地筛选、判别、归纳、分析、对比，才能防止鱼目混珠、真假混杂，提出适用的市场信息。

2. 分类和排序

收集来的信息是一种初始的、零乱的和孤立的信息，只有把这些信息进行分类和排序，才能存储、检索、传递和使用。分类排序是常用的一种信息加工整理方法，是将所收集到的杂乱无章的原始状态的信息资料，根据所反映的内容，按一定的标准分门别类、聚同分异排列成序，使之成为系统的有条理的一组医疗器械市场信息。

3. 比较

比较是一种初步的分析方法，即将已分类整理出来的医疗器械市场信息进行比较，从中分析出运行特征及其发展趋势，并同企业现行的医疗计划及实施情况进行对比研究，判断或推导制定的计划及方案是否符合医疗器械市场实际。

4. 分析和研究

在分类排序、比较的基础上，对市场信息进行分析研究计算，可以使信息更具有使用价值乃至形成新信息。这里的计算主要是应用一定的方法将所收集的医疗器械市场信息中的数据进行运算，概括出企业适用的市场信息。

5. 编写报告

编写报告是将已做出研究结论的医疗器械市场信息撰写成书面报告供医疗机构领导人决策时选用。市场信息加工的结果形成文字资料，是信息加工的产出品。

五、医疗器械市场信息的作用及评价

（一）医疗器械市场信息的作用

企业为了适应市场环境的变化，打开医疗器械产品的销路，取得良好的经济效益，越来越重视医疗器械市场信息的作用。医疗器械市场信息的重要作用主要表现在以下两方面。

1. 医疗器械市场信息是市场营销的重要资源

医疗器械市场信息是医疗机构的"特种资源"和"无形财富"。企业通过有效地利用市场信息，来合理组织生产和经营活动，可以使生产要素得到最佳的结合，产生放大效应，提高经济效益。

2. 医疗器械市场信息是医疗机构制定营销战略和决策的基础

在医疗器械市场营销活动中，计划与决策的正确与否是营销成败的关键，而正确的计划和决策只能以正确的市场信息为基础。只有及时、准确、全面的医疗器械市场信息才能制定出符合医疗器械市场客观规律的战略和决策。

（二）医疗器械市场信息的评价

企业收集市场信息是为了辅助其实现营销目标，因此评价医疗器械市场信息的基本标准就是有效性和适用性。

1. 市场信息的有效性

市场信息的有效性，表现在它是否准确、及时。有用的信息能帮助机构制定有效的决策，实施市场计划，从而实现目标。过时的信息，时过境迁起不到作用。歪曲和掩盖客观事实的信息，则会导致企业市场决策的失败。

2. 市场信息的适用性

市场信息的适用性，表现在它的时间上、空间上、内容上以及与企业活动的相关性。市场环境是一个复杂的大系统，每个医疗信息有自己特定的内容。一条市场信息对甲企业是营销机会，对乙企业可能无甚关系。而对丙企业则可能是营销危险的警告信号。企业面对的市场信息不是零星的、个别信息的集合，而是若干具有特定内容的同质信息在一定时间和空间内形成的系统集合。

六、医疗器械市场营销信息系统

（一）市场营销系统的概念及职能

市场营销信息系统，是指一个由人员、机器和程序所构成的相互作用的复合体。企业借助市场营销信息系统收集、挑选、分析、评估和分配适当的、及时的和准确的信息，为市场营销管理人员改进市场营销计划以及执行和控制工作提供依据。市场营销信息系统作为一种信息的收集、管理、提供机构承担着以下职能。

1. 数据资料的收集

包括两种情况，一种是作为常规性工作，经常收集相关的数据资料，以便需要时调用；二是在营销主体有特殊需要时的收集。例如，市场营销管理者明确了问题所在后，信息人员就要进行确认，信息库是否输入了与其问题有关的信息。如果找不到适合的信息，就要决定是否花成本收集。如果认为不值得花成本，就只好利用现有信息进行市场营销决策。相反，如果认为有必要花成本收集新的信息，那就开始在企业内外收集其数据资料，并将其输入到数据资料库。

2. 数据资料的处理

收集、输入到数据资料库的都是未加工的原始数据资料，需要对其进行整理、编辑、建档等处理。

3. 数据资料的分析和评价

数据资料要成为某种决策或特定目的的有价值的信息，还必须用科学方法并结合经验对其进行统计分析和评价。

4. 储存和检索

储存和检索至少应包括两个层次，一是原始数据资料的储存和检索；二是统计分析和评价后的作为某种决策信息的储存和检索，并要将其形成报告等一定的表现形式，以便随时准备提供给市场营销管理者和经营者。

5. 传递信息

作为一种日常性工作，将有关市场营销信息及时提供给市场营销管理者和经营者，或者根据其需要随时向市场营销管理者和经营者提供某种特定的信息。

（二）医疗器械市场营销信息系统的构成

医疗器械市场营销信息系统一般是由内部报告系统、营销情报系统、营销研究系统和营销分析系统四个子系统构成的。

1. 内部报告系统

内部报告系统是反映目前企业内部市场营销活动状况的信息源，是市场营销信息系统中最基本的子系统。该系统主要提供和处理本机构各类医疗器械产品的开发和销售，以及销售额、现金流动、应收应付账款等方面的瞬时信息和动态信息。

通过这些信息的分析，医疗器械市场营销管理人员可以发现重要的市场机会与问题。

2. 市场营销情报系统

医疗器械市场情报系统是指向企业最高决策者和营销管理人员提供市场环境中日常发生并有可能影响医疗机构发展的信息来源和程序。它与医疗器械市场内部报告系统的区别在于医疗器械市场情报系统提供的是正在变动中的、环境变化方面的市场信息，而医疗器械市场内部报告系统提供的是事件发生后的结果资料。医疗器械市场营销管理人员借助该系统了解有关医疗器械市场最新发展趋势的各种信息，并将医疗器械市场最新发展的各种信息传递给有关的管理人员。医疗器械市场情报系统对市场营销决策的重要性，已为多数市场营销管理者所认同，问题在于采取何种措施来提高信息的质量与数量。

3. 市场营销研究系统

该系统是为解决医疗机构市场营销面临的某项具体问题，而系统地收集有关信息，做出分析和评价，并以书面的形式提出对该问题的研究结果。其主要任务是搜集、评估、传递市场营销管理人员在制定市场营销计划和决策时所必需的各种信息。企业的市场营销管理人员在制定市场营销计划和决策前，要求市场研究部门进行市场调查、消费者偏好测验、销售研究、广告评估等工作，以便为他们制定市场营销计划和决策服务。市场研究系统的工作主要侧重于特定问题的解决，即针对某一特定市场现象或特定的营销问题进行收集原始数据，加以分析、研究，写成报告供企业最高管理层参考。

4. 市场营销分析系统

市场分析系统是指企业用来分析市场营销资料和问题的一些先进技术。其任务是从改善经营或取得最佳经济效益的目的出发，运用先进的科学技术，通过分析各种模型，帮助医疗器械市场营销决策人员分析复杂的市场营销问题。包括一些先进的统计程序和模型，借助这些程序和模型，从信息中发掘出更精确的资料。一个完善的市场分析系统应由资料库、统计库、模式库三部分组成。

第五节　医疗器械市场预测与分析

预测是指根据过去和现在已有的资料和知识来推测未来，是一种从已知世界推测未知世界的活动。也可以理解为，预测是通过对客观事物的历史和现状进行科学的调查与分析，从而对事物未来的发展趋势预先做出的推测。现代市场预测是一门新兴的学科，它主要是对市场商品未来的供需发展领域或者发展趋势进行定量估计。预测为决策服务，是为了提高管理的科学水平，减少决策的盲目性。我们需要通过预测来把握经济发展或者未来市场变化的有关动态，减少未来的不确定性，降低决策可能遇到的风险，使决策目标得以顺利实现。

对于医学领域，从创立以来人们尚未将其作为一个市场来看待，人们对关系到人的生老病死的医疗卫生工作的供求关系及因素缺乏科学的、系统的和完整的了解和研究。直到医疗卫生改革的深化，医疗器械市场预测的重要作用才逐渐为人们所认识。预测的自的是为了更好地提供医疗卫生服务，预测的结果将为医疗活动决策提供科学依据。

一、市场预测的原理

市场预测是预测的一个分支，它是指应用科学的预测方法，对影响市场需求的诸因素进行分析研究，据以推测未来一定时期内市场需求情况和发展趋势的一种方法。

（一）市场预测的基本要素

1. 信息

信息是客观事物特性和变化的表征和反映，存在于各类载体，是预测的主要工作对象和成果反映。

2. 方法

方法是指在预测的过程中进行质和量的分析时所采用的各种手段。预测的方法按照不同的标准可以分成不同的类别。

3. 分析

得出预测结论之后，还必须进行两方面的分析：一是在理论上要分析预测结果是否符合经济理论和统计分析的条件；二是在实践上对预测误差进行精确性分析，并对预测结果的可靠性进行评价。

4. 判断

判断是预测中的重要因素。对预测方法的选择需要判断，对预测结果采用与否也需要判断。

（二）市场预测的步骤

一个完整的市场预测应遵循一定的程序和步骤以使预测工作有序化，其过程可概括为以下步骤：

1. 确定目标

明确预测目标，就是根据经营活动存在的问题，拟定预测项目，制定预测工作计划，并组织实施，以保证市场预测工作有计划、有节奏地进行。确定预测目标是开展市场预测工作的第一步，由于预测的目的和对象的不同，预测内容及所运用的方法也会有所不同。

2. 收集信息

调查和收集与预测有关的信息是进行市场预测的重要一环，也是预测的基础性工作。进行市场预测必须占有充分的信息资料，有了充分的资料，才能为市场预测提供可靠依据。

3. 选择预测方法

市场预测的方法很多，各种方法都有自己的适用范围和局限性。要取得较为正确的预测值，必须根据预测的目标选择出正确的预测方法。有时可以运用多种预测方法来预测同一目标。预测方法的选用是否恰当，将直接影响到预测的精确性和可靠性。

4. 提出预测模型

预测模型是对预测对象发展规律的近似模拟。因此，在资料的收集和处理阶段，应尽可能收集到足够的可供建立模型的资料，并采用一定的方法加以处理，尽量使它们能够反映出预测对象未来发展的规律性，然后利用选定的预测技术确定或建立可用于预测的模型。如用数学模型法、趋势外推法、概率分析法等等。

5. 预测结果的评价和修正

由于市场需求变化的动态性和多变性，预测值同未来的实际值总是有差距的。分析判断是对所收集的资料进行综合分析，通过判断、推理，从而预计市场未来的发展变化趋势。在分析评判的基础上，通常还要根据最新的信息对原始预测结果进行评价和修正。

6. 编写预测报告

预测报告是对预测工作的总结，用以向预测信息的使用者汇报预测结果。预测报告应该概括预测研究的主要活动过程，包括预测目标、预测对象及有关因素的分析结论、主要资料和数据，预测方法的选择和模型的建立，以及对预测结论的评估、分析和修正等等。

二、医疗器械市场预测的概念

所谓医疗器械市场预测，是指在市场调查和市场分析的基础上，运用逻辑、数学和统计等科学的预测方法，对医疗器械市场需求及影响市场需求变化的各种因素进行分析研究，对未来的发展趋势做出的判断和推测。通过对医疗器械市场的预测分析，可以使企业掌握医疗器械市场供求规律，为制定正确的医疗器械决策提供可靠的依据。

医疗器械市场的预测，比任何其他专业市场预测更困难。这是由医疗器械市场的地位、功能、作用及其特殊性所决定的。医疗器械的对象是人，担负着直接为人的机体服务的重要任务。因此，做好医疗器械市场的预测不易，要精确地预测更难。但是，任何一件复杂的事物，都有其规律性，总有其决定事物本质的内在联系。医疗器械市场预测是一门掌握医疗器械市场变化规律的科学，通过对医疗器械市场的调查、研究、分析所获得的数据、背景材料，以及各项资料的客观性、准确性将直接影响预测的结果，甚至会造成相反的结果。只要遵循着科学的方法，充分利用现代管理学中的系统论、信息论和控制论等科学研究方法，以医疗器械市场的客观需求为依据，实行定量、定性、定时、定点的深入分析，综合研究，全面考虑，预测结果才是可信的，才能够较为精确反映广大人民群众显性的和潜在的医疗卫生需求。

三、医疗器械市场预测的分类

在医疗器械市场营销活动中，需要预测的内容很多，为此，医疗器械市场预测有不同的类型。

（一）按预测的规模和主体划分，有宏观市场预测、行业市场预测和医疗机构市场预测

1. 宏观市场预测

是指在广泛的市场调查基础上，对影响市场营销的主体市场状况的预测，是一种全面的市场预测。主要包括对购买力水平、市场需求总量及构成、经济政策对市场供求的影响等方面，从宏观角度为整个医疗器械市场营销的发展规划提供决策依据。

2. 行业市场预测

是指医疗器械领域的某个部门以至医疗器械消费领域的某些行业，为了制定战略发展规划，进行科学的管理决策，对本行业市场以及相关部门发展趋势所做出的预测。行业市

场预测是宏观市场预测的一部分，因此行业市场预测要注意宏观市场信息，接受宏观市场预测的理论指导。

3. 企业市场预测

是指企业在市场营销活动中，为了提高管理水平和竞争能力，制定计划和科学决策，对企业市场范围经营的商品所做的预测。

（二）按预测时间划分，有长期预测、中期预测和短期预测

1. 长期预测

一般认为 5 年以上的预测称长期预测。主要制定长远市场战略规划提供决策信息。由于预测时间较长，不确定因素随机变化也多，因此，预测结果不可能十分精确。比如创办一家医疗器械生产企业，需要做长期的预测。

2. 中期预测

一般是 1 年以上 3 年以内的市场预测。中期预测结果要比长期预测具体一些，对未来市场变化提出有分析、有说服力的定量信息。比如预测医疗器械市场需求的总量，然后根据预测结果做科学的计划安排。

3. 短期预测

一般是指计划年度内的市场预测，也包括一些近期市场活动的预测。通过短期市场预测，对了解市场动态，抓住业务活动时机，改善经营管理水平具有重要意义。短期市场变化规律比中、长期市场变化相对而言易于分析和掌握，要求有比较准确的数据和具体的预测结果。

（三）按预测方法性质划分，有定性预测和定量预测

1. 定性预测

是根据调查资料和主观经验，通过分析和推断，估计未来一定时期内市场的变化。

2. 定量预测

是根据市场变化的数据资料，运用数学和统计的方法进行推算，对预测对象的变化及趋势做出数量上的推测。

四、医疗器械市场预测的内容

市场预测的内容十分广泛，包括医疗器械市场供求关系及其未来变化趋势，以及与之相关的各种经济、社会、自然环境的变化。市场预测是市场调查的延续，市场调查是市场预测的基础。同市场调查相似，凡是引起市场供求关系变化的因素都在预测的范围之内。因此，医疗器械市场预测主要包括以下几个方面的内容：

1. 医疗器械市场需求的预测

市场需求预测是预测消费者在一定时期，一定市场范围内和市场条件下，对某种产品有货币支付能力的需求。影响市场需求的因素有两大类：一是市场营销环境因素，如经济环境因素、政治环境因素、科技环境因素、社会文化环境因素等，这些是不可控的因素。二是企业营销组合因素，即产品的性能、质量、价格、企业的分销渠道以及促销方式、促销策略等，是可控因素。医疗器械市场需求的预测不是一般商品的需求量的预测，而是医疗器械市场需求的种类和质量的预测，它始终应作为医疗器械市场预测的中心目标。

2. 医疗器械市场占有率的预测

市场占有率预测，是在未来一定时期和一定市场范围内，产品市场占有趋势的分析和估计。影响一个企业市场占有率的因素主要是其自身生产经营条件和企业竞争对手的生产经营能力。医疗器械市场占有率受多方面因素影响，要想准确地预测企业的市场占有率，就必须认真分析医疗器械市场环境、医疗机构形象、医疗器械质量、医疗器械价格、广告促销等因素的影响，还必须通过本机构的积极营销来提高市场占有率。

3. 医疗器械市场资源的预测

医疗器械市场资源主要包括人员、设备、医疗卫生必需品以及知识和技术。其中，人力资源是最重要的因素，它是整个企业资源的重要组成部分。为了确保医疗卫生服务充分满足需求，了解医疗卫生机构制定的各种医疗资源的供应规划是必不可少的，而制定这些规划的基础是医疗卫生资源的预测。

4. 医疗器械企业竞争力的预测

企业之间的竞争，实际上是企业在医疗器械市场上直接接受医疗器械消费者的评判和检验。竞争的结果是优胜劣汰。竞争最基本的内容是人才的竞争，是环境条件的比拼，是智力的角逐，是医疗科学技术实践的检验，是综合实力的全面较量。竞争力的大小强弱，决定了该机构的社会效益和经济效益。企业竞争力的预测，有利于了解未来医疗器械市场发展的态势，了解本企业的未来竞争力在哪里，以便有计划、有步骤、有针对性地调整、补充，保持和不断增强在同行业中的竞争力。

五、医疗器械市场预测的方法

医疗器械市场预测的方法很多，各种预测方法有其各自的特点和局限性，都有一定的适用场合，应用时应根据企业本身的具体条件和已经掌握的信息、资料、数据以及对预测所要求的准确度加以选择的应用。

（一）定性预测法

定性预测法也称为直观判断法，是市场预测中经常使用的方法。是指那些应用定性信息进行预测的方法，其预测结果可以是一组数据，也可以是关于未来需求本质特征的一种定性描述，如"未来一段时间内中成药的国际市场需求量将逐渐增强。"定性预测主要依靠预测人员所掌握的信息、经验和综合判断能力，预测市场未来的状况和发展趋势。这类预测方法简单易行，特别适用于那些难以获取全面的资料进行统计分析的问题。因此，定性预测方法在市场预测中得到广泛的应用。定性预测方法又包括：专家会议法、德尔菲法、销售人员意见汇集法、顾客需求意向调查法。

（二）定量预测法

定量预测是利用比较完备的历史资料，运用数学模型和计量方法，来预测未来的市场需求。定量预测方法主要包括：时间序列预测法、因果关系预测法、统计相关关系预测法。

1.时间序列预测法

在市场预测中，经常遇到一系列依时间变化的经济指标值，如企业某产品按年（季）的销售量、消费者历年收入、购买力增长统计值等，这些按时间先后排列起来的一组数据称为时间序列。依时间序列进行预测的方法称为时间序列预测。

2.因果关系预测法

如果一个或几个自变量 x 变化时，按照一定规律影响另一变量 y，而 y 的变化不能影响 x，即 x 的变化是 y 变化的原因，而不是相反，则称 x 与 y 之间具有因果关系，反映因果关系的模型称为回归模型。

3.统计相关关系预测法

统计相关关系是一种不确定的函数关系，即一种因变量（预测变量）的数值与一个或多个自变量的数值明显相关但却不能精确且不能唯一确定的函数关系，其中的变量都是随机变量。经济现象中这种相关关系是大量存在的。例如粮食亩产量 y 与施肥量 x 之间的关系，二者明显相关但不存在严格的函数关系，亩产量不仅与施肥量有关，还与土壤、降雨量、气温等多种因素有关，这样亩产量 y 存在着随机性。

第四章　医疗器械市场细分、需求及目标市场

市场细分是医疗器械市场发展到一定程度的必然结果，它是把医疗器械专业大市场按市场需求差异各分其类。而医疗器械目标市场则是企业选择一个或多个细分市场作服务对象的策略。为了有效地实行目标市场营销，企业必须相应地采取三个重要步骤，即市场细分、选择目标市场和市场定位。在现代市场营销理论中，市场细分、目标市场与市场定位，即 STP 营销，都是企业营销战略的要素。

第一节　医疗器械市场细分

医疗器械市场有着为数众多、分布广泛的消费群体，市场容量庞大。一个有竞争力的企业应该区分它能够为之提供有效服务的最具吸引力的细分市场，因此，企业只能有所选择，扬长避短，而不是四面出击。市场细分就是经营者选择目标市场的前提和基础。

一、医疗器械市场细分的概念及理论基础

市场细分又称市场细分化、市场分割或市场区隔。最初是由美国的市场营销学家温德尔·斯密于 1956 年提出的，是增加公司营销精确性的一种策略。它一问世，立即被企业家所认可，并被誉为创造性的新概念。它的理论依据是消费需求的绝对差异性和相对同质性。市场细分是指按照消费者所需要的产品或营销组合的差异，将整个市场分为若干个不同类型的需求趋于相同的消费者群体的过程。市场细分是企业进行市场营销活动的一个很重要的步骤，它的准确与否直接关系到企业市场战略目标的实现。

（一）市场细分产生的客观基础

1. 市场的异质性

凡是消费者对某一产品或服务的需要和欲望、购买行为以及对企业营销策略的反应等方面具有基本相同或极为相似的一致性，则这种产品或服务的市场就是同质市场。只有极少部分产品或服务的市场属于同质市场，绝大部分属于异质市场。正是这些差异是市场细分成为可能。

2.需求的相似性

在人们的社会经济生活中，基本消费需求既有差异的一面，也有相似的一面。这种相似性又使划分出来的不同消费需求再次进行聚集，形成相似的消费群体。

每个相似的消费群体就构成具有一定个性特点的细分市场。这也是企业进行市场细分的基础条件。随着医疗器械市场的变化，细分市场的相似特性、消费者重视的产品属性也在不断发生变化，需要进行再次细分。

3.医疗资源的有限性

任何企业，无论规模多大，都不能为某一个或某一群消费者提供他们所需的所有服务。因为要满足这些需求，需要庞大的资源——资金、技术、人力、信息、设施及建筑等。这些资源是稀缺的，对于医疗器械企业而言，其可获得程度受到限制。更何况，医疗器械企业面对的市场需求的增长又是相对无限的，因此，市场细分是种必然。

（二）医疗器械市场细分的概念

医疗器械市场细分是指按医疗消费需求的性质和差异性来划分的，根据社会成员对医疗卫生需求的差异性，将不同层次的医疗卫生需求者划分为不同的消费群体，每一个不同性质不同类别的消费群体就形成了一个不同消费层次的"小市场"，即细分市场。对于医疗器械市场而言，市场细分的概念主要有三层含义：①是对消费者的需求和欲望进行的营销区分；②市场细分的基础是消费者对于服务的需求和欲望具有差别；③目的是企业能够为不同的消费者群体提供其满意的产品。

二、医疗器械市场细分的一般原理

一般根据细分程度的不同，医疗器械市场可分为完全无细分、完全细分、按主导因素细分、按多项因素细分。

（一）完全无细分

完全无细分是指市场中的每一位消费者的需求都是完全相同的，或者是企业有意忽略消费者彼此之间需求的差异性，即假设不同的消费者的需求与欲望基本上一致，而不对市场进行细分。此种细分以强调市场中的共性为主，漠视个性。如作为医疗机构的基本设备：针具、听筒、温度计等。

（二）完全细分

所谓完全细分就是市场中的每一位消费者都单独构成一独立的子市场，企业根据其不同需求为其提供不同的服务。如对不同的疾病人群采用不同的治疗策略。这种做法对企业而言是不经济的，在实际经营中，这种消费者的数量等于细分后的子市场的数目，是一种极端的现象。

（三）按主导因素细分

对某些通用性强、挑选性弱的产品，可按对消费者需求影响强度最高的一个因素细分，如以消费者的年龄作为细分的标准可将市场分为几个不同的年龄组的子市场，例如健康器具市场常被采用这种手段，被分为儿童市场、中年市场和老年市场。如儿童市场有背背佳、防近视眼镜；中年市场有跑步机；老年市场有血压计，血糖仪等。

（四）按多项因素细分

在医疗服务的过程中，大多数消费者的需求与行为都是多种因素影响的结果，患同种疾病的人，由于生理和心理的差异、年龄的差异以及经济承受能力的不同，对需求有所不同，即使同一年龄组的人，由于性别及收入的不同，也表现出差异。因此，一般情况下按照两个或两个以上因素细分。如按消费者年龄和收入两个因素细分可出现：老年高收入、中年高收入等。

三、医疗器械市场细分的意义

市场细分化可帮助企业认识市场、研究市场、培育市场和选定目标市场，并为之提供理论依据。具体地说，医疗器械市场的细分化的意义在于：

（一）有利于企业发现新的市场机会，增加医疗器械市场占有率

企业通过对营销环境的分析，医疗器械市场的调查，可以发现没有得到满足的需求，从而发现新的市场机会。在医疗器械市场细分化的基础上，企业根据对每一细分市场"医疗卫生需求消费"的分析，研究对消费者医疗服务的满足程度和已细分市场的竞争状况，运用自身的有利条件，迅速取得市场优势地位，以开拓新的企业市场。

（二）有利于更好地满足医疗服务消费者的需求

根据细分市场的特点，相应制定不同的管理提升计划，充分满足医疗服务消费者的需要。企业要在切实的市场调查基础上，明确消费者需求的差异，才能准确、及时地掌握消费需求的变化，贯彻以消费者需求为中心的现代经营观念，实现企业经营目标。

（三）有利于企业增强应变能力和竞争能力

市场细分对企业竞争能力的提高表现在两个方面：一方面，市场细分可以提高企业的应变能力，是其经营适应需求的变化，从而提高企业的竞争力；另一方面，市场细分可以使企业扬长避短，发挥优势，集中使用本机构的人力、物力、财力，使有限的资源有效利用，以最少的经营费用取得最大的经济和社会效益。

（四）有利于医疗机构合理使用资源用

医疗器械的开发生产，主要是靠市场需求信息的反馈。市场细分化，将更有利于医疗器械的开发生产和使用。

（五）有利于医疗卫生科学的发展

医疗器械市场的细分化使各专业技术学科的具体业务更细，专业性越强，涉及的专业技术层次就越深，就越有利于医疗器械行业的深化和发展。

四、医疗器械市场细分的标准

（一）消费者市场细分标准

1. 地理因素

是指按照消费者的地理位置和自然环境来进行市场细分。这是一个相对静态因素，也是首要考虑的因素。是一种传统的市场细分依据，它指根据消费者所处的不同自然环境状况，分别划分为不同的细分市场，主要内容有城市、乡村、平原、山区、丘陵区，以及气候、水文、交通、人口密度等。由于地理环境、气候条件、社会风俗和文化传统的影响，同一地区的消费者有着相似的消费需求，而生活在不同地区的人们各自的医疗需求会有所区别。

2. 人口因素

是指根据消费者的性别、年龄、职业、民族、文化教育程度、家庭人口构成、所处的社会地位，并按其不同的需求来细分市场。由于人口因素中所包含的这些变量来源于消费者自身，而且较易测得，所以人口因素一直是消费者市场细分的重要因素。例如，按年龄的划分在医疗市场就很普遍。

3. 心理因素

在人口因素相同的不同消费者当中，对服务的需求和偏好也不尽相同。因为消费者对服务不一定完全取决于人口因素，它同其他因素特别是心理因素也有密切关系。心理因素比较复杂，主要包括消费者的生活方式、个性、价格观念等因素。

4. 行为因素

行为细分，是指企业按照消费者的习惯、品牌忠诚度等行为因素进行市场细分。

5. 经济因素

是指根据消费者的不同经济状况和对服务的不同需求来细分市场，主要内容包括：地域性工农业及第三产业状况、家庭人口平均收入、医疗保险实施情况、公费或自费医疗、医疗需求的支出比例、家庭经济结构等。

（二）生产者市场细分标准

生产者市场与消费者市场有一定的联系，某些用来划分消费者市场的因素同样可以作为划分生产者市场的标准。但二者也有一定的区别，生产者市场是有组织的市场，属于集团性购买。生产者市场细分的标准主要有：

1. 最终用户

按最终用户的要求细分生产者市场是一种通用的方法。在产业市场上，不同的最终用户所追求的利益不同，对同一种产品的属性看重不同的方面。最终用户的每一种要求就可以是企业的一个细分市场，企业为满足最终用户的不同需求，应相应地运用不同营销组合。

2. 用户规模

用户规模是生产者市场细分的重要变量。产业市场中用户购买行为的差异很大。购买数量、付款方式、用户条件等远比消费者市场的差别显著。通常大用户个数少，但购买力强；小用户个数多，但个体购买力弱。应针对大、小用户的特点，采取不同的营销策略。

3. 用户地理

用户的地理分布往往受一个国家的资源分布、地形气候和经济布局的影响制约。生产者市场比消费者市场在地理位置上更加集中。按地理位置来细分市场，方法简便，可使企业把一个地区的目标用户作为一个整体来考虑。

五、医疗器械市场细分的有效标志

医疗器械市场细分的有效标志亦称为医疗器械市场细分的依据。并不是所有的市场细分都能有助于企业实现预期的目标，对于不同类型的企业来说实行市场细分必须具备一定的条件。有效的医疗器械市场细分化，必须对影响市场细分化的每一部分都给予关注。因此，为了使细分的市场具有实用价值还应掌握如下原则：

（一）可衡量性

可衡量性是指对该细分市场的范围、容量、潜力进行测定和测量，清晰描述细分市场的概貌轮廓。这一原则有三个基本要求：①细分的标准必须清楚明确，如消费者的年龄、性别、职业等；②细分标准要能够从消费者那里得到确切、具体的资料，以便进行定量分析，如收入状况，家庭规模等；③细分后的市场容量和潜力必须是可以衡量的。这样便于企业进行分析、比较和选择。无法界定的市场对企业是没有任何意义的。

（二）客观性

用以说明细分市场需求特征的资料必须准确，以证明各市场拥有各自同类别的一定数量的病患者或其他健康人群以及他们所有的就诊愿望和健康保健愿望的资料来源必须是客观的，分析手段必须要科学地反复论证，结论要准确可靠。

（三）可行性

企业对所选定的目标市场，要有效地集中本身的资源和管理能力来开展活动。具体要求：①企业具有满足这些细分市场需求的资源条件和实力；②企业可以通过一定的渠道将产品和服务推向市场。细分市场的可行性实际上就是营销活动的可行性。

（四）实际性

实际性即可赢利性，企业能在细分后的市场上取得良好的经济效益。细分市场的规模可以使有利可图，且有一定的发展潜力，是企业的经营规模在选定的目标市场上能得到扩充，从而不断提高竞争能力。一个企业细分市场是否可以实现预想的社会效益和经济效益，取决于这个细分市场的需求率的大小。

六、医疗器械市场细分化的程序

市场细分的步骤应视市场状况而定，一般情况下可采用下列比较直观但却很有实用价值的简易步骤：

（一）选准市场范围

就是在调查研究得来的现实消费和潜在消费需求资料的基础上，结合产品和服务的特性，确定医疗器械市场主体从事何种产品的生产经营和何种劳务服务。亦即决定进入属于何种特征的市场。

（二）收集研究信息

通过调查分析，收集、整理细分市场时需要考察分析的市场情报和资料，如通过对客户的调查，来检验欲采用的细分因素是否适合。列出该市场范围内所有潜在顾客群的需求情况，这是市场细分的依据。

（三）确定细分标准

细分标准既是影响消费者群体需求的因素，又是进行市场细分的依据。所以细分标准的确定既要尽可能地详尽地列出消费者的需求情况，又要根据企业实际需要而对相应的标准进行调整。

（四）初步细分市场

根据确定的市场细分标准和用户需求的具体内容，初步将整个市场划分为不同类型的子市场。

（五）筛选

针对每一细分市场，考虑以下因素在经济上和策略上的影响：①运输成本；②可供利用的广告媒体；③可供选择的销售渠道；④维持一定市场占有率所需的成本；⑤收入期望值的大小。根据市场细分化的原则，对所有的细分市场进行分析研究，剔除不符合细分要求的市场分片。

（六）确定细分市场

将本企业瞄准的各细分市场进行必要的合并与分解后，形成更明确的具体的细分市场。这时便可为各细分市场定名，并在此基础上确定企业的目标市场。

市场细分的标准和步骤动态的，没有一成不变的模式。在市场细分过程中，应该从实际情况出发，对上述六个步骤进行调整、简化或拓展。

七、评价细分市场

评价细分市场是企业进行目标市场选择的基础。可从以下几个方面对细分市场做出评价：

（一）细分市场的潜量

细分市场的潜量是指一定时期内，各细分市场中的消费者对某种产品的最大需求量。首先，细分市场应该有足够大的市场需求潜量，该市场必须具有一定数量的有待诊治或接受其他医疗卫生服务的人群。要正确估测和评价一个市场的需求潜量，必须认真对待市场调查，它是细分市场的基础工作。

（二）细分市场内的竞争状况

对于某一细分市场，进人的企业可能会有很多，从而就可能导致市场内的竞争。企业在市场中可能占据的竞争地位是评价各个细分市场的主要方面之一。因此目标市场必须是医疗器械市场上竞争对手尚未控制的市场，其潜在市场有待开发。

（三）细分市场与医疗机构的目标和资源的一致性

目标市场必须符合医疗综合保障的整体布局和卫生资源的分布及充分利用。企业的资源优势表现在其资金实力、技术水平、经营管理能力等方面。

第二节 医疗服务市场需求分析

一、医疗服务市场需求

医疗卫生服务是人类赖以生存和发展的一类特殊物品。当人们受到致病因素的影响时，均有获得相应医疗服务的需要以保障健康。同时，如果消费者具有支付能力，就会构成对医疗服务的需求。医疗服务需求通常用消费者实际利用医疗服务的数量来衡量。然而，在现实生活中，有的人会更多地利用医疗服务，也有人未获得所需要的服务，或者获得的服务不能满足其健康的需要。因此，分析和研究医疗卫生服务需求的目的，在于分析消费者的医疗服务消费行为、明确医疗服务需求的特点以及影响人们医疗服务需求的主要因素，从而真正掌握医疗器械市场上的主动权，并适时地采取相应措施，开展医疗卫生活动，从而有效拓展医疗器械市场。

（一）医疗服务需求与需要的关系

医疗服务需要是指依据人们的实际健康状况与"理想健康水平"之间存在差距而提出的对医疗、预防、保健、康复等服务的客观需要，包括个人认识到的需要，由专业人员判定的需要，以及个人未认识到的需要。

医疗服务需求是从经济和价值观念出发，指在一定时期内，一定价格水平上人们愿意而且有能力购买的医疗服务量。它分为两类，一类是由医疗服务需要转化而来的需求。人们的医疗服务需要只有转化为需求，才会具有寻求医疗服务的行为，才有可能去利用医疗卫生资源，需求才有可能得到满足。另一类是没有医疗服务需要的需求，主要指个体认为有医疗服务需要而医学专业人员认为无医疗服务需要的需求以及由医生诱导的需求。

需求和需要是社会经济生活的原始动力，而医疗服务需要和需求，也是医疗卫生政策和计划的出发点。人们是否利用医疗服务，除了从健康角度考虑是否应获得医疗服务外，还受到了很多因素的影响，如服务价格、质量、消费者的收入、消费偏好等，如果仅仅根据需要决定资源的分配，就可能导致配置的失当。根据需求制定的决策和计划，则有利于减少资源和病人时间的浪费。当医疗服务利用高于或低于实际需要时，将出现需要不能满足或资源不合理利用的问题，我们通过对一些影响因素的分析，采取策略，来降低不合理的医疗服务利用，提高医疗服务需要的满足程度。

（二）医疗服务需求的类型

医疗服务营销战略起源于医疗机构希望发现目标市场消费者的需要，并运用营销组合满足顾客的需求，但真实的消费者需求状态可能低于、相等或高于医疗机构所希望的需求，因此医疗机构内的营销功能就在管理以上的需求状态。

1. 负需求

消费者不喜欢某些产品或服务，并可能宁愿花钱去避开此种产品。譬如一般人对接种疫苗、看牙齿、切除输精管等都有负需求，医疗服务营销的任务是去分析为什么市场不喜欢这种产品，以及是否可经由产品重新设计、降低价格、改变接近顾客的方法和更积极的促销方案以改变市场的信念和态度。

2. 无需求

目标市场顾客对产品没有兴趣，漠不关心，譬如劳保病患对于劝其更换医疗机构或医师的健康推广计划漠不关心等。营销的任务是尝试将其医疗服务产品的利益与大众的自然需求与兴趣连接起来。

3. 潜伏需求

大部分的顾客对现有医疗卫生产品或服务不能满足，而对某些方面有强烈的需求，譬如防癌、防心脏病、防老与无害香烟等。营销的任务在衡量潜在市场的大小，并开发有效的产品及服务以满足这些需求。

4. 下降需求

医疗机构往往会面临它的一种或多种产品的下降，譬如许多儿科面临婴儿出生率低及同业竞争增加、地区医疗机构病患涌向大型医院等困难。营销的任务在分析市场衰退的原因，并决定可否通过发掘新的目标市场、改变产品特性、延伸产品线或发展更有效的沟通方法以扭转下降的需求。

5. 不规则需求

许多医疗机构会面临季节性、日期性的需求变化，于是引起医疗设备的闲置或超负荷的问题，譬如急诊室晚上病患多、流行性感冒季节儿科爆满。营销的任务在通过弹性定价、推广、接近及其他诱因以改变需求的时间形态。

6. 饱和需求

许多医疗机构对其业务量感到满意时，已面临市场饱和需求。营销的任务是在面对改变的市场偏好及不断增加的竞争时，维持现有的需求水准，而且医疗机构必须维持它的服务产品质量，并不断地测量市场的满意度。

7. 过度需求

某些医疗机构面临的市场需求超过它们所能或希望处理的范围。营销的任务在于寻求方法以暂时或永久的降低需求，也就是一般所称的低营销。

8. 有害需求

有害产品促使医疗机构不鼓励大众的消费，如反毒（安非他命）、烟、酒、堕胎等，营销的任务在促使人们放弃他们所喜欢的某些对健康不利的偏好和习惯。

（三）医疗服务需求的特点

1. 消费者信息缺乏

不论在商品市场上还是在服务市场上，具有不同知识程度的消费者可以按照各自的意愿购买他们所期望的商品或服务，很少带有盲目性。然而，在医疗器械市场中，由于医疗服务的特殊性、医学专业的复杂性、消费者对医学知识和信息的缺乏，使医疗服务消费者很难对服务质量和数量事先做出正确判断。首先，消费者在患病后，并不能肯定需要什么样的服务，接受何种检查、使用哪些医疗器械等，一般都是在医生的安排下进行的；其次，消费者对医疗服务的价格水平也缺乏了解，往往都是在不知道价格的情况下接受服务的；再次，消费者（患者）也不能明确肯定所利用医疗服务的质量和效果如何。因而，从这种意义上来说，在医疗服务的供需双方之间，存在着明显的信息不对称，消费者没有足够的信息来做出有利于自己的消费选择，供需双方的竞争处于信息不对称的状态。

2. 医疗服务需求的被动性

在医疗服务需求产生的过程中，由于存在着信息缺乏，消费者在利用服务的种类和数量上的自主选择性不大，虽然其获得医疗服务的愿望与医务人员的判断之间存在一定的差异，但最终他的需求还是受到医务人员的影响。因此对消费者来说医疗服务利用是被动的，而医生拥有主权地位，他们作为患者的代理人为病人选择服务。另外，医疗服务需求的被动性还体现在，消费者因疾病或伤痛到医疗机构就诊，是为了减轻病痛、恢复健康，往往带有求助心理，希望通过医务人员所提供的服务来消除病痛、维护健康。因此消费者与医务人员之间的关系存在着救援和被救援的关系，医疗服务需求者与供给者之间并不存在平等的交换关系。

3. 医疗服务利用的效益外在性

医疗器械市场不同于其他的市场，医疗服务的利用也不同于其他商品的消费。消费者在市场购买一般物品时，这种物品给消费者带来的好处或效益只有消费者本人享受到。而医疗服务却不同，比如像传染性疾病，当易感人群接种疫苗或是传染病患者治愈后，就相当于切断了传染源，对与之接触的人群也起到保护作用，即医疗服务的利用在消费者之外取得了正效益，亦体现了医疗服务利用的效益外在性。

4. 医疗服务需求的不确定性

由于个体差异，同一疾病类型的同质患者，或者同一患者在不同时期患同样的疾病，其临床症状、体征、生理生化指标等方面都可能不尽相同，所应获得的医疗卫生服务也可能不一样。而且，对于个体而言，由于其发病的偶然性，要想预测出哪个人会患病和需要利用何种医疗服务将十分困难。所以说，医疗服务需求存在着不确定性。但是，对于整体人群而言，疾病的发生又具有一定的规律性，通常可以通过人群的患病率或就诊率来反映其医疗服务的需要和需求，那么也就可以对特定人群的医疗服务需求水平进行预测。

5. 医疗服务费用支付的多源性

由于医疗服务需求的不确定性，很多个体及家庭往往很难在短时期内支付高额的医疗费用来应对难以预测的、突发的重大疾病风险。因此，为了获得基本的医疗服务，减轻疾病对个体带来的风险，在医疗卫生服务领域的筹资系统中，通常会有医疗保险，政府和社会救助等的介入。医疗服务的多源支付，实质上是一部分人的收入部分地转移给医疗服务的消费者。由于医疗服务消费者不再按照实际的服务费用进行支付，因此改变了消费者对医疗服务的购买力和对服务价格的敏感度，最终带来的是在医疗服务需求数量、质量和费用等方面的相应变化。

正是由于医疗服务需求的上述特殊条件，使得医疗卫生服务领域里的经济活动更为复杂，政府对于医疗服务领域的作用也更为重要。

（四）医疗服务需求的影响因素

1. 健康状况

根据 Michael Grossman 的观点，影响医疗服务需求及利用的行为来源于人们对健康的需求，而消费者对健康的需求出于两个原因：①健康是消费物品（服务），它可以使消费者感觉良好；②健康是一种投资物品（服务），健康状态将决定消费者可以利用的时间量，影响其参与工作和社会活动，影响其享受闲暇时光。因此，当人们的健康状况下降或存在影响人们健康的因素时，人们愿意投资于健康，通过利用医疗服务，改善健康状况。健康状况受很多因素的影响，这些因素在很大程度上也影响着消费者对医疗服务的需求水平。影响健康的主要因素包括人口特征、经济因素、社会文化因素等。

（1）从人口学角度考虑，在其他因素不变的情况下，人口的数量是决定医疗卫生服务需求最重要的因素之一。人口数量的增加必然导致卫生服务的利用增加，此外人口结构的改变也会对医疗服务利用水平有影响。我国的人口构成正快速向老年型迈进，相应的医疗服务需求也会有较大增长。

（2）性别对医疗服务需求的影响是不确定因素。从男性从事职业特点来看，有些危险性或有职业毒害的工作多由男性来承担，因此，男性遭受生产性灾害和职业病的机会较多。但从女性生理特点来看，养儿育女也会增加卫生服务需求。在其他条件不变情况下，由于女性寿命比男性长，则其潜在的医疗服务需求相对较多。

（3）学校教育年限长短对医疗服务需求的影响存在着两种不同的观点。受过较多教育的人，对健康的认识水平较高，因此，会增加对医疗服务的需求，但由于他们掌握更多的预防保健知识，就会更多地采用自我医疗，从而减少了对医疗服务的利用。

（4）婚姻状况对医疗服务需求有一定的影响：独身、鳏寡、离婚者比有配偶者的医疗服务需求多。尤其当家庭病床能够代替住院的条件下，有配偶者的住院时间更会缩短。

（5）消费者住房布局、结构、规模等条件对医疗服务需求也会产生影响。住房条件差，如背光、通气性差、潮湿、阴冷等情况下的居住条件，消费者易患佝偻病、哮喘等疾病，容易得传染病，这将导致对某类医疗服务利用的增加。

2. 一般经济因素

根据传统经济学消费者理论，医疗服务需求受到服务的价格、收入、货币储蓄、相关物品（服务）的价格、个人主观偏好及对物品（服务）未来供应情况的预期等因素的影响。

（1）医疗服务。价格医疗服务的需求受医疗服务价格的影响。通常，价格越高，需求量越低；价格越低，需求量越高。

（2）需求者经济收入。经济收入水平决定着人们有支付能力的需求，它不仅影响消费需求的总额，也影响消费需求的构成。人们对医疗服务的需求，受到收入水平的明显制约，并表现出不同的需求层次性。收入越高，消费者对医疗服务的购买力越强，对医疗服务需求也越多；反之，则购买力越弱，需求也越少。

（3）货币储蓄。同样收入的消费者，储蓄多了，对物品（服务）的购买力就会下降，则可用于消费的货币就少，在价格不变的情况下，对商品或服务的需求水平相对低，反之，亦然。中国居民对未来的预期支出水平较高，因而更愿意为今后需要的多方面（如住房、子女教育和医疗服务）支出高额费用而储蓄。

（4）互补物品（服务）和替代物品（服务）的价格。一般来说，医疗服务的需求量与其替代品价格成正向变动，即替代品的价格上升，该医疗服务的需求量也会升高。例如，维生素 A 缺乏症患者，当富含维生素 A 食品的价格升高，则消费者就会更多地使用维生素 A 药品，对维生素 A 药品的消费就会增加，医疗服务的需求量与互补品的价格成反向变动，即互补品价格上升，该医疗服务的需求量随之下降。例如，注射器作为注射液的互补品，当其价格上涨时，将会导致注射液需求量的减少。

（5）主观偏好。消费者对某种商品或服务都会有自己的主观价值判断，对某种商品或服务存在着偏爱心理，称为消费偏好。同样，消费者对医疗服务存在着质量偏好，例如，不同的消费者对中医和西医服务的偏好就有所不同，有些人患病后倾向于看中医，而有些人则更愿意选择西医。

（6）对未来物品（服务）供应情况的预期。对未来物品（服务）供应情况，包括对价格和供给量的预期，也影响着当前的需求量。例如，在我国的城镇地区即将开展医疗保险改革的前夕，消费者预计今后自付医疗费用水平会上升，很多人在医改之前突击检查、突击开药和突击住院，医疗服务的需求量明显上升。

3. 医疗服务供给

（1）医疗服务供给状况。在其他因素不变的前提下，供给状况将会对医疗服务的需求产生直接影响。医疗服务供给的类型、数量、结构、质量和费用，医疗机构的地理位置等是否与消费者的需求相匹配，将影响到医疗服务的需求水平，供不应求和供非所需就会抑制人们对医疗服务利用。

（2）医疗服务供给者。与一般的服务市场不同，在医疗服务市场中医生具有双重身份，既是病人选择医疗服务的代理人，同时又是医疗服务的提供者。医生在提供医疗服务时，不仅要考虑患者的利益，同时也会考虑到自己的经济利益。所以医生的决策成为决定医疗服务选择是否合理的关键因素。1976 年，加拿大的卫生经济学家蒙伊文斯首先提出了“医生诱导需求”理论，是指医生在自身利益的驱动下，利用其自然的专业主权地位增加消费者对医疗服务的不必要利用，从而导致对医疗服务需求的增加。诱导需求理论认为，医生在面临较高服务需求时，没有必要提供可要可不要的额外服务，但当医生数增加以及服务提供者也随之增加时，服务的价格就会降低、这将会导致医生收入的减少，医生为了维持其收入水平，利用患者的信息缺乏，就会向患者推荐和提供额外的服务。

4. 医疗保健制度

在其他条件不变的前提下，不同的医疗保障制度对医疗服务需求也会产生不同的影响。主要表现在不同的医疗保障制度通过改变医疗服务的价格，进而对需方的医疗消费行为以及需求量产生影响。在医疗保险系统中，对需方采用不同的医疗费用分担形式和分担比例，也将在不同程度上影响着需方的医疗服务消费行为和医疗服务的需求水平。国外有资料表明，当病人自付比例低于20%时，对病人的需求行为影响不大。同时，医疗保险的介入，也影响着供方的行为，从而间接影响医疗服务的需求。

5. 时间价值

时间价值对于医疗服务需求是一个很重要的影响因素，医疗服务的时间，包括到医疗机构在路途上的时间、在医疗机构内的等候时间（等候挂号、等候就诊、等候交费、等候检查和等候取药等）以及就诊时间。时间对医疗服务需求的影响可以从时间机会成本来考虑。利用医疗服务需要花费一定的时间，有可能因此而放弃收入、升迁的机会等，这就是医疗服务利用的机会成本。医疗服务的机会成本越高，对需求量的影响越大。

时间成本对医疗服务需求的影响具有三方面的政策意义：①随着服务价格的降低（如提供免费或部分免费的医疗服务），医疗服务需求将对时间成本更为敏感。低时间成本的人比高时间成本的人更有可能得到医疗服务；②在制定医疗服务体制时除了医疗服务收费价格，还应把消费者的时间成本考虑进去；③要想增加某些人口对医疗服务的利用，除了降低货币价格外，还要通过降低他们的时间成本来增加他们对医疗服务的利用；如将诊所或医院设在更接近这些人群以减少就诊往返时间，在机构减少患者的候诊时间等。

二、医疗服务消费需求的特征

医疗卫生服务是人们生理、心理需求的基础之一。生理和心理需要也是人们社会和精神需要的基础。随着我国开放改革的深化以及社会的发展，人民生活水平的提高，人们对医疗卫生服务的需求层次势必逐渐向上移动，也表现出卫生服务消费需求的特征和规律性。

（一）何谓"消费需求"

1. 消费需求的概念及研究内容

消费需求是指消费者对以商品和劳务形式存在的消费品的需求和欲望。通常所说的消费者需求，就是指的最终的人民生活消费需求。为了满足物质上的需求和欲望，人们就要消费。在进行市场消费需求的分析时，应重点抓住六个方面的内容：即六W分析：

（1）What？购买什么（产品或劳务）。

（2）Why？为何购买（动机）。

（3）Who？谁来购买（顾客）。

（4）When？何时购买（时机）。

（5）How？怎样购买（方法）。

（6）Where？哪里购买（地点）。

也有些市场学家把市场消费需求的研究内容归纳为四个方面的重点问题：

（1）Objects 购买对象——市场需要什么？

（2）Objectives 购买目的——为何购买？

（3）Organization 购买组织——购买者是谁？

（4）Operations 购买方式——如何购买？

2. 消费需求的类别

（1）按消费者的购买目的不同，可分为生产性消费需求和生活性消费需求。人类社会的消费，包括生产资料和生活资料的消费。生产性消费需求是为满足生产过程中物化劳动和活化劳动消耗的需要。生活性消费需求是指为满足个人生活的各种物质产品和精神产品的需要。

（2）按消费需求满足的对象不同，可分为社会集团消费需求和个人消费需求。社会集团消费需求是指为实现社会的集体消费基金而统筹安排用来满足公共消费需要的部分。个人消费需求主要是指居民有货币支付能力的生活消费需要。随着市场经济的发展，个人消费需求的领域将不断扩展，消费需求的满足程度也将大大提高。

（3）按消费需求的实质内容不同，可分为物质消费需求和精神消费需求。物质消费需求是指人们对物质生活用品的需要，而精神的需求是指满足人的心理和精神活动的需要，如人的自尊、发挥自己的潜能、精神上的娱乐等需要。与物质的需求相比，精神上的需求是更高一层次的需求。

（4）按消费需求的实现程度不同，可分为现实消费需求和潜在消费需求。现实需求是有支付能力的需求，是消费者已经认识到，有能力购买也准备购买某种产品的需求；潜在需求是指尚处于潜在状态的需求，包括消费者在客观上存在的，但尚未意识到的需求。潜在需求是现实需求的基础，二者既有区别又有联系。一旦条件成熟，潜在需求就会化为现实需求。

医疗机构的市场策划人员在分析市场消费需求时，必须重视消费者的潜在需求，设法有针对性地把其转化为现实需求，在实现盈利的同时使消费者的需求不断得到满足。

（二）医疗服务的消费特征

1. 医疗服务的消费特征

随着社会生产力的不断发展，医疗卫生机构将向市场提供数量更多，质量更优的卫生服务产品，以便更好地满足消费者的医疗消费需求。医疗保健需要是每个人生活需要的一个重要部分，其消费的实现，要受到很多因素的影响，比如经济收入、卫生资源等客观条件的限制和影响。因此，卫生服务需求的消费也有自己的特征，概括起来主要有：①医疗消费的需求弹性大于以衣食为主要消费对象的养老、失业保障消费；②医疗消费的伦理色彩浓厚；③医疗消费需求的非理性倾向强烈；④医疗消费过程中医患双方的地位不平等；⑤医疗消费与技术相关度高；⑥医疗消费过程复杂；⑦医疗消费的灵活性与不确定性。

2. 医疗服务的消费层次

随着人们物质文化生活水平的日益提高，消费需求也呈现出多样化、多层次，并由低层次向高层次逐步发展，消费领域不断扩展，消费内容日益丰富，消费质量不断提高的趋势。根据我国目前的医疗卫生服务需求消费状况，可分为三个层次群体，具体如下：

（1）低层次医疗服务需求消费。是基本的、普通的需求消费，多见于温饱问题尚未解决或未能真正完全解决的缺医少药的地区。主要原因是社会、经济环境较差，医疗卫生资源缺乏，患者难以支付较高档次的医药费用和其他的一些主客观原因。例如一些偏远的山区，人们对待疾病的态度是小病就扛，大病才去治，看病通常也是去县医院看，治不好就回家拖着，如果是老人家，多数放弃诊治，任其自生自灭，因病致贫者不少。

（2）中等层次医疗服务需求消费。目前我国很多地区属于此类层次。县城以上城镇或沿海开放地区，以及内地改革开放较好较富裕的地区的大多数人民群众，他们对于小病能够支付，但是对于一些大病，往往都是拿出自己的积蓄来治疗。这一层次人们对疾病则较愿意进行预防接种或健康体检，并且较积极购买住院医疗保险，而且这一层次居住地域的医疗卫生资源多能满足其需求。

（3）高层次医疗服务需求消费。这一层次的人们有较高的社会地位和较优越的经济条件，且所居住的地域条件和医疗卫生资源相对较好，供给也很便捷。这一层次人数不多，多数是各级干部以及有较稳定经济收入的人群。另外，私营企业经营者或个体户，也属于此类消费层次的消费群体。他们一般追求病房宁静舒适，设备配套齐全，用具高档，追求名医诊治，使用高档药物和要求优质的服务。

三、医疗服务消费者购买行为分析

分析医疗服务消费者的购买行为是医疗器械市场营销决策的基础。伴随着医疗服务市场的激烈竞争，消费者的消费心理和消费行为也逐渐走向了成熟和理性。医疗消费者购买行为是一种为了实现治疗疾病和维护健康的目的，获得、使用医疗卫生服务和相关产品的消费活动。由于医疗产品的特殊性，医疗器械市场消费者的消费行为与其在普通商品和服务的消费行为有着较为明显的区别。医疗器械市场消费者购买行为的过程是复杂的、多层面的。深入剖析中国医疗卫生消费者心理和行为，研究消费者的需求及其影响因素，探索消费者购买行为及其规律，对于满足消费者的医疗卫生需求，指导居民理性医疗消费，有效地开展医疗器械市场活动，具有积极的现实意义。

（一）医疗服务消费者的购买动机

1. 消费者购买动机的概念

购买动机是指消费者为了满足其一定的需要而引起购买行为的愿望或意念，是推动购买活动的内在动力。消费者的购买行为都是由购买动机引发的，而动机又是由人的需要产生的。消费心理学认为：一个人在一定的环境刺激下产生需要，需要产生购买动机，购买动机的产生又激发人的购买行为，其基本模式为：

需要→动机→行为→目标

消费者的购买动机是复杂的多样的，从大的方面来看，有生理性购买动机和心理性购买动机：生理性购买动机是由先天的、生理的因素所引起的，为满足、维持、保持、延续和发展生命等需要而产生的各种购买动机；心理性购买动机主要是由后天的社会性或精神需要所引起的为满足维持社会生活，进行社会生产和社会交际，在社会实践中实现自身价值等需要而产生的各种购买动机。然而，通常在消费者的购买行为中，往往既有生理性的购买动机又有心理性购买动机，相互交织在一起。

2. 购买动机的基本类型

在医疗服务消费中，生理动机和心理动机往往并不好严格区分，不便于制定出有指导性的营销方案，这就需要更具体地加以研究。具体来讲，消费者的主要购买动机类型有：

（1）求实动机。是指以注重商品或劳务的实际使用价值为主要目的的购买动机。消费者在选择某项医疗服务时，首先特别重视该服务的实际效果、安全质量，而对服务的其他方面则次之。

（2）求新动机。是指以注重服务的新颖或高新医疗技术为主要目的的购买动机。一般来说，这种购买动机极易受到广告宣传、社会环境和潮流导向的影响，具有这种购买动机的消费者，其观念更新较快，较易接受新的思想。

（3）求廉动机。是指以低廉的医疗服务价格，付出较少的货币而获得较多的物质利益为主要特征的购买动机。一般来说，在医疗卫生领域的目标市场营销中，较低档次的消费者对于医疗服务价格的变动较为敏感。

（4）求名动机。是指以追求名牌或仰慕某种传统的名望为主要特征的购买动机。例如，消费者在选择购买医疗服务时，往往会受医疗机构的知名度和广告宣传等影响。一般而言，青年人、收入水平较高的人常常具有这种购买动机。

（5）便利动机。是指以方便购买、便于使用维护为主的购买动机。通常，在购买价格不高的医疗服务时，消费者往往具有这种购买动机，讲求便利是其主要特征。

（6）偏爱动机。是指以某种商品、某个商标和某个企业为主的购买动机。消费者由于经常地使用某类商品的某一种，对这种商品、这个商标的商品或这个企业的商品产生了偏爱，经常指名购买，有时也称为惠顾动机。因此，医疗机构注重服务，善于树立机构形象往往有助于培养、建立消费者的偏爱动机。

（二）医疗服务消费者购买行为模式

研究消费者购买行为模式，对于更好地满足消费者的需求和提高医疗机构市场营销工作效果具有重要意义。国内外许多的学者、专家对消费者购买行为模式进行了大量的研究，并且提出了一些具有代表性的典型模式。S-O-R 模式、科特勒行为选择模式、尼科西亚模式、霍华德—谢思模式和 EBK 模式是五个著名的消费者购买行为模式。

1. 五种典型的购买行为模式

（1）消费者购买行为的一般模式。人类行为的一般模式是 S-O-R 模式，即"刺激—个体生理、心理—反应（response）"。该模式表明消费者的购买行为是由刺激所引起的，这种刺激既来自于消费者身体内部的生理、心理因素，也来自于外部的环境。消费者在各种因素的刺激下，产生动机，在动机的驱使下，做出购买商品的决策，实施购买行为，购后还会对购买的商品及其相关渠道和厂家做出评价，这样就完成了一次完整的购买决策过程。

（2）科特勒行为。菲利普·科特勒提出了一个消费行为的简单模式。该模式说明消费者购买行为的反应不仅要受到营销的影响，还有受到外部因素影响。而不同特征的消费者会产生不同的心理活动的过程，通过消费者的决策过程，导致了一定的购买决定，最终形成了消费者对产品、品牌、经销商、购买时机、购买数量的选择。

（3）尼科西亚模式。尼科西亚 1966 年在《消费者决策程序》一书中提出这一模式。该模式有四大部分组成：第一部分，从信息源到消费者态度，包括企业和消费者两方面的态度；第二部分，消费者对商品进行调查和评价，并且形成购买动机的输出；第三部分，消费者采取有效的决策行为；第四部分，消费者购买行动的结果被大脑记忆储存起来，供消费者以后的购买参考或反馈给企业。

（4）恩格尔模式。该模式又称 EBK 模式，是由恩格尔、科特拉和克莱布威尔在 1968 年提出。其重点是从购买决策过程去分析。整个模式分为 4 部分：①中枢控制系统，即消费者的心理活动过程；②信息加工；③决策过程；④环境。

恩格尔模式认为，外界信息在有形和无形因素的作用下，输入中枢控制系统，在消费者内心进行研究评估选择，产生购买决策方案。在整个决策研究评估选择过程，同样要受到环境因素，如收入、文化、家庭、社会阶层等影响。最后产生购买过程，并对购买的商品进行消费体验，得出满意与否的结论。此结论通过反馈又进入了中枢控制系统，形成信息与经验，影响未来的购买行为。

（5）霍华德—谢思模式。该模式是由霍华德与谢思合作于 20 世纪 60 年代末，在《购买行为理论》一书中提出。其重点是把消费者购买行为从四大因素来考虑。①刺激或投入因素（输入变量）；②外在因素；③内在因素（内在过程）；④反映或者产出因素。

霍华德—谢思模式认为投入因素和外界因素是购买的刺激物，它通过唤起形成动机，提供各种选择方案信息，影响购买者的心理活动（内在因素）。消费者受刺激物和以往购买经验的影响，开始接受信息并产生各种动机，对可选择的产品产生一系列反应，形成一系列购买决策的中介因素，在动机、购买方案和中介因素的相互作用下，产生某种倾向和态度。这种倾向或者态度又与其他因素，如购买行为的限制因素结合后，便产生购买结果。购买结果形成的感受信息也会反馈给消费者，影响消费者的心理和下一次的购买行为。

2. 医疗服务消费者购买行为模式

医疗消费者购买行为，指消费者为了满足自己的某种医疗需求，在寻找、购时买、使用以及评估医疗服务所表现出来的行为。医疗服务消费者购买行为模式是刺激—反应模式（S-R 模式），如图 4-1 所示。

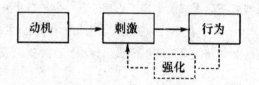

图4-1　医疗服务消费者购买行为模式示意图

对于医疗卫生领域，购买者外界刺激主要分两类：一类是医疗机构的市场营销组合决策，包括设备、服务和地点。另一类是环境刺激，包括经济、技术、政治法律和社会文化的刺激等。经过一定的心理过程，就产生了一系列购买者反应，如医疗机构的选择、设备的选择和时间的选择等。

我们通常了解医疗服务消费者主要是个人，但是家庭各成员或有关人员对其购买决策也具有一定的影响力。这时，医疗服务机构的服务质量和方法就必须尽可能地符合那些真正具有决策力或影响力的顾客的需求。在消费者的实际购买活动中，人们可能以不同的身份出现：

（1）倡议者。首先想到并提出要购买某种医疗服务的人

（2）影响者。对最终的购买决定有直接或间接影响的人

（3）决策者。最后决定整个购买意向的人

（4）购买者。购买行动的实际执行人

（5）使用者。所购服务的最终使用者

而且在购买决定中，一个人可以扮演不同的角色。医疗机构必须弄清楚在购买过程中，谁是决策者，谁是参与者，谁是影响者，从而有针对性地开展医疗服务营销活动，才会收到良好的效果。

3. 医疗服务消费者购买决策过程分析

消费者决策，是指消费者谨慎地评价某一产品、品牌或服务的属性，并进行理性地选择，即用最少的成本购买能满足某一特定需要的产品的过程。医疗服务消费者的购买决策是一个动态发展的过程，一般可将其分为五个阶段：问题确认，收集信息，选择评价，购

买决策，买后行为。其中问题确认、收集信息属于购买前过程；选择评价和购买决策属于购买过程；购后行为属于买后过程。因此，消费者的购买过程即由购前、购买和购后三个过程的五个阶段组成。

（1）问题确认。需要是购买者行为的起点，由于需要尚未得到满足，便形成了需要解决的问题。问题确认是消费者购买行为过程的第一步，对于医疗服务消费者而言，生理、健康问题引起需要，进而激发购买医疗服务的动机，这是较为普遍的情形。比如，发烧了便对温度计产生了需求。

（2）收集信息。消费者一旦对所要解决的问题进行了确认，就会利用长期记忆中的相关信息确定是否有现存的令人满意的解决方法，对于所知晓的信息进行比较筛选后，会挑出其中一部分进行认真选择，直至做出最终的购买决策（如图4-2）。消费者收集信息的积极性与其对服务需要的强烈程度密切相关，需要程度越强烈，收集信息的积极性就越高。医疗服务消费者一般会通过以下几种途径去获取其所需要的信息：①相关医药杂志等大众传媒；②相关药品、医疗器械广告，医疗机构人员介绍等途径；③医院医生的诊治；④自己的经验。

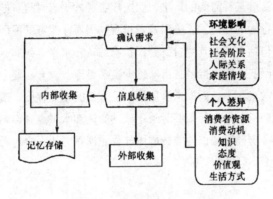

图4-2　消费者就医的信息搜寻模式

（3）选择评价

消费者在充分收集到各种相关信息后，就会对信息加以整理、分析、对比和评价，形成不同的购买方案。消费者在做出购买决策前，不仅要考虑医疗机构服务的技术水平，药品、医疗器械价格的贵廉，而且会结合自己的实际情况，以便最大限度地满足自己治疗疾病的期望。

（4）购买决策

消费者在进行了评价和选择之后，便形成了购买意图，进入做出购买决策和实施购买的阶段。如果对某医疗机构形成一定的偏爱，便会做出购买决定。这一阶段的服务质量尤为重要，否则，不仅会损害医疗机构的声誉，也会影响消费者的购买。

（5）购后行为

消费者购买了某项医疗服务并不意味着购买行为过程的结束，因为其对于所购买的服务是否满意，以及之后会采取怎样的行为对于医疗机构以后的经营活动会带来一定的影响。消费者购后的满意程度取决于消费者对购买的医疗服务的预期效果与实际效果之间的对比。购买后的满意程度决定了消费者对提供该医疗服务的医疗机构的态度，并且还会影响到其他消费者，形成连锁效应。

（三）影响医疗服务消费者购买行为的因素

医疗卫生服务与其他消费品一样，都需要通过消费者的购买行为获得。因此，它也符合普通商品的购买规律，即医疗卫生服务作为商品的一种，必须在商品交换的过程中转让其使用价值，从而实现其价值。然而，与普通商品不同的是，医疗服务消费的影响因素更多是客观的，绝大部分疾病的发生是不以人的主观意志为转移的。因此，研究影响医疗服务消费购买行为的相关因素要从医疗服务产品的特殊性出发，与普通商品区别对待。

1. 消费者的健康状况及其认知水平

购买动机源于消费者某种需要的产生，而医疗服务购买者对自身健康状况的不满足正是产生医疗服务购买行为的动机。影响消费者是否购买医疗服务的原因不仅包括客观上其疾病的严重程度，也包括主观上其对自身健康状况的认知水平。例如，从医学专业角度来看，有的病人其病情确实严重，但是自己却感觉微不足道，没有必要去医院治疗，也就不会产生对医疗服务的购买行为。而如果病痛超出了人们的忍受程度，通常消费者就会产生购买医疗服务产品的动机。另外，人们对医疗保健的认知水平也是影响其是否购买医疗服务的主要因素。掌握一定健康知识的消费群体与普通消费者比，会对同样严重的病情产生不同的评价，由此产生不同的购买需求。

2. 消费者的经济承受能力

经济承受能力是指为了治疗疾病，在利用医疗卫生服务、消费药品、医疗器械和其他物品的过程中支付相关费用的能力。毫无疑问，经济收入水平是影响消费者购买行为的基本因素，不同收入水平的人的购买行为会有很大的差异。当消费者收入水平较高，经济状况较好时，其医疗服务的购买能力则相对较强，反之则购买能力较差。经济收入水平虽然不是消费者做出医疗服务购买决策的首要考虑因素，却是必须要考虑的因素。经济水平的高低有时可以直接决定医疗服务购买实现的可能性，尤其在目前的社会收入结构与收入水平条件下，医疗费用水平远远超过普通居民的收入水平。这无疑影响了医疗服务产品的市场需求。

3. 医疗服务质量

医疗服务的质量既包括医疗服务的技术水平、医疗设备的先进程度等方面，也包括医疗服务者素质和医疗服务态度等，而且后者对医疗服务购买的影响日益显著。医疗服务质量是影响医疗服务消费的目的能否实现以及实现的程度,进而影响医疗服务消费者购买后感受的重要因素。消费者购买医疗服务的目的就是要通过医疗服务的消费,达到治愈疾病、维护健康的目的。如果医疗服务质量好,消费者的购后评价高,则有可能再次选择该医疗机构提供的服务,反之不但会影响消费者的下次购买,还有可能会对医疗机构的形象造成负面影响。因此,医疗机构的营销活动不仅要注重一般的营销手段,更要重视医疗服务质量的提高。

4. 相关群体的影响

群体是指在一段时间内相互作用并拥有共同的需要或者目标的一群人。而影响医疗服务消费的相关群体是指能够影响医疗消费者购买行为的个人或群体。消费者属于各种不同的群体,每一种群体对他们的购买行为都有某种影响。家庭是社会最基本的组织细胞,也是消费者最重要的相关群体。对于一些重要的购买行为,一般都是由家庭来决定。家庭成员的个性、价值观以及成员之间的相互影响,对消费者的购买行为起着直接的作用。对于医疗服务的消费来说,家庭同样是很重要的影响因素,例如,在儿童的整个成长的过程中,家庭会教给他如何进行自我保健,这些知识会演化成为日后医疗消费习惯,因此医疗器械市场人员应当对该领域给予足够的重视。

5. 文化及消费价值观的影响

在现实生活中,我们不难发现,同一收入水平的人,其消费行为也存在很大差异。研究发现,一些非经济因素对消费者的购买行为同样发挥着重要影响。从外部看,主要表现为消费者所处的文化环境;从内部看,则表现为消费者的消费价值观。在医疗服务市场,文化对消费者的影响突出表现在健康观的不同。随着时代和科学的发展,人们对于健康不再局限于以往"身体没有疾病就等于健康"的认识上,而是更加自觉地意识到健康的重要性,从而带动了健康产业的蓬勃发展。医疗服务机构由过去单纯的医疗服务转向包括医疗、康复、宣传等多位一体的服务。消费价值观是指人们对同一种消费品的价值评价有时是不一样的,由此会影响到他们的购买行为。

6. 消费者的性格及生活方式

性格是指主体对客体的态度体系和行为方式,它是各种心理特征的核心。性格的结构很复杂,按照个体心理活动倾向于外部或倾向于内部来划分。外向型消费者喜欢通过面对面的信息沟通和社会交往来帮助自己确定决策,热情较高,同时也喜欢对外显示自己对于服务的评价。这种类型消费者常常会表现出更多的信息需求,并且在使用后对服务质量评价的影响面更大。内向型消费者喜欢自己观察体验,通过大众媒体与非面对面的交流渠道了解相关医疗服务的信息。生活方式疾病主要由不良饮食习惯、精神紧张、吸烟酗酒及减少运动等不健康的生活方式造成的。在我国死亡率居前几位的疾病中,有44%以上的患病人群是由不良生活方式和行为方式所致。因此,生活方式对于医疗服务消费者行为的影响主要通过改变疾病谱而表现出来的。

根据上述分析可以看出，消费者购买过程中的每一阶段都会影响购买决策。医疗机构研究服务过程的目的在于针对每一阶段的特点采取适当的营销措施，积极引导消费者的购买行为，更好满足消费者的需要。

第三节　医疗器械目标市场选择

一、医疗器械目标市场的概念

市场细分和目标市场确定是 STP 营销战略的两个密切相关的要素。STP 战略是 20 世纪 90 年代国际营销学大师、享有营销学之父美称的美国西北大学著名营销学教授菲利浦·科特勒，在他畅销全球 30 多年的《营销管理》一书中提出。STP 即市场细分（segmenting）、选择目标市场（targeting）和产品定位（positioning），STP 法则是整个营销建设的基础。STP 法则对各自的市场进行了细分，并选择了自己的目标市场，传达出各自不同的定位。

著名的市场营销学者麦卡锡提出了应当把消费者看作一个特定的群体，称为目标市场。通过市场细分，有利于明确目标市场，通过市场营销策略的应用，有利于满足目标市场的需要。即目标市场就是通过市场细分后，企业准备以相应的产品和服务满足其需要的一个或几个子市场。

医疗器械市场的细分化是按不同的诊治愿望和医疗卫生需求划分医疗服务消费者群体的过程，而目标市场确定则是医疗器械市场主体根据自身资源把某几个消费者群体确定为营销对象的过程。换句话说，医疗目标市场是指医疗机构在医疗卫生市场细分的基础上，选择一个或多个消费群体作为医疗活动对象的决策。因此市场细分是目标市场确定的前提条件，目标市场确定是市场细分的目的所在。

二、目标市场的选择策略

目标市场的选择策略，通常有五种模式：

1. 市场集中化

企业选择一个细分市场，集中力量为之服务。较小的企业一般这样来专门填补市场的某一部分。

2. 产品专门化

企业集中生产一种产品，并向所有顾客销售这种产品。这样可以有助于企业树立很高的声誉，而一旦出现其他品牌的替代品或消费流行偏好转移，企业将面临巨大威胁。

3. 市场专门化

企业专门服务于某一特定顾客群，尽力满足他们的各种需求。有助于企业建立良好的声誉，而一旦该顾客群的需求潜量和特点发生突然变化，企业就要承担较大风险。

4. 有选择的专门化

企业选择几个细分市场，每一个对企业的目标和资源利用都有一定的吸引力。但各细分市场彼此之间很少或根本没有任何联系。这种策略能分散企业的经营风险，即使其中某个细分市场失去了吸引力，企业还能在其他细分市场盈利。

5. 完全市场覆盖

企业力图用各种产品满足各种顾客群体的需求，即以所有的细分市场作为目标市场。一般只有实力强大的大企业才能采用这种策略。

三、目标市场营销策略

在选择目标市场的基础上，企业可以对不同目标市场制定相应的营销战略。目标市场营销策略有三种，分别是无差异营销策略、差异性营销策略、集中性营销策略。

（一）无差异营销策略

无差异营销策略是指企业把整个市场看作一个大的目标市场，不进行市场细分，把整体医疗器械市场作为目标，针对整个医疗器械市场消费者的共同需要，制定相应整体服务项目，力图满足所有消费者对服务工作的需求，吸引所有的服务消费者。一般来说，医疗卫生资源供应紧张，医疗需求者多，因条件的限制，在无法选择的情况下，采取无差异医疗器械市场营销策略是可行的。

该策略的优点在于：①产品单一，生产效率较高；②有利于简化企业的经营管理，节约营销费用。其缺点有：①适应性差，单一产品难以满足消费者日益增加的多样化需求；②忽视消费需求上的差异，可能会失去一些很好的市场机会。

（二）差异性营销策略

差异性营销策略是把整个市场划分为若干个需求与愿望大致相同的细分市场，针对每个细分市场的需求特点，设计、生产和销售不同的产品，制定与之相适应的市场营销组合。对于医疗器械市场而言，是指企业选择一个或几个细分的专门化市场作为目标的策略。集中优势，发挥特长，充分满足一定范围内消费者对专门项目的需求。这种策略的指导思想是与其在整体大市场中拥有很低市场占有率，不如在细分化的市场中拥有较高的市场占有率。

采用该策略的优点是：①由于注意各细分市场消费者不同类型的需求，可以更好地满足不同消费者群体的需要；②可以提高企业产品和服务竞争力，扩大影响面和提高声誉；③有利于企业通过提供多样化的产品和服务，提高市场占有率，增加业务收入。但是，采用这种策略也有缺点：①由于企业的产品品种和服务的多样化，会造成成本的增加；②由于生产经营过程的多样化，增加了管理控制的难度。

（三）集中性营销策略

集中性营销策略也称密集性营销策略，是指企业集中所有力量，选择一个或少数几个细分市场为目标市场，针对一部分特定的消费者群体的需求，实行专业化生产和经营，力图在该细分市场上拥有较大的市场占有率。这种策略，用于开拓城市或医疗器械市场竞争激烈的地区最适宜。毫无疑问，这种策略能更好地满足不同层次消费者的需要。

采用该策略的优点是：①由于企业集中力量为一个或少数几个细分市场服务，对消费者的需求情况及目标市场中的其他方面情况有较深入的了解；②由于企业在生产经营上实行专业化，因而企业能够在目标市场上具有相对优势，居于有利的地位；③采用这种策略可能大大节省市场营销费用，提高企业的投资效率和盈利水平。缺点是：因为这一策略将企业的未来全部置于某个或少数几个细分市场上，一旦该市场情况突变，如出现了强大的竞争对手，顾客的偏好转移，价格下跌等，企业很可能承受不住这种压力而陷入困境。

三种策略各有利弊，在选择目标市场时，必须考虑企业面临的各种因素和条件，选择适合本企业的目标市场策略。医疗器械市场内部和外部环境在不断发展变化，经营者要不断通过市场调查和预测，掌握和分析市场变化趋势与竞争对手的条件，扬长避短，发挥优势，把握时机，采取灵活的适应市场态势的策略，去争取较大的利益。

四、选择目标市场策略时应考虑的因素

三种目标市场策略各有利弊，企业在进行营销决策时要具体分析市场状况和本企业自身的特点。在选择目标市场策略时，必须全面考虑各种因素，权衡得失，慎重决策。

（一）国家和各级政府对医疗卫生机构的各项方针政策

方针政策包括布局规定，网点设置准则，服务范围及其远期、中期、近期发展规划，实施时间及规定等。在选择目标市场时必须考虑和遵守这些准则及规定，按整体最优化的方案选择目标市场。

（二）目标市场的特征和自身的特点

在一定范围内，根据任务和实力的不同，选择目标市场。例如，服务范围广，人数多，本身实力强大，并且该地域内没有相同层次的竞争对手的话，可采取无差异目标市场策略。如果在同一地域里，有同等的，实力相当的竞争对手，或本身实力不足的，则应采取差异性医疗器械市场策略，满足部分细分消费者的需求。或者，在建设无差异目标市场的同时，也筹建一个或几个集中性的医疗器械市场。

（三）消费者的普通需求和特殊需求

无论采取无差异目标市场策略还是差异性、集中性目标市场策略，都必须考虑社会上自然人群由于社会、经济等因素的限制、支配，不同阶层的需求档次、水平。因此，必须考虑到既满足普遍需求，也应考虑满足某些特殊的需求。

（四）竞争对手采取的策略

由于众多的企业同时在市场上进行竞争，竞争形势的不同，采取的策略也不同。竞争对手采取的策略是本企业策略选择时必须要考虑的一个重要因素。选择目标市场策略时应考虑的因素是很多的，要根据主客观具体情况分析研究，扬长避短，采用适当策略，争取最大的社会效益和经济效益。

第四节　医疗器械市场定位策略

企业在市场细分的基础上对所分市场进行有效的评价，并选择自己的目标市场，明确企业的服务对象和经营范围，确定目标市场策略。在完成这两项基础性的步骤之后，更为重要的一个环节是市场定位。目标市场定位的实质在于对已经确定的目标市场，从服务的特征出发进行更深层次的剖析，进而确定机构的目标，使之在消费者心目中占据突出的地位，留下鲜明的印象。

一、医疗器械市场定位的概念及特征

"定位"一词是由艾尔·里斯和杰克·屈劳特于1972年提出的，他们说"定位并非对产品本身采取什么行动，而是针对潜在顾客的心理进行的创造性活动。也就是说，将产品在潜在顾客的心目中确定一个适当的位置。"通常，消费者对市场上的产品都有自己的认识和价值判断，并按自己的认识来对所知产品进行描述和排序。从这个意义上说，对于企业，目标市场定位又是一种竞争性定位，市场定位不仅要定位于有别竞争者之处，而且还要具有吸引大量顾客的竞争优势。产品定位是从产品属性角度去比较，本企业产品在与竞争者产品相比较中处于何种位置。竞争定位是从竞争者的竞争策略角度去比较，本企业竞争策略同竞争者的策略相比处在何种位置。因此，我们把市场定位的定义表述为：市场定位是指在目标市场上，本企业和竞争对手相比应处在何种位置的对策。

市场定位具有如下特征：

1. 竞争性

既要与那些已经占领市场的企业竞争，还要与那些与自己处在同一位置的、潜在的竞争者进行竞争，同时还面临着与具有替代功能的产品及其企业的竞争。

2. 主动性

市场定位是企业积极主动的市场行为。这种主动性表现在目标的选择、手段、途径和市场行为等方面。而且这种主动性贯穿于定位行动的始终，要根据市场的变化、竞争者策略的更替，不断地寻求自己最适宜的位置。

3. 灵活性

灵活性就是企业在确定目标市场时或在产品的初创时期，如果发现自己的市场定位目标是不可行的，或寻找到比既定目标更好的目标，应及时调整自己的市场定位目标，寻找自己的最佳市场位置。

4. 进取性

进取性是指企业一旦选定目标市场，立即制定一个长期的战略计划，通过有效的手段，逐渐使顾客理解和正确认识本公司及其产品，最终使消费者的需求动机变为购买行为并成为再次购买的消费者。

医疗器械市场定位是指企业根据目标市场上消费者对服务的重视程度以及自己的产品和服务在市场上的地位，针对竞争者当前所处的位置，对本企业及相关的服务创造并培养一定的个性和形象，通过制定出一系列特定的营销组合来影响潜在顾客对其机构总体感觉的过程。

医疗器械市场的竞争是无处不在的，同种服务由于技术含量、设备的不同而各具特色，要想让本企业的服务在众多的企业中脱颖而出，取得竞争优势，就要在调查研究的基础上，确立一个明确的市场位置，树立一个鲜明的企业形象，形成有竞争力的、差别化的服务特色。

二、医疗器械市场定位的意义

（1）市场定位有利于建立企业的市场特色，使其在目标顾客心目中有一个与众不同的独特形象，形成一种特殊的偏爱，从而在激烈的市场竞争中处于有利的地位。

（2）市场定位是企业制定市场营销组合策略的基础，能使其根据市场定位设计出与之相适应的市场营销组合。例如，某企业为其产品和服务确定的位置是"优质低价"，那么，这样的定位就决定了：必须生产高质量的产品，提供优质的服务，而制定较低的价格；广告宣传的内容要突出强调企业产品质优价廉的特点，要让目标顾客相信，便宜也有好的服务和产品。

三、市场定位的依据

1. 根据具体产品特点定位

构成产品和服务内在特色的许多因素都可以作为市场定位所依据的原则，比如质量、价格等。

2. 根据产品提供的利益定位

产品提供给顾客的利益是顾客最能切实体验到的，也可以用作定位的依据。

3. 根据消费者类别定位

产品和服务的使用者按收入、职业、文化、生活方式等可分为不同的类别，企业有时试图将其产品和服务指向某一类特定的病人，以便根据这些病人的看法塑造合适的形象。

4. 根据竞争的需要定位

企业产品和服务的定位可以避开竞争对手，不与对手直接对抗，将自己置定于某个市场"空隙"，发展目前市场上没有的特色产品和服务，开拓新的市场领域。实际上，许多企业进行市场定位的依据，往往不是一个，而是多个结合使用。因为作为市场定位体现的企业及其产品和服务形象，必须是多维的，应当是一个多侧面的立体。

四、医疗器械市场定位的方法

市场定位是整个市场营销的前提，企业在制定定位策略时，必须先对环境、目标市场和同类产品及目标消费者进行调查研究，必须把定位建立在了解政策环境和市场情况、本企业情况以及消费者心理的基础上。调查消费者在选择服务时的态度并进行系统分析，将目标细分市场的消费者划分为重视形象、价格或重视服务质量等，从而确定产品在市场上的位置。

（一）医疗器械市场定位的方法可以归纳为以下几种

1. 根据产品和服务的特殊属性定位

在同一市场条件下，许多产品和服务属性都有相似之处，而且差异性不大，因而突出本企业产品和服务的某些特殊属性，最有可能形成与众不同的形象，被广大的潜在"客户"接受。

2. 根据特定的消费者定位

企业有时试图把某些服务产品指引给适合的某个细分市场，以便根据那个细分市场的特点建立起恰当的形象。

3. 根据竞争对手产品的定位

在医疗器械市场上发现竞争对手产品和服务的不足之处，对自己的产品和服务进行改善和提高，突出自己产品和服务的优点。

（二）企业在进行定位时要尽量避免发生以下常见的错误

1. 定位不足

指企业差异化设计与沟通不足，消费者对产品难以形成清晰的印象和独特的感受，认为它与其他企业的产品相比没什么独到之处，不容易被消费者识别和记住。

2. 定位过高

指企业将自己的服务范围定位过于狭窄，不能使消费者全面的认识自己的产品特色。

3. 定位模糊

指企业设计和宣传的差异化主题太多，或定位变换太频繁，或者对产品的印象模糊不清。混乱的定位无法在消费者心中确定产品的特点，必定失败。

4. 定位过度

指企业使用过分的宣传给消费者提供了过度的许诺，如包治百病的产品或治疗方法的宣传资料，反而使购买者难以置信。

五、医疗器械市场定位的程序

医疗器械市场定位包括市场定位的过程和市场定位的步骤两方面：

（一）市场定位过程

市场定位过程中至少包括以下几个方面：

1. 识别可能的竞争优势

在竞争激烈的医疗器械市场上，取得竞争优势的关键是使产品产生差异化。一个企业可以通过多个方面的差异使自己区别于竞争对手，对每个可能的谋略，需要估计预计的报酬率。这些可获得高报酬的谋略，正是企业可能的竞争优势。发挥自身的这些竞争优势，就可获得较好的收益。医疗器械企业要想取得好的竞争优势可以从改善以下几个方面进行：

（1）产品差异：使自己的产品如产品的功效、型号、质量、价格、稳定性、安全性、区别于竞争产品。

（2）服务差异：使服务体系不同于其他机构，服务项目的增加和服务质量的提高往往能影响消费者的决定。

（3）人员差异：通过聘用和培训比竞争对手优秀的技术人员来取得更强的竞争优势。

（4）形象差异：企业通过建立于竞争者完全不同的品牌形象，来吸引不同的需求者，一个完整的企业形象包括识别产品品牌的标志，它通过文字、视听媒体和其他可能的途径来传播。要树立良好的形象，企业必须做到广告承诺与实际行动长期一致，如售假赔偿或售后服务等，获得消费者信赖。

2. 选择正确的竞争优势

当企业通过寻找和设计差异时，发现了几种潜在的竞争优势，必须决定要选择推出多少差异因素和哪些差异因素，按照"田忌赛马"的方法，用自己的优势与别人的劣势竞争，并依次建立市场定位战略。

（1）差异数量的选择：关于选择差异的数量，有两种观点：一种观点是广告制作人罗瑟•里夫斯主张的企业为每一种品牌建立唯一的主张，并把产品做成这一特点的行业第一名；另一观点认为企业的定位应该有一个以上的不同因素，若有其他企业也宣称在某一产品特点上最优时，选择多因素进行定位尤为重要。

（2）差异指标的确定：由于并非所有产品差别对消费者都有价值，且每一种差别都会相应地增加成本，所以，企业应谨慎选择运用哪种差别。对消费者来说所选择的差别应该是重要的、持续的、优越的、可提供的，对企业来说是独特的和可赢利的。

3. 明确品牌价值主张

品牌价值主张是定位于富有竞争力的强劲价值，并持之以恒地将此定位的价值交付给消费者。不同的目标细分和定位策略提供消费者不同的价值，品牌的价值主张即是对这些价值的说明，它让消费者明确、清晰地识别并记住品牌的利益点与个性。因此，要想为消费者提供最佳的价值主张，企业可以用市场定位图来选择最佳的位置。

（二）市场定位的步骤

一个完整的市场定位过程，通常应由以下四个步骤所组成：

1. 调查竞争产品和服务

了解竞争产品的形象和品牌在消费者心中实际所处的位置。调查竞争品牌目前的定位，特别是那些有直接竞争的品牌，了解消费者对该产品和服务最为重视的一个或几个特征，消费者对它的评价标准，以及消费者了解该种产品特征的途径等。

2. 初步定位

根据以上信息，依据企业自身的优势和劣势以及竞争品牌已经存在的定位，为本企业的医疗服务产品和服务设计塑造某种个性和形象。要判断所塑造的个性形象是否可行，须依据定位成功的三要素原则：

（1）特色是重点不是全部。

（2）特色具有不可代替性。

（3）特色为消费者接受和认可。

3. 修改定位

方案评估预期定位的可获利性，为确保预期顺利，应在定位市场上再次进行调查以便有足够的、令人信服的证据来证明所选择的定位是正确的。如发现偏差，立即纠正。

4. 准确的传播定位

观念在做出市场定位决策以后，还应大力开展广告宣传，同时避免宣传不当，在公众心中所造成的四种误解：即定位过低、定位过高、定位混乱、定位过度。

六、医疗器械市场定位的策略

医疗器械市场定位策略可以从产品和服务的实体特征、消费者的心理需求和竞争者的服务对比中表现出来，由产品和服务在消费者心中的形象得以体现。

（一）对峙定位

企业根据自身的实力，与市场上实力强劲的竞争对手进行正面竞争，而使自己的产品和服务进入与竞争对手相同的目标市场，争夺同样的顾客。如果实力相当，企业又能赋予服务以新的特色和创意时，可以称为匹敌策略，如果该机构实力强大，产品比竞争者具有明显优势，有把握将多数消费者从竞争者那里争取过来，这种情况我们也称为取代策略。

（二）填补定位

企业为了避免与目标市场上的竞争者直接对抗，通过对市场和现有产品及服务的认真分析，发现实际需求未能很好地满足部分消费者及潜在消费者，开发相应服务以填补市场空白，使自己的服务在某些特征和属性上与强劲对手有明显的区别，并利用营销组合（产品、价格、渠道、促销）去开拓新的市场。

（三）重新定位策略

如果企业不再处于最佳的位置，发生以下情况时，就应该考虑重新定位：

（1）竞争者推出和本企业同类的可代替的新产品，使产品的市场占有率下降。

（2）消费者的需求转移和疾病谱的转变，使消费者形成新的需求从而为企业带来新的机会。

在制定重新定位策略时要考虑重新市场定位的成本和预期效益，而且要考虑到重新定位的新市场中消费者的购买力、竞争者的实力、同类产品和服务的价格水平。

总之，细观今天的医疗器械市场，人们的服务消费需求日趋多样化，企业应该在深入、科学的市场调查基础上，让自己的每一项服务都针对某一细分群体，进行产品概念策划、价格评估定位、分销渠道规划和广告宣传活动。同时，还要不断研究分析动态的市场情况，正确预测消费者需求趋势，不断修正市场定位和制定合适的营销组合计划。

第五章　医疗器械市场组合策略管理

医疗器械企业的市场营销活动主要是产品、价格、分销渠道和促销四大策略的组合运用。任何一个企业在制定市场营销战略计划时，首先需要回答的问题是：企业应该提供什么样的产品或服务去满足市场上的消费需求。为此，首先就要解决产品策略问题。因为市场营销活动其他三大策略都是以产品策略为基础的。事实上，一个医疗器械企业能否在当前激烈的市场竞争中求得生存和发展，从一定意义上讲，关键在于它的产品在多大程度上能够满足消费者的需求。

第一节　医疗器械及其整体概念

一、医疗器械的概念

从现代市场营销学角度看，医疗器械应该是能够满足消费者防病、治病、保健等方面需求的一切有形和无形的物品或劳务，如医疗器械实体（医疗器械、化学试剂、检验仪器和玻璃仪器）、第三方服务以及器械销售的场所等。由此引申出医疗器械的整体概念，也就是说医疗器械营销者向市场提供的应是一个整体产品。

医疗器械的整体概念包含五个层次，即核心产品、形式产品、期望产品、附加产品和潜在产品。

（一）核心产品

核心产品是指消费者购买某种产品所真正追求的利益，因而在产品整体概念中是最基本、最主要的部分。消费者购买某种产品，是为了能够通过使用该产品来满足自身的需要或利益，而不是仅仅为了占有产品本身。例如：患者购买医疗器械的目的是为了预防、诊断、治疗疾病，调节人的生理机能，而不是单纯为了获得这种商品。所以对患者而言，产品的核心价值就是满足患者的这种目的和需要，核心产品向消费者说明了产品价值的实质。

（二）形式产品

形式产品是指核心产品借以实现的形式或目标市场对某一需求的特定满足形式，包括品质、式样、特征、商标及包装。形式产品是核心产品的载体，是消费者能够实际感受到的。如果形式产品是实体物品，则它在市场上通常表现为产品的质量水平、外观特色、式样、品牌和包装等。一般说来，医疗器械的形式产品由五个标志构成，即质量、规格、型号、品牌和包装。产品的基本效用必须通过这些具体的形式才能够得以实现。人们对于无形产品（如服务）所具有的产品整体特点不太了解。如医疗服务机构提供的医疗服务是一种无形产品，其形式产品包括服务质量、服务水准、服务人员的专业资格等。总之，形式产品向人们展示的是产品的外部特征，它能满足同类消费者的不同需要。

（三）期望产品

期望产品是指购买者购买产品时期望的一组属性和条件。例如，消费者对医疗器械的期望是疗效好、副作用小、安全性高、服用方便等。

（四）附加产品

附加产品也称延伸产品，是指顾客在购买有形产品时所获得的全部附加服务和利益，如提供信贷、免费送货、质量保证、安装维修、销售服务、技术咨询和说明书等。医疗器械的附加产品有产品咨询、使用指导、免费送货、售后服务等。附加产品附属于产品整体，其作用主要是为了鼓励和方便消费者购买该产品。其概念来源于消费者对于市场需求的认识，因为消费者购买产品的目的是为了满足自己的某种需求，因而他们希望得到与满足该项需求相关的一切产品或服务。产品的整体概念的内涵和外延都是以消费者的需求为标准，以消费者的需求来决定的。

（五）潜在产品

潜在产品是指该产品最终可能会实现的全部附加部分和新转换部分，或者说是指与现有产品相关的未来可发展的潜在性产品。潜在产品指出了产品可能的演变趋势和前景。

以上五个层次，就构成了市场营销学中产品整体概念的基本内容，即：

产品整体概念 = 核心产品 + 形式产品 + 期望产品 + 附加产品 + 潜在产品

根据产品的整体概念可以得出：医疗器械的整体概念是构成满足防病治病需要的系统，这个系统中既有有形的物质产品，也有无形的服务产品，是由核心产品、形式产品、期望产品、附加产品和潜在产品组成。医疗器械的核心产品是疗效和消费者的基本利益。疗效和质量是医疗器械不可分割的统一体，是消费者追求的实际利益。医疗器械的形式产品是指满足使用需要的各种不同形式，包括型号、商标、包装、说明书等。医疗器械的附加产品可以体现为给医生和患者提供的一系列附加价值，包括为医院、医生、患者提供的售前、售中、售后服务。医疗器械的整体概念充分体现了以消费者需求为中心的现代市场营销观念。可以预计，随着科学技术的不断进步和消费者需求的日益多样化，医疗器械整体概念还有不断扩大的趋势。

二、医疗器械的分类

常见的医疗器械分类方法，是在不同的用途中采用不同的分类方法：

（一）按监督管理分类

监督管理分类主要根据《医疗器械分类目录》进行。

1. 器械类

2. 设备器具类

3. 大型医用设备类

4. 植入、介入及人工器官类

5. 医用材料类

6. 一次性无菌类

7. 软件类

8. 验配类

（二）按医疗功能性分类

1. 诊断性：物理诊断器具（体温计、血压表、显微镜、测听计、各种生理记录仪等）；影像类（X 光机、CT 扫描、磁共振、B 超等）；分析仪器（各种类型的计数仪、生化、免疫分析仪器等）；电生理类（如心电图机、脑电图机、肌电图机等）等。

2. 治疗性：普通手术器械、光导手术器械（纤维内窥镜、激光治疗机等）；辅助手术器械（如各种麻醉机、呼吸机、体外循环等）；放射治疗机械（如深部 X 光治疗机、钴60 治疗机、加速器、伽码刀、各种同位素治疗器等）；其它类：微波、高压氧。

（三）按器械等级分类

第一类：通过常规管理足以保证其安全性．有效性的医疗器械；

第二类：对其安全性、有效性应当加以控制的医疗器械；

第三类：植入人体，用于支持、维持生命；对人体具有潜在危险，对其安全性、有效性必须严格控制的医疗器械。

第二节　医疗器械生命周期及营销策略

一、产品生命周期的概念

产品和人一样也是有寿命的（这里说的寿命是指产品的市场寿命而不是使用寿命）。

因此，产品策略和营销组合计划是十分重要的。竞争者总是在从事产品开发，更新换代，甚至仿制别种产品的活动，这些都会加速现有产品的过时。

市场营销学上把一种产品从试制成功投入市场开始到最终被淘汰退出市场为止所经历的全部时间称作产品的生命周期。对产品生命周期的分析，主要是通过对产品的销售量或利润随时间的变化来进行研究。医疗器械也不例外，其生命周期大致可以分为四个阶段，即投入期（或导入期）、成长期、成熟期和衰退期，呈一条近似 S 型的曲线，如图 5-1 所示。

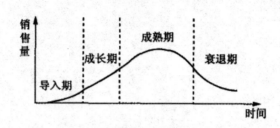

图5-1　典型的产品生命周期图

产品生命周期的引入首先为企业明确了四个问题：产品的生命是有限的；产品销售要经过不同阶段，每一阶段对销售的要求不同；在产品生命周期的不同阶段，利润有升有降；在生命周期的各个不同阶段，产品需要不同的营销策略。

二、医疗器械生命周期各阶段的特点与营销策略

产品生命周期的不同阶段具有不同的特点，为使企业的产品组合处于最优状态，需要有针对性地制定产品在生命周期不同阶段的营销目标和营销策略。

（一）投入期

投入期是指新产品投入市场的初期阶段。投入期开始于新产品首次在市场上普遍销售之时。新产品上市后，由于消费者对其不了解，销售增长缓慢。为提高和建立新产品的知名度和完善销售渠道，企业需要大量费用进行促销——介绍产品，吸引消费者试用。因此，产品在这个阶段的特点是：产品销量小，制造成本高，促销费用高，销售利润常常很低甚至亏损。在这一时期，企业常采取以下四种策略：

1. 快速掠取策略（高价高促销策略）

即以高价格和高促销费用推出新产品，以求迅速扩大销售量，取得较高的市场占有率。高价格是为了尽快从单位销售额中获取高额毛利；高促销费用是为了迅速提高产品的市场占有率，使潜在顾客相信新产品的高价值。本策略的目的是：迅速收回成本并提高市场占有率。这种策略适用于以下几种情况：

（1）潜在市场上的大部分消费者还不知道该产品。

（2）知道该产品的消费者有求新心理，急于购买新产品，并愿意为此付出高价。

（3）面临潜在竞争的威胁，高水平的促销能尽快促使顾客对品牌产生偏好。

2. 缓慢掠取策略（高价低促销策略）

即采取该方法推出新产品时，高价格和低促销费用相结合可以使公司获得更多的利润。本策略的目的是：获得最大的利润。这种战略适合以下情况：

（1）目标市场的潜力或者规模有限。

（2）大部分顾客知晓这种产品。

（3）新产品的独特性、新颖性使得顾客愿意以高价购买。

（4）潜在竞争并不紧迫。

企业以该方法推出新产品时，高价格可以使企业迅速收回成本，增加利润，低促销费用又可减少营销成本。

3. 快速渗透策略

即采取低价格、高促销费用的方法推出新产品。其目的在于先发制人，以最快的速度打入市场。该战略可以给公司带来最高的市场渗透率和市场占有率。该策略适用于以下情况：

（1）产品的市场容量很大。

（2）潜在消费者对该产品不了解，大多数购买者对价格十分敏感。

（3）潜在竞争比较激烈。

（4）产品的单位制造成本可随着生产规模和销售量的扩大而迅速下降。

企业采用该方法时，低价格可以吸引尽可能多的消费者购买该产品，大规模的促销活动可以刺激消费者的购买欲望。

4. 缓慢渗透策略

即采取低价格、低促销费用的方法推出新产品。低价格是为了促使市场迅速接受新产品，低促销费用可以实现更多的净利润。本策略的目的是：以低价吸引更多的消费者，使消费者尽快接受新产品；以低促销费用降低成本，实现更多的盈利。这种战略适用于以下情况：

（1）市场庞大，新产品适用面广。

（2）潜在顾客易于或者已经了解该产品而且对价格十分敏感。

（3）有相当的潜在竞争者准备加入竞争者行列。

医疗器械投入期需要高水平的促销努力，以达到：①告诉医生和患者新产品；②引导他们使用该产品；③快速建立进入医院及药店的销售通路。

在医疗器械的投入期，国外厂家大多是先推出或创造一个概念，然后利用专家的影响、学术的支持、媒体的广告、医疗器械代表的推广，让大家接受这一概念，从而接受与这一概念相配套的产品。

（二）成长期

当产品销售量开始迅速增长，利润由负变正时，则投入期结束，进入成长期。成长期是指产品销售量（额）和利润额迅速增长的阶段，此时两者的增长率都较高。进入成长期后，由于新老消费者的购买使得销售量激增，企业利润迅速增长并达最大；随着销售量的增大，企业生产规模也逐步扩大，产品成本逐步降低，新的竞争者会投入竞争；随着竞争的加剧，新的产品特性开始出现，产品市场开始细分，销售渠道增加；企业为维持市场的继续成长，需要保持或稍微增加促销费用，但由于销售量增加，使得平均促销费用有所下降。在这一时期，企业常采取以下策略：

1. 产品策略

是指在提高医疗器械质量的同时通过改变产品的式样和包装，或者增加产品的新用途，来提高产品的竞争力，吸引更多的消费者。如"创悦无菌护创液体敷料"由原来的 10ml 装改为 2ml 的小包装后，减少了不必要的浪费，也降低了患者的费用。

2. 渠道策略

是指根据消费者的需求差异进一步对市场进行细分，建立广泛的医疗器械销售网络，积极寻找和进入新的细分市场。如"粪菌移植"由原来的治疗梭状芽孢性肠炎市场进入治疗代谢性疾病这一细分市场。

3. 促销策略

是指改变产品宣传的重点，使产品宣传的重心从建立产品知名度转到树立产品的品牌上来，以争取更多的消费者。

4. 价格策略

是指在适当的时候降低产品的价格或对产品进行打折销售，以吸引对价格敏感的消费者购买产品。

成长期是医疗器械企业进行销售的黄金阶段，这时期的营销策略应该着重于保持良好的医疗器械质量和服务质量；企业在追求产品销量和利润的同时要加强产品的品牌宣传，树立产品声誉和企业信誉。

（三）成熟期

产品经过成长期的一段时间后，销售量的增长开始减缓，利润开始缓慢下降，这时产品开始走向成熟期。成熟期的特点是产品销量的增长速度减缓产品销售逐步达到最高峰后开始缓慢下降；产品成本和价格也因大批量生产和销售而开始大幅下降；产品销售利润也开始下降；市场竞争日益加剧，各种品牌、各种款式的同类产品不断出现。在这一时期，企业常采取以下策略：

1. 市场改进策略

即主动寻找市场机会，开发新市场，寻找新客户。企业可以通过三种方法来扩大产品的客户量：

（1）转变还未使用该产品的客户的习惯，不断地说服医生使用该产品。

（2）进入新的细分市场。

（3）争取竞争对手的顾客。

2. 产品改进策略

即将产品的某一部分进行显著变革，以便吸引新顾客，维持老顾客。医疗器械企业可以通过将产品的质量、特点以及包装改进后再将其推向市场。

（1）质量改进策略：目的在于增加产品本身的功能特性，如安全性、可靠性、新颖性等，常用"更强""更大""更好"等术语进行广告宣传等。

（2）特点改进策略：其目的在于通过增加产品的新特点，扩大产品的适应证来使这一成熟的老产品又以新的面孔推向市场。如"经内镜肠道植管术"中使用的"一次性使用内窥镜给药管"，其发明是为植入"菌群"，但在临床使用后发现其对灌肠帮助更大，从而使这一产品成功进入了这一新的细分市场。

（3）剂型改进策略：其目的在于使每个厂家通过改变剂型来增加疗效或方便使用。如将原来的西甲基硅油使用前需要临时配制改为配制好的"肠道祛泡液"，使临床使用更为方便。

3. 营销组合改进策略

即产品的管理者通过对成熟产品营销组合中的非产品因素（如价格、分销、广告、销售促进、人员推销服务等）进行合理有效地调整来刺激成熟产品的销售。

4. 开发新产品

即加强科学研究，积极研制新产品，为产品升级换代做准备。

（四）衰退期

在成熟期后期，产品的销售量开始从缓慢增加逐步变为缓慢下降，如果销售量的下降速度开始加剧，利润水平很低，这时就可以认为这种产品已经进入衰退期。产品在衰退期的主要特点是：产品的销售量急剧下降，企业从这种产品中获得的利润很低甚至为零；消费者对该产品的消费习惯已发生转变等。在这一时期，常采取以下策略：

1. 继续策略

就是继续沿用过去的策略，仍然按照原来的细分市场，使用相同的销售渠道、定价及促销方式进行销售，直到这种产品完全退出市场为止。

2. 集中策略

就是把企业的资源集中在最有利的细分市场、最有效的销售渠道和最易销售的产品上。

这样既能缩短产品退出市场的时间，又能为企业创造更多的利润。

3. 收缩策略

就是大幅度降低促销费用，以增加目前的利润。这样可能会使产品在市场上的衰退进一步加剧，但却能从忠实于这种产品的消费群体中获得利润。

4. 放弃策略

就是对于衰退地比较迅速的产品放弃经营。企业既可以采取完全放弃的策略，也可以采取逐步放弃的策略。

第三节　医疗器械品牌策略与商标策略

品牌是企业的一种重要的无形资产，是整体产品概念的重要组成部分。这种无形资产所创造的经济效益往往使有形资产相形见绌，因此医疗器械企业应努力争创名牌，保护名牌，这是企业市场营销策略中的一项重要内容。

一、医疗器械的品牌策略

（一）产品的品牌

产品的品牌是商品制造商或经销商加在商品上的标志，它包括品牌名称、品牌标志和商标三部分，品牌通常由文字、标记、符号、图案和颜色等要素组合构成。

1. 品牌名称

品牌名称是指品牌中可以用语言称呼的部分，即品牌中的可读部分，如"奥亿斯"、"科医思"等。产品的品牌名称通常由产品的商品名构成。

2. 品牌标志

品牌标志是指品牌中可以被认出，但不能用语言称呼的部分，如符号（记号）、设计、与众不同的颜色或印字如"FMT"等。

3. 商标

我国现行《商标法》第四条规定："自然人、法人或其他组织对其生产、制造、加工、拣选或者经销的商品，需要取得商标专用权的，应当向商标局申请商品商标注册。自然人、法人或者其他组织对其提供的服务项目，需要取得商标专用权的，应当向商标局申请服务商标注册。"这一规定，实际上已经暗含了"商标是区别不同商品或服务的标记"这一基本含义。

根据法律规定，在我国医疗器械包装上可以使用注册商标。医疗器械企业在注册商标时，不能把医疗器械的通用名称注册为商标，但可以将其商品名注册为商标。

（二）品牌的作用

在现代市场营销中，品牌的作用具体表现在以下几个方面：

1. 品牌代表产品的质量和特色

品牌往往可以代表产品的质量和特色，这样既便于生产者管理订货，也便于购买者识别。在一般消费者心目中，许多商品的品牌已被牢固地定位，只要提到这一品牌名称，人们就能知道其产品特色。

在消费者心目中，品牌又代表了其产品的特征，如欧美国家医疗器械企业所生产的名牌产品，在市场上往往成为优质产品的象征。

2. 品牌监督着企业产品质量

品牌能够促使企业保证其产品的质童。企业需投入大量的成本才能在消费者心目中树立起自己的品牌形象，只有通过长期保证其产品质量才能保持来之不易的品牌形象，才能在顾客中建立良好的声誉。所以企业为了创造出驰名品牌或者保持品牌已有的市场地位，必须始终一贯地保证名牌所代表的产品质量水平。如北京同仁堂人人皆知的在质量工作上必须坚持"两个不敢"，即："炮制虽繁必不敢省人工，品级虽高必不敢减物力"。正是同仁堂精益求精的质量观促使同仁堂不断走向发展壮大。

3. 品牌有利于产品销售，形成品牌偏好

品牌是产品质量的标志，品牌宣传能够产生较好的效果。如在大众媒介反复宣传，在包装上经常出现，就会给人们留下深刻的印象，易于引起消费者的注意并重复购买，从而稳定和扩大销售，增加效益。著名的品牌可使产品大幅度增值，大大提高企业的收益。

4. 品牌有利于控制和扩大市场

品牌经注册登记后成为注册商标，就使企业的产品特色能够得到法律保护，防止他人的模仿、抄袭或假冒，从而保护了企业的正当权益。有些企业虽然对产品进行了命名，设计了标志，甚至创出了名牌，但却没有给其品牌进行注册，从而得不到法律的有效保护，而且还可能导致品牌被他人抢注。

5. 品牌是企业控制市场的武器

市场竞争的手段之一是取得有效的市场控制权。厂商如果有了自己的品牌，就可以与市场直接沟通，形成自己良好的品牌形象，通过品牌来控制市场。

品牌关系到企业的市场空间。无论是国际市场还是国内市场，供大于求的矛盾都越来越突出。在如此严峻的市场环境下，一些世界知名品牌的市场份额不但没有减少，反而越来越大；而没有品牌的企业则只能在"夹缝"里生存。品牌是开拓市场、占领市场的重要武器。

（三）产品的品牌策略

企业在营销过程中，需要根据市场情况、企业产品的特点和自身资源的情况，制定出相应的品牌策略。企业在制定品牌策略时，有以下几种决策可以选择：

1. 品牌化决策

企业决定是否给企业的产品起名字，设计牌号，这称为品牌化决策。一般说来，品牌在商品销售中可以起到很好的促销作用。由于存在严重信息不对称，消费者很难了解到产品的质量和疗效的好坏，他们通常通过品牌来影响其购买行为。在商品经济高度发展的条件下，市场上几乎所有的商品都有牌子，但近几年来，美国等发达国家又出现"非品牌化"趋势，就是有的产品不用品牌，目的是节省设计费用，增强竞争力，如无品牌的产品价格通常比有品牌的低 30% 左右。

2. 品牌归属决策

实施品牌化首先面临的一个问题，就是品牌的归属问题，即品牌的所有权归谁，品牌归谁所有，由谁负责。对于产品制造者来说，有三种方法可供选择：一是制造商品牌，也称全国性品牌；二是中间商品牌，或称专用品牌、商店品牌或私人品牌，即中间商向制造商大批购进产品，然后用自己的品牌上市；三是上述两种品牌同时共存。在我国的医疗器械行业中，多采用制造商品牌。我国的一些医疗器械企业所生产出来的优质产品，被国外的企业以低价买回去后打上自己的品牌，再返回中国市场以高价出售，这就是中间商品牌。

3. 统一品牌和个别品牌策略

企业生产的不同种类、规格、质量的产品是分别使用不同的品牌名称，还是全部统一使用一个品牌名称，有四种品牌策略可供选择：

（1）个别品牌。即企业将不同的产品分别使用不同的品牌。使用个别品牌的好处首先是能更贴切地表现产品特征；其次，虽然每次推出新产品的费用、风险较大，但如果新产品在市场上销路不畅，不会影响原有产品的品牌声誉；第三，当企业同时经营档次、品质相差甚远的产品时，不会出现互相牵制的后果。个别品牌的最大缺点是企业的精力和投资较为分散，企业发展受品牌的生命周期影响较大。

（2）统一品牌。即企业将所有的产品都统一使用同一个品牌名称。使用统一品牌的最大好处是能够充分利用各子品牌的优势来不断积累品牌资源，在同一品牌形象下不断推出新产品，这样可以不同程度地节省每次推出新产品的促销费用，并且能够充分显示企业经营种类的齐全，因此为当今众多国内外著名大公司所采用。统一品牌的不利之处在于：如果某次推出的新产品出现问题，就有可能影响整个企业的声誉。此外，如果企业经营的品种在性能、品质、价格档次上相差甚远的话，用同一品牌反而会模糊产品形象。

（3）分类品牌。即企业经营的各类产品之间的差别非常大，必须根据产品的不同分类归属，分别为各类产品命名，一类产品使用一个品牌。

（4）企业名称加个别品牌。即企业决定其各种不同的产品分别使用不同的品牌，而且各种产品的品牌前面还冠以企业的名称。采用这种策略的好处是：在各种不同新产品的品牌名称前冠以企业的名称，可以使新产品合法化，有益于企业的声誉；而各种不同的新产品分别使用不同的品牌名称，又可以使各种不同的新产品各具不同的特色。

4. 品牌扩展策略

品牌扩展策略也称品牌延伸策略，是指企业利用已经出名的品牌推出改进型产品或新产品。品牌的延伸力来自于品牌形象。当品牌形象的核心即品牌概念可以独立于产品存在时，就可以认为品牌概念与产品之间有了一定距离，这个距离就叫品牌半径。品牌半径所覆盖的就是这个品牌可以延伸的产品范围。

品牌延伸的意义不外乎两个方面：一是规避风险，二是扩张企业。如果企业只有一个品牌产品，那么企业、品牌、产品的生命则连在一起，一损俱损，一荣俱荣，这无疑要担很大风险。而追求安全和发展是企业的根本目的，为了让企业避免吊死在一棵树上的悲剧，适当的品牌延伸是必要的。

5. 多品牌策略

这是指企业在同一种产品上设立两个或两个以上相互竞争的品牌。多品牌会影响原有单一品牌的销售量，但可以满足不同消费者的需求，占据较大的市场份额。

但是该策略存在一个主要的缺陷：每一品牌都只获得很小的市场份额，没有一个品牌是市场的领头羊。企业的资源多方面配置，反倒鼓励了自身品牌之间的竞争。

6. 品牌再定位策略

这是指企业全部或局部调整或改变品牌在市场上的最初定位。再定位的目的是使现有产品具有与竞争者产品不同的特点，与竞争者的产品拉开距离。

二、医疗器械的商标策略

将产品的商品名注册为商标，对保护产品的知识产权有着非常重要的作用。因为不管是行政保护还是专利保护，都有保护期限，一旦保护期满，该成果就成为全社会共同的财富。而一旦将产品的商品名注册为商标，虽然保护期只有十年，但商标权可以续展，使商标权的保护期限可以无限期地延续下去，该商品名将永远受到法律保护，企业对该产品的商品名享有永久占有权。

凡经国家有关部门注册，受法律保护的品牌都是商标。所有的商标都是品牌，但并非所有的品牌都是商标。商标具有排他性，有专门的使用权。

（一）商标的设计与商标的管理

商标的设计是否得当，与企业的经济效益关系重大。从营销学角度来讲，一个良好的商标设计应符合以下原则：

（1）要符合市场所在地的法律规范。

（2）能够表示产品特色。

（3）造型美观、构思新颖便于识别与记忆。

企业的商标管理应以有关法律为依据，遵守商标法的规定不乱用商标。所谓乱用商标主要是指：

（1）使用未经注册的商标。

（2）仿冒其他企业的商标。

（3）未经批准，自行修改商标图样。

（4）将此类商品的注册商标任意使用在别类商品上。

（5）自行转让商标等。

建立健全商标管理制度是为了防止商标使用上的混乱现象。企业的商标管理制度的内容包括：

（1）建立商标档案，做到有案可查。

（2）审查商标设计，保证顺利注册登记。

（3）了解商标的使用效果。

（4）积累改进商标设计和使用的资料。

（二）创新商标策略

该策略又称更换商标策略，它包括两种类型：骤变和渐变。骤变就是舍弃原有商标，而采用全新的商标；渐变就是逐渐改变原有的商标，使新商标与旧商标在图案、符号、造型上很相似。

第四节　医疗器械包装策略

一、包装的含义和作用

（一）包装的含义

所谓包装，是指产品在到达购买者手中的过程中，为了保护产品、方便储运和有利于销售而采用适当的材料、容器和各种辅助物对产品实行的一种技术经济保护措施。具体而言，包装具有两个方面的含义：

1.静态含义

是指能合理容纳产品、抵抗外力、保护产品并宣传产品的物件，也即包装器材或包装工具。

2. 动态含义

动态含义是指包裹、捆扎产品的工艺操作活动，即包装技术或包装方法。

市场营销学认为，产品包装一般包括三个部分：

（1）首要包装，是最贴近产品的直接包装。

（2）次要包装，是用于保护首要包装的第二层次包装，一般在产品使用时被丢弃。

（3）运输包装，是指储存、运输和识别产品所用的包装，又称大包装、外包装。医疗器械的包装可以分为下面两种：

内包装，主要是产品的首要包装，是指直接与产品接触的包装，如盛装产品的透析袋、吸塑盒等，用于保护产品在生产、运输、储存及使用过程中的不受损坏以致降低质量，并便于医疗使用。

外包装，是指内包装以外的包装，其由里向外分为中包装和大包装。外包装应根据产品的特性选用不易破损的材料，主要是为了在流通过程中保护产品，方便储运和搬运。此外，标签也可视为包装的一个组成部分，它是由附在包装上的图案和说明文字构成，常常和包装物合为一体。

（二）产品包装的作用

保护产品质量完好无损、促进销售、方便运输等是产品包装的重要目的。对于医疗器械产品而言其意义更为突出：

1. 保护医疗器械产品

医疗器械从出厂至到达使用者手中为止的整个过程中，要经过多次运输和储运环节，在运输过程中会有震动、挤压、碰撞、日晒、雨淋等损害；在储运过程中也会遇到虫蛀、鼠咬、腐蚀等情况。即使到了使用者手上，从开始使用到使用完毕也还有存放的需要。因此必须有良好的包装，才能使产品免受损坏。

2. 便于运输、携带和储存

医疗器械有管桩、柱状、不规则状等不同的形态，它们的理化性质也各不相同，这些都只有加以合适的包装，才便于运输、携带和存放。绝大多数医疗器械产品在储存中需要防潮、防碎，一些特殊产品在运输过程中需要防震、防爆。特殊产品中的有毒品、危险品更需要有特殊的包装。良好的包装可以使医疗器械产品的质量在整个流通过程中不发生变化，从而保证其使用价值的实现。

3. 指导消费，便于使用

产品包装上都附有文字说明，具体介绍产品性能和各种注意事项，可以起到便于使用和指导消费的作用。此外产品在包装上说明用法、用量及禁忌等，也是为了便于使用。

4. 美化产品、促进销售

产品采用包装以后，首先能够引起消费者注意的往往不是产品本身而是产品的包装。

独具个性，精美的包装可以增加产品的美感，刺激消费者的购买欲望。所以包装的功能更集中于增强产品的吸引力，促进销售，尤其是家用运动健康产品，包装就显得更为重要。

5. 增加利润

包装是产品的一个组成部分，优良精美的包装有利于提高产品的档次，从而提高产品的身价，消费者愿意付出较高的价格来购买，超出的价格往往高于包装的附加成本。同时，由于包装的完善，产品损耗较少，从而使企业的盈利相对增多。

二、医疗器械的包装策略

（一）类似包装策略

类似包装策略是指企业将其所生产的各种不同产品，在包装外形上采用相同的图案、近似的色彩及其他共同的特征，使消费者或用户极易联想到这是同一家企业生产的产品。

类似包装策略的优点是：

（1）有利于壮大企业声势，扩大企业影响，特别是新产品初次上市时，可以用企业的声誉消除用户对新产品的不信任感，使产品尽快打开销路。

（2）有利于节省包装设计费用。

（3）有利于介绍新产品。

但是，类似包装策略只适用于同一质量水平的产品。如果各种不同种类产品的质量相差过于悬殊，则使用这一包装策略就会增加低档产品的包装费用，或使优质产品蒙受不利的影响，故要区别对待。

（二）异类型包装策略

异类型包装策略是指企业的各种产品都有自己独特的包装，在设计上采用不同的风格、不同的图案设计、不同的材料。这种包装策略的优点在于不致因某一产品营销的失败而影响其它产品的市场声誉；不足之处在于相应地增加了包装设计费用，尤其是新产品进入市场时，需要增加更多的销售推广费用。

（三）组合包装策略

组合包装策略是指两种或两种以上具有独立的适应证和使用方法组成的包装，即企业将两种或两种以上的产品，配套组合在同一包装物内，如家庭常用"急救箱""急救盒"等。这种策略的优点是：给消费者提供方便；能够起到扩大销售量的作用；特别有利于新产品的销售。这种策略的缺点是：只能适应一些最基本的产品。

（四）再用包装策略

再用包装策略即原用途的包装使用完之后，空的包装物可以再用于其他方面。再用包装策略有两种形式：一种是使包装多次回收再用，以吸引消费者重复购买这种产品，另一种是将包装物内的产品使用完后，包装物可转做他用。如消费者将杯状容器中的"止咳糖浆"服用完之后，剩下的容器可以当茶杯使用等。这种策略的优点是：买一种商品可以带来多种用途，增强了产品的吸引力；若包装上印有文字说明，重复使用包装物能起到广告宣传的作用。

（五）附赠包装策略

主要是指通过赠物引起消费者的购买动机和欲望。附赠包装有两种形式：一种是包装品本身就是附赠品，接受这种附赠品的对象往往是商店的售货员，可以促使其多卖本企业的商品；另一种是包装里面附有赠品，如碘伏包装盒中的棉签等。有的附赠包装还带有系列性，即购买某种商品一定数量时，所获得的赠品就可以组成一种商品。

（六）等级包装策略

主要是按照产品的档次来决定产品的包装，即高档产品采用精美的包装，以突出其高价优质的形象，低档产品采用简单包装，以突出其经济实惠的形象；或者按照消费者购买的目的不同对同一产品采用不同的包装，如馈赠亲友的产品包装得精致漂亮，自用的则包装得简朴些。高值耗材、特殊功能的产品等常采用这种包装策略。

第五节　医疗器械新产品开发策略

一、医疗器械新产品及其分类

从产品生命周期理论可知，市场上没有畅销不衰的产品，企业的生存和发展的关键在于是否重视产品创新。任何一种产品随着时间的推移和科学技术的进步，都会被技术更先进、功能更齐全、性能更好的新产品所替代。企业如果能够不断开发新产品，就可以在原有产品退出市场时利用新产品占领市场，使企业在任何时期都有不同的产品处在生命周期的各个阶段，从而保证企业利润的稳定增长。所以新产品开发是企业经营的一项重大决策，是产品策略中的一项重要内容。

（一）医疗器械新产品的定义

是指国内市场尚未出现过的或者安全性、有效性及产品机理未得到国内认可的全新的品种。

（二）医疗器械新产品开发步骤

1. 医疗器械设计与开发输入

这一阶段要做什么事情呢？明确你要设计开发的产品，也就是说你要开发一个什么样的产品出来，以及怎么把这个产品开发出来。

（1）产品综述

产品预期用途、功能、性能、管理类别、结构组成、规格型号、主要材料、标签、包装、灭菌方式、有效期。

（2）产品设计与开发策划/计划

设计开发的人员与职责、时间、各个阶段的输入与输出、各个阶段的工作内容与目标、资源需求。

（3）风险分析

风险管理（参考 YY/T0316，制定风险管理计划、实施风险管理、对过程进行评审、汇编报告、批准报告）

（4）适用的法律法规/标准

应列出一个详尽的清单，也可以并在产品综述中。这个清单中的所有文件应有版本号、年代号或实施日期。

2. 医疗器械设计与开发输出

在我们完成了输入以后，就进入了设计与开发的实施阶段，在实施过程中就会有输出产生出来，而如实、详实记录我们这个实施过程所形成的文件、记录就形成了输出的记录，而最终版本的文件和记录，则是我们需要的"输出文件和记录"。这个过程是不是规范，是不是科学的、合理的，则会对研发效率、研发质量、研发成本产生重大影响。这是一个需要平衡的过程。

（1）产品图纸

总装图、部件图、零件图、原理图、框图、工艺图、运动状态图。

（2）技术要求

应按照国家局发布的《医疗器械产品技术要求编写指导原则》（国家食药总局 2014 年第 9 号通告，2014 年 5 月 30 日发布）编制。

技术要求主要内容是：型号规格、性能指标、试验方法、术语。试验方法内容较多时可采用附录的办法附加到正文后边。

（3）试验和验证记录、方案、报告

产品试验，如试制过程中的试验、成品的试验、某项性能的试验；

包装的试验/验证；

材料的试验和验证；

老化试验；

稳定性、可靠性试验；

关键工艺可行性、可靠性、稳定性验证；

灭菌的验证；

与其他器械的兼容性试验；

生物相容性试验；

可沥滤物的试验。

（4）说明书、标签

按照国家食药总局《医疗器械说明书和标签管理规定》（国家总局局令 6 号令，2014年 7 月 30 日发布，2014 年 10 月 1 日实施）编制。

（5）工艺文件

工艺流程图、作业指导书。

（6）检验文件

进货检验规程；

过程检验规程；

出厂检验规程。

（7）采购文件

外购件技术要求；

外购件清单。

3. 医疗器械设计与开发评审

设计与开发的评审，包含了对设计输入和设计输出的评审，目前我公司还没有建立评审通过与否的标准，这是需要改善的地方。通过评审，能发现输入的不足、错误、矛盾，通过评审，可以发现输出的不足、错误、矛盾，从而找出改善的方向，以确保医疗器械的成品在上市前其过程的规范性、产品的安全性、有效性。评审是一个比较的过程，所以一定要有一个标准，没有标准就无法判定一个事物是否符合要求。

（1）符合性

标准的符合性；

法规的符合性；

临床应用要求的符合性。

（2）完整性（充分性）

成本、工艺可行性、采购可行性、销售可行性、生产效率、美学、人机工程、运输、贮存、使用；

类似的设计经验是否考虑（失败的、成功的）。

（3）必要性

有没有多余的、不必要的考虑因素而使问题复杂化？

4. 医疗器械设计与开发验证

关于设计与开发的验证，这方面的论述并不多，验证什么呢？这里主要是指产品的验证，验证的方法标准（YY/T0287-2003）中也有一些阐述，主要是：

计算、文件评审、试验、检验。

5. 医疗器械设计与开发确认

临床评价（包括了非临床研究以及临床试验两部分）。对于医疗器械的临床评价，分为以下几种情况：

列入《免于进行临床试验的医疗器械目录》产品的临床评价要求；

通过同品种医疗器械临床数据进行临床评价的一般要求；

通过临床试验进行临床评价。

6. 医疗器械的设计与开发转换

通过小样、试产的过程把产品转换成批量生产的过程。

7. 医疗器械设计与开发更改

研发过程中的更改；

研发后的更改。

8. 注册

设计确认完成后才是注册工作的开始，这个时候我们需要整理注册资料，如果设计与开发过程是完善的、规范的，那么注册资料的整理相对而言就是简单的、轻松的。

二、医疗器械新产品开发策略

1. 创新产品的研究开发成本高

医疗器械创新产品的研究开发是一项综合运用多种学科知识和高新技术的系统工程，需要掌握相关知识与技能的高级科技人才、高科技含量的仪器和设备，投入费用多、研发周期长决定了新产品研究开发成本相对较高。

医疗器械创新产品研究开发的投入高，失败率也高，由此决定了医疗器械研究开发具有明显且突出的高风险的特点。医疗器械创新产品的研究和开发是一个复杂、长期而又充满挑战的过程，且在每一阶段都存在着失败的高风险，即使一个最有希望的新产品研究，也有可能中途夭折。一个大型医疗器械公司每年会做上万种次试验，其中只有一二十种能够通过无数次的检测和试验，满足新产品的开发要求，这一研究开发过程可能需要数年。

3. 开发成功的创新收益高

医疗器械创新产品研究开发的成功意味着垄断市场的形成。一种新产品被批准上市后，开发企业按专利法等知识产权法规的规定垄断了该种产品的生产和销售，从而能够获得高额的垄断利润。

（二）医疗器械创新产品开发的原则

1. 产品要有一定的市场

医疗器械创新产品是指未在我国上市销售的产品。事实上并不是所有的产品都值得投资，产品是否具有开发价值，要看其是否有较高的市场需求和较强的竞争力，具体就是产品的新颖性及安全性和有效性、生产成本和工艺等方面是否具有优势，而有经验的临床医生在这些方面很有发言权。因此，在引进或开发新品种时，最好听取相关专业临床医生的意见，以了解现有品种的优缺点和市场有无对新产品需求，而不只是从技术角度来判定产品的开发价值。新产品一定要有市场，这是新产品开发的最基本的原则。

2. 产品要有一定的特色

新产品与老产品相比必须要有某些优点，在疗效、质量、便利性、安全性、型号和外观等方面有所创新，这样才能使新产品有市场前景。

3. 企业要有一定的生产能力

企业应根据自身的能力，确定新产品的开发方向。在开发新产品时既要符合市场需求，又要能够发挥企业的优势，并能形成一定规模的生产能力以取得较好的规模效应。

4. 要有一定的经济效益

器械公司开发新产品，必须进行成本效益的比较及技术经济方面的可行性分析。要尽量发掘企业现有的生产能力，综合利用原材料，尽可能降低成本，确保企业新产品开发的经济效益。

（三）医疗器械企业创新产品的开发方式

医疗器械创新产品的开发有很多种方式，主要可以分为下面几种：

1. 技术引进型

通过引进市场上已有的成熟技术来发展新产品，采用这种方式投资少见效快，是企业在新产品开发中常用的一种方式。

2. 研制与引进相结合的型

这种开发方式有两种类型：一是医疗器械企业在原有技术的基础上引进某些先进技术，以弥补自己的不足，更快地推进企业技术的发展，开发出具有特色的新产品；二是在消化吸收引进技术的基础上结合企业自身特点和市场需求加以改进和创新。

3. 自行研制型

这是医疗器械企业在取得新的技术研究成果的基础上，依靠自身力量独立设计创造出具有特色的、技术上有重大突破的全新产品。由于这种方式难度高、费用大、时间长、风险大，因此一般的中小企业很少采用这种开发方式。

第六章　医疗器械市场价格策略

产品价格是在制定医疗器械市场营销策略时最需要关注的因素之一，它直接关系到市场对产品的接受程度，影响着市场需求和企业的利润，并且涉及医疗器械生产企业、经营企业、消费者等各方面的利益。因此，医疗器械价格策略是医疗器械企业市场营销组合策略中一个十分重要的组成部分。

第一节　医疗器械定价的基本原理

一、定价策略的含义

产品定价策略是指在制定价格和调整价格的过程中，企业为了达到经营目标而采取的定价艺术和技巧。企业定价是多方面因素的组合，它既是一门科学，也是一门艺术。

医疗器械价格是医疗器械价值的货币表现。就企业而言，产品的价值首先是其在生产、经营这一产品时所耗费的代价，但由于企业进行生产或经营活动的目的是为了获得利润，所以市场上产品的价格必须能够补偿企业所耗费的成本并且使企业获得正常的利润。价值是产品价格的基础，产品价格是产品价值的货币表现形式，产品价格在价值基础上，受多方面因素的影响上下波动。影响产品市场价格波动的因素主要有三个方面：一是产品的价值，在其他因素不变的条件下，单位产品价值量增加，以货币表现的产品价格将随之上升，反之则下降；二是货币价值与货币量，在其他因素不变的条件下，货币价值下降，产品价格就上升，反之产品价格则下降；三是供求关系，当产品供不应求时，产品的价格就上升，反之产品价格则下降。但是对于医疗器械产品而言，因其价格弹性较小以及政府对它的管制，使得其价格受市场供求状况的影响较小。

医疗器械企业要制定出科学合理的价格策略，首先必须了解价格的构成要素。

二、医疗器械价格的构成要素

通常医疗器械的价格是由制造成本、期间费用、国家税金和企业利润构成，所以，医疗器械价格的构成要素包括：

（一）制造成本

即生产成本，是指生产一定数量的某种医疗器械所耗费的物质资料的货币表现和支付给劳动者的工资。其具体内容包括四个方面：①原料、辅料、包装材料和燃料动力消耗费用的支出；②生产工人和管理人员的工资支出；③企业厂房和机械设备等固定资产的折旧；④其他直接支出。

企业的制造成本是制定医疗器械价格最主要、最基本的要素，也是制定医疗器械价格的最低经济界限。如果一个企业的医疗器械价格低于其制造成本，就会导致企业的亏损甚至倒闭。

（二）期间费用

是指与产品的生产没有直接关系，属于某一时期的费用。期间费用包括管理费、财务费和销售费。期间费用不计入产品成本，而是在当期损益中扣除。对于医疗器械而言，期间费用又称为流通费用，是指医疗器械从生产领域向消费领域转移过程中所发生的费用。它包括企业的销售费用、财务费用（如利息）和管理费用，其中销售费用对医疗器械价格的影响最大。

（三）国家税金

税金是国家按规定的税率进行征收而取得财政收入的主要方式。它具有强制性和无偿性的特征。国家通过税法，在实现医疗器械价值的过程中，预先把一部分社会纯收入转为国家财政收入，有利于国家有计划地安排各种开支。以税收和医疗器械价格的关系为标准，可将税收分为价内税和价外税：凡税金构成价格组成部分的，称为价内税，凡税金作为价格之外附加的，称为价外税。与之相对应，价内税的计税依据称为含税价格，价外税的计税依据称为不含税价格。价外税（如所得税）是直接由企业利润来负担的，企业不能把这些税金再加入到医疗器械价格中转嫁给消费者；价内税（对医疗器械来说就是增值税）可以加入到医疗器械价格中，随医疗器械出售而转嫁出去。税率的高低直接影响着医疗器械价格的高低，因此，税金也是构成医疗器械价格的重要因素。

（四）企业利润

是指医疗器械价格减去生产成本、期间费用和税金后的余额。它不仅仅是影响产品价格的重要因素，也是所有企业生产经营所追求的最终目标。在市场经济条件下，利润是反映企业经济活动效果的重要指标，它直接关系到国家财政收入和职工的切身经济利益。如果生产成本、期间费用和税率已定，则利润额的大小与医疗器械价格水平的高低成正比。因此，合理确定利润水平十分重要，它直接影响到医疗器械的价格水平，关系到医疗器械的市场竞争力。

三、影响医疗器械价格的外部因素

医疗器械企业制定产品价格时首先要考虑的是产品成本，产品价格只有在大于等于成本时，企业才可能愿意生产和经营。但是在产品市场上，产品价格往往背离其价值，在价值基础上上下波动。原因就是除了价值之外，还有其他一些因素影响着产品的价格，主要的几个因素如下：

1. 市场供求

产品的价格与产品的供求有着密切的关系。市场上产品供求关系的平衡是相对的、暂时的。供求关系的不平衡才是绝对的、经常的。产品供求关系不平衡有两种情况：一是产品供过于求，这时要达到供求平衡，就必须抑制供给，刺激需求，才能制止产品价格下跌；二是产品供不应求，在这种情况下，要达到供求平衡，就必须扩大供给，减少需求，才能制止产品价格的上涨。由此可见，市场上产品的供求关系影响着产品价格的高低。这就要求企业在给产品制定价格时，必须考查产品的供求状况，使产品价格符合供求规律。

在研究市场需求与价格的关系上应主要研究潜在顾客的数量、顾客可能的购买量，以及顾客对不同价格的反应等等，即市场潜力和需求的价格弹性。市场潜力是指市场的最大需求量；需求价格弹性则是指产品的需求量对该产品价格变动反应的敏感程度。需求弹性可分为：需求完全无弹性，单位需求弹性，需求完全有弹性，需求缺乏弹性，需求富有弹性的。在现实生活中，绝大多数产品的需求弹性是属于需求缺乏弹性或需求富有弹性的。由于医疗器械是人们在患病时必需的，所以多为需求缺乏弹性。

2. 市场竞争

一般而言，市场竞争的强度主要取决于：产品生产的难易程度、市场供求形势、竞争格局及竞争对手的数量和实力等因素。竞争对手的生产能力、产量、销量、定价策略和定价目标等都是在进行市场营销决策时需要努力弄清的内容。

3. 消费者的价格心理

对于任何一种产品，人们在购买或使用时都会因个人条件、环境等因素的不同而产生不同的心理反应（即消费心理），这种心理体现在对待产品价格的态度上就是所谓的价格心理。研究分析消费者的价格心理，其目的是为了在确定产品价格时尽量与消费者的心理预期相吻合，从而使产品销售的难度降低。

4. 政府对药价的管理

由于信息不对称，产品消费者往往通过作为其代理人的第三方（医生、器械科）来决定购买何种产品以及购买的数量，因此产品价格不能完全通过市场竞争形成。从当前我国国情看，医疗器械市场又存在着虚列成本、虚高定价的状况。因此政府必须加强对产品价格的监管，降低过高的产品进销差价，减少全社会费用支出。我国采取政府定价和市场调节相结合的政策，目的是抑制产品价格过度虚高，在减少社会的负担同时又保证企业合理盈利，促进医疗器械行业的健康发展。

5. 经济因素

经济状况对企业定价策略影响很大。经济形势，比如是经济增长阶段还是经济危机阶段，是通货膨胀时期还是通货紧缩时期，是短缺经济还是过剩经济，甚至利率和汇率变动都会影响定价策略。因为这些因素会影响产品成本、消费者对产品价格和价值的看法，甚至对渠道成员也有影响。

6. 产品在生命周期中的位置

产品定价也会受到其在生命周期中的所处的位置的影响。通常而言，在新产品投放市场初期，价格的高低要根据产品特征及企业营销策略而定。在市场成熟期价格将视市场情况与营销策略做适当的调整，在饱和期和衰退期更是要做较大的价格调整，以适应企业整体营销策略的要求。

第二节　医疗器械的价格及差价

我国政府对医疗器械价格的管理主要是通过确定合理的价格体系、生产企业的利润率和费用率、产品流通领域的进销差率和批零差率等方式来体现。

一、医疗器械的价格体系

医疗器械从生产领域经过流通领域后再进入消费领域，在流通领域又要经过批发、零售等环节。产品经过每一个环节就是一次买卖，相应地就要有一个价格，这样就形成了出厂价、批发价、零售价等医疗器械价格形式。

1. 医疗器械的出厂价格

是医疗器械生产企业向批发企业销售产品时的价格，它由产品生产成本加生产企业的利润构成，是批发企业的产品收购价格或称产品的进价。产品出厂价是产品进入流通领域的第一道环节价格，由于在流通领域中的产品经营企业（批发和零售）都是以获得产品进销差价或批零差价作为企业的利润，所以产品出厂价格的高低将影响其后各个环节上的价格，并最终会影响卖给终端消费者的零售价格，进而影响消费者的购买。所以，产品的出厂价是制定其后各环节价格的基础。

2. 医疗器械的批发价格

是产品批发企业向医疗单位销售产品时的价格，它由产品的购进成本加进销差价构成。因为该环节的产品价格处于出厂价格和零售价格之间，所以批发价格的确定有助于稳定产品的流通市场。

3. 医疗器械的终断价格

是医疗单位向患者销售产品时的价格，由购进成本（即产品进价）加上批零差价构成。由于零售价格是产品流通中最后一道环节的价格，所以与消费者的利益直接相关。

二、医疗器械差价

（一）医疗器械差价的概念

医疗器械差价是指产品处于不同的流通环节所形成的价格差额，具体包括进销（购销）差价和批零差价两种。

医疗器械差价有差价额和差价率两种表现形式。差价额是构成产品差价的两种价格之间的差额。差价率是差价额占计算基价的百分比，简称差率。其一般的计算公式是：

差价率 = 差价额 / 计算基价 × 100%

计算基价可以是出厂价、批发价、零售价。如果用构成差价的两种价格中较低的价格作为计算基价，那么差率就称为加价率；如果用较高的价格作为计算基价，那么差价率就称为折扣率或倒扣率。实际工作中前者一般简称为顺加，后者一般简称为倒扣。

（二）产品进销差价

医疗器械进销差价又称购销差价，是指产品批发商在同一时间、同一市场购进和销售同一种产品的购进价格和销售价格之间的差额。具体而言，就是同一种产品出厂价和批发价之间的差额。

医疗器械进销差价主要由批发商在组织产品流通过程中的合理流通费用和一定的利润构成。其计算公式是：

医疗器械进销差价 = 医疗器械批发价 − 医疗器械出厂价，在实际工作中，进销差价主要有两个作用：

1. 由医疗器械出厂价格计算批发价格

是指由批发商根据国家规定的进销差率（这是一种顺加的差率，即进销差价占出厂价的百分比）来制定批发价格。在该种定价方法中，批发价随着出厂价格的变动而变动，一般称为顺加定价法。其计算公式是：

进销差率 = 进销差价 / 批发价格 × 100%

批发价格 = 出厂价格 × （1+ 进销差率）

2. 由批发价格倒算出厂价格

是指由批发商（或国家）制定出某种产品的批发价格，然后倒扣一定比例的销进差率（这是一种倒扣差率，即进销差价占批发价格的百分比）最终形成出厂价格。此时，出厂价格随着批发价格的变动而变动，一般称为销价倒推法、向后定价法。其计算公式是：

销进差率 = 进销差价 / 批发价格 × 100%

出厂价格 = 批发价格 × （1 销进差率）

（三）医疗器械批零差价

医疗器械批零差价是指产品批发价格与零售价格之间的差额。它是由医疗单位在采购过程中形成的，包括流通费用、合理利润及税金。

批零差价量的大小可用批零差价额和批零差价率两种形式表示。批零差价额即批发价和零售价之间的差额；批零差价率则是批零差价额占批发价的百分比，称为顺加批零差率，即通常所说的批零差率。在已知产品批发价格和国家规定的批零差率的情况下，医疗单位可以确定其零售价格。其计算公式是：

批零差价额 = 零售价格—批发价格批零差率 = 批零差价 / 批发价格 ×100%

不含税零售价 = 批发价 × （1+ 批零差率）

含税零售价 = 批发价 × （1+ 批零差率）× （1+ 增值税率）

第三节　医疗器械企业定价目标与定价方法

一、医疗器械企业定价目标

定价目标是指企业通过制定一定水平的产品价格来达到预期目的。企业可以在一定时期内对定价目标进行调整，但必须在整体营销战略目标的指导下来确定企业的定价目标，而不能与之冲突。企业的定价目标一般可分为利润目标、销售额目标、市场占有率目标和稳定价格目标。

（一）利润目标

利润目标是医疗器械企业定价目标的重要组成部分。获取利润是医疗器械企业生存和发展的必要条件，是医疗器械企业经营的直接动力和最终目的。因此，利润目标为大多数企业所采用。这一目标在实践中有两种形式：

1. 以追求最大利润为目标

最大利润既有长期和短期之分，也有单一产品最大利润和企业全部产品综合最大利润的分别。一般而言，医疗器械企业追求的应该是长期的、全部产品的综合最大利润，这样，企业就可以取得较大的市场竞争优势，占领和扩大更多的市场份额。但对于一些中小型医疗器械企业、产品生命周期较短的企业及产品在市场上供不应求的企业而言，也可以谋取短期的最大利润。

2. 以获取适度利润为目标

是指医疗器械企业在补偿社会平均成本的基础上，适当地加上一定量的利润作为产品的价格，以获取正常情况下合理利润的一种定价目标。适度的利润可以使产品价格不会显得太高，从而可以阻止激烈的市场竞争。某些医疗器械企业为了协调投资者和消费者的关系，树立良好的企业形象，也以适度利润作为其目标。

以适度利润为目标确定的价格既可以使企业避免不必要的竞争，又能获得长期利润，而且由于价格适中，从而使消费者愿意接受，同时又符合政府的价格指导方针，因此是一种兼顾企业利益和社会利益的定价目标。

（二）销售额目标

这种定价目标是在保证一定利润水平的前提下，谋求销售额的最大化。某种医疗器械在一定时期、一定市场状况下的销售额由该产品的销售量和价格共同决定，因此销售额的最大化既不等于销售量最大，也不等于价格最高。对于需求价格弹性较大的医疗器械，降低价格而导致的损失可以由销量的增加而得到补偿，因此企业可以采用薄利多销策略，保证在总利润不低于企业最低利润的前提下，尽量降低价格，促进销售，扩大盈利；反之，若医疗器械需求价格弹性较小时，降价会导致收入减少，因此企业应采用高价、厚利、限销的策略。

（三）市场占有率目标

市场占有率，又称市场份额，是指一个医疗器械企业的销售额占整个行业销售额的百分比，或者是指某医疗器械企业的某产品在某市场上的销量占同类产品在该市场销售总量的比重。市场占有率是企业经营状况和企业产品竞争力的直接反映。作为定价目标，市场占有率与利润的相关性很强，从长期来看，较高的市场占有率必然带来较高的利润。

市场占有率目标在运用时存在着保持和扩大两个方面。保持市场占有率定价目标的特征是根据竞争对手的价格水平不断调整本企业的价格，以保证足够的竞争优势，防止竞争对手占有自己的市场份额。扩大市场占有率的定价目标就是从竞争对手那里夺取市场份额，以达到扩大企业的销售市场乃至控制整个市场的目的。

（四）稳定价格目标

稳定价格通常是大多数企业获得一定目标利润的必要条件。市场价格越稳定，经营风险也就越小。稳定价格目标的实质是通过本企业产品的定价来左右整个市场的价格，以避免不必要的价格波动。按这种目标定价，可以使市场价格在一个较长的时期内相对稳定，减少企业间因价格竞争而发生的损失。为达到稳定价格的目的，通常情况下是由那些拥有较高的市场占有率、经营实力较强或者较具有竞争力和影响力的领导企业先制定一个价格，其他企业的价格与之保持一定的差距或比例关系。对大企业来说，这是一种稳妥的价格保护政策；对中小企业来说，由于大企业不愿意随便改变其价格，从而使得竞争性减弱，其利润也可以得到保障。

二、医疗器械企业的定价方法

在企业定价过程中，定价方法的选择是最终价格形成的重要步骤。医疗器械企业在特定的定价目标指导下，依据对成本、需求及竞争等状况的研究，运用价格决策理论，对医疗器械按照一定的定价方法确定初始价格来作为制定价格策略的基础。常用的定价方法有三大类：成本导向定价法、需求导向定价法和竞争导向定价法。定价方法的选择是否得当，直接关系到定价目标能否实现以及定价策略的成败。

（一）成本导向定价法

运用成本导向定价法定价时，首先考虑收回企业在生产经营过程中投入的全部成本，然后再考虑获得一定的利润。具体来说，成本是企业在生产经营过程中所发生的实际耗费，以产品单位成本为基本依据，通过商品的销售而得到补偿，并且要获得大于其支出的收入，超出的部分表现为产品利润。该方法是中外企业最常用、最基本的定价方法。成本导向定价法又可分为总成本加成定价法、目标利润定价法、边际成本定价法、盈亏平衡定价法等几种具体的方法。

1. 总成本加成定价法

总成本加成定价法的理论基础是产品的价格必须首先补偿成本，然后再考虑为投资者提供合理的利润。在这种定价方法下，把所有为生产某种医疗器械而发生的耗费均计入成本的范围，计算单位产品的变动成本，合理分摊相应的固定成本，再按一定的目标利润率来决定价格。其计算公式为：

单位产品价格 = 单位产品总成本 ×（1+ 目标利润率）

2. 目标利润定价法

目标利润定价法又称投资利润率定价法，是根据医疗器械企业的投资总额、预期销量和投资回收期等因素来确定价格。与总成本加成定价法相类似，目标利润定价法也是以生产为导向，很少考虑到市场竞争和需求的实际情况，只是从保证生产者利益的角度出发来制定价格。另外，先确定产品销量，再计算产品价格的做法完全颠倒了价格与销量的因果关系，把销量看成是价格的决定因素，实际上很难行得通。尤其是对于那些需求价格弹性较大的产品，采用这种方法制定出来的价格，无法保证销量的必然实现。但是，对于医疗器械这样一种需求价格弹性较小的商品，在科学预测价格、销量、成本和利润四要素的基础上，目标利润法仍是一种有效的定价方法。

3. 边际成本定价法

边际成本是指每增加或减少单位产品所引起的总成本的变化量。由于边际成本与变动成本比较接近，所以在定价实务中多用变动成本代替边际成本，而将边际成本定价法称作变动成本定价法。

采用边际成本定价法时,以单位产品变动成本作为定价依据和可接受价格的最低界限。在价格高于变动成本的情况下,医疗器械企业出售产品的收入除了完全补偿变动成本外,还可用来补偿一部分固定成本,甚至可能提供利润。

4. 盈亏平衡定价法

在既定的情况下,医疗器械的价格必须达到一定的水平才能做到盈亏平衡、收支相抵。既定的销量就称为盈亏平衡点,这种制定价格的方法就称为盈亏平衡定价法。以盈亏平衡点确定价格只能使医疗器械企业的生产耗费得以补偿,而不能得到利润。因此,在实际定价中均将盈亏平衡点价格作为价格的最低限度,通常再加上单位产品目标利润后才作为最终市场价格。

(二)竞争导向定价法

竞争导向定价法主要考虑的不是产品成本,也不是市场对产品需求的变动状况,而是以本企业产品的主要竞争对手的价格为基础,并以此来确定本企业产品的价格。一般有以下几种方法:

1. 与竞争者同等价格

与竞争者同等价格又称为随行就市定价法,是指以本行业实力最雄厚、市场占有率最大的企业的产品价格为基础来制定本企业产品价格的方法。由于市场主导企业实力雄厚,本企业无力与其竞争,因此只能使自己的产品价格与之相适应。这样在同行业中,所有企业的产品价格基本上一致,使企业间的竞争降到了较低限度,大家可以和平共处。同时,这个价格又是大家都可以接受的,因此也可以保证每个企业都能获得适当的利润。这种随行就市的定价方法,可以少担风险,获得合理利润,是较普遍的定价方法。中小企业一般更乐于采用这种方法。这是竞争导向定价的最普遍形式,适合企业无法对顾客和竞争者的反应做出正确的估计,只能以平均水平定价,因此也叫作模仿价格。

2. 低于竞争者的价格

一些小企业因生产、销售费用较低,或者某些企业想迅速扩大其产品的销售额,占有市场或扩大市场占有率,常采取此方法。采取这种方法的前提是竞争对手不会实施价格报复或者企业有能力抵御竞争对手可能实施的价格报复。

3. 高于竞争者的价格

企业生产或经营的产品质量上乘,具有一定特色或者企业声誉较高,如同一类型产品,三类产品就可采用高于竞争者二类产品的价格出售,以获取高利润。采用此种方法的前提是,该产品相对于竞争对手的产品具有较为显著的优势,买主愿意付出高于竞争对手的价格来购买该产品。

4. 密封投标定价法

这是我国医疗机构普遍实行医疗器械高值耗材集中招标采购以来医疗器械企业采用的

定价方法。在投标时，医疗器械企业事先根据招标公告内容，对竞争对手可能的报价进行预测，在其基础上提出自己的价格，用递价密封标书送出。此时制定的价格，并不能完全体现企业的生产成本或市场需求。医疗器械企业为了中标，通常其报价低于竞争者，但又不能低于一定的水平，最低的界限就是其生产成本。但从另一方面来说，如果价格高于实际成本越多，则中标的可能性就越小。这对医疗器械企业而言是个考验，因此风险较大。

（三）需求导向定价法

需求导向定价法也称为理解价值定价法，它是根据消费者对产品价值的感受和需求强度来定价。其主要形式有以下几种：

1. 理解价值定价法

所谓理解价值定价法，就是企业根据消费者理解的商品价值，即买主的价值观念来制定产品的价格。所以企业应善于利用市场营销组合中的非价格因素如产品质量、服务、广告宣传等来影响购买者的价值观念。理解价值定价法的关键是企业要对消费者理解的相对价值有正确的估计和判断，如果企业过高地估计了消费者对企业产品价值的理解，那么企业的定价就会高于消费者对产品的理解价值，从而导致购买者减少；如果企业过低地估计了消费者对产品价值的理解，那么企业的定价就会低于消费者对产品的理解价值，从而减少企业的利润。所以，企业在定价前应该做好调研工作，只有真正了解消费者的心理、竞争产品的情况等因素，才能根据消费者对产品的理解价值做出准确判断，制定出合适的价格来。

2. 比较定价法（需求差异定价法）

这是根据需求的差异，对同种产品制定不同价格的方法。它主要包括以下几种形式：

（1）对不同的顾客采取不同的价格。如同种产品对购买量大和购买量小的顾客分别采取不同价格。

（2）根据产品的使用的原材料不同制定不同的价格。例如普通不锈钢材料和可降解高分子材料制造出来的产品价格就有较大差别。

（3）相同的产品在不同的地区销售，其价格可以不同。例如，同样的产品在沿海和内地的价格是有差异的。

（4）相同的产品在不同时期的销售价格可以不同。例如，需求旺季的价格要明显地高出需求淡季的价格，电视广告在黄金时段收费特别高。

需求差异定价的前提条件是：

（1）市场可以细分，各细分市场具有不同的需求弹性。

（2）价格歧视不会引起顾客反感。

（3）低价格细分市场的顾客没有机会将商品转卖给高价格细分市场顾客。

（4）在以较高价格销售产品的市场上，竞争者没有可能以低价竞争。

比较定价法就是企业根据对产品的价格需求弹性和市场环境的研究来决定价格的一种

方法。产品的价格需求弹性不同，决定了其需求量对价格变化的反应程度不同，对于需求价格弹性小的产品，企业可通过适当提高产品价格来增加企业盈利；对需求价格弹性较大的产品，企业则可以采取适当降低产品价格来刺激和扩大消费者需求，从而提高企业销售量，增加企业盈利。不管是提高产品价格还是降低产品价格，企业都可以通过市场调研的方法来选择。

第四节　医疗器械企业的定价策略

医疗器械企业采用不同的定价方法确定了产品的基础价格后，还要根据不同的销售渠道、产品条件及消费者的具体情况，制定出灵活多变的定价策略，以便更好地实现企业的定价目标及总体营销目标。

一、折扣折让策略

在市场营销活动中，医疗器械企业为了促使医疗单位更多地使用本企业的产品，可以根据国家有关规定给予客户价格上的折扣（通常称为扣率）。这也是调动用户购买积极性的一种常用的激励方法。折扣策略通常有如下几种：

1. 数量折扣策略

当产品销售达到一定数量时给予用户一定的折扣优惠，如 60 扣、75 扣等。具体操作中还有累积数量折扣和非累积数量折扣之分。累计数量折扣就是在一定时期内购买某种产品累计达到一定数量时所给予的价格优惠。这种方法在批发及零售业务中都经常采用，可以鼓励用户长期购买本企业的产品。非累计数量折扣就是一次购买某种产品达到一定的数量或购买多种产品达到一定金额所给予的价格优惠。这种折扣策略可以鼓励用户大量购买，从而增加盈利。

2. 现金折扣策略

又称付款期限折扣策略，即对于按约定日期付款的用户给予不同的折扣优惠。现金折扣实质上是一种变相的降价赊销，鼓励提早付款的办法。如果付款期限为一个月，立即付现折扣 5%，10 天内付现折扣 3%，20 天内付现折扣 2%，最后 10 天内付款则无折扣。实行这种策略可以帮助企业加速资金周转，减少财务风险。目前绝大多数企业都采取现款后货的经销模式来降低财务风险。

3. 交易折扣策略

即企业根据各类中间商在营销过程中所担负的不同功能所给予的不同折扣，又称商业折扣或功能折扣。企业采取此策略的目的是为了扩大生产，从而争取更多的利润，或是为了占领更多的市场，利用中间商来努力推销产品。交易折扣的多少，随行业与产品的不同而不同；行业与产品相同时，又要看中间商所承担的商业责任的多少而定。如果中间商提供运输、促销、资金融通等功能，对其折扣就较多；否则，折扣将随功能的减少而减少。一般给予产品批发企业的折扣可大于给予零售企业的折扣。

二、差异定价策略

差异定价策略是指对同一产品或服务，根据流通环节、销售对象、时间或地点等方面的不同，制定不同价格的一种策略。

1. 根据流通环节定价

这种定价策略的具体表现形式主要有两种：即购销差价策略和批零差价策略。当产品从购进到销售的时候，经营企业（如批发企业）要支付一定的流通费用，同时应该得到合理的利润，并向国家交纳税金。这些流通费用、税金和利润之和就构成了购销差价。购销差价反映了生产企业与经营企业之间的关系。它的高低影响到生产企业与经营企业各自的利益。合理的购销差价既能促进生产企业生产的发展，又能改善经营企业的经营管理，正确指导消费。在零售企业从批发企业购进产品出售给消费者的过程中，也需要支付一定的流通费用，交纳一定的税金，也应得到合理的利润。这些流通费用、税金和利润之和就是批零差价。同样，合理的批零差价有利于调动批发企业和零售企业两方面的积极性，也有利于稳定产品的零售价格。

2. 根据购买者定价

这种定价策略是指企业按照不同的价格把同一种产品或劳务卖给不同的消费对象。由于消费者的收入水平或需求层次不同，造成对同一产品或劳务的需求状况也不相同。为了满足不同层次的需要，企业对同一产品或劳务可以实行差别定价。例如，对于同一产品，企业在卖给不同客户时采取不同的定价。

3. 根据产品形式定价

这种定价策略是指对不同型号或形式的产品分别制定不同的价格，但是，这些不同型号或形式的产品其内部结构及成本大致相同。根据产品形式定价就是对不同规格、不同品牌、不同包装的产品实行不同的定价。但是，这种价格差异与产品成本差异并不成比例。

4. 根据时间定价

这种定价策略是指为了调节需求的均衡，企业在不同季节、不同日期甚至不同钟点对同一种产品或劳务分别制定不同的价格。例如，年底的促销或某一特定日期的促销等。

5. 根据地点定价

即对于相同的产品，根据所处的位置不同而采取不同的定价。例如，经济欠发达地区相对于经济较发达地区而言，产品价格相对要低一些。

三、心理定价策略

心理定价策略是指企业运用心理学原理，针对消费者在购买过程中的心理状态，来确定产品价格的一种策略。这是一种非理性的定价策略，但在现代市场经济中，往往可以激发和强化消费者的购买欲望。针对消费者不同的需求心理，可采用以下几种形式：

1. 整数定价

是指在制定产品价格时，不保留价格尾数的零头，而是向上进位取整数。这种定价策略利用顾客"一分钱一分货"的心理，主要适用于高值耗材、具有特殊功能的产品和价值较大的产品。

2. 尾数定价

是指利用消费者对数字认知的某种心理，尽可能在价格数字上不进位，而是保留零头，例如，某种产品定价为 9.9 元，这样能使消费者产生价格低廉和卖主经过认真的成本核算才定价的感觉，从而使消费者对企业产品及其定价产生信任感。一般来说，需求价格弹性较大的产品宜采用这种策略。如低值耗材（药棉、纱布等）。

3. 声望定价

是指企业利用消费者仰慕名牌的声望所产生的某种心理来制定产品价格的一种策略。企业故意把价格定成整数或高价，以迎合消费者的"价高质必优"的心理。在这种心理驱动下，某些产品的价格尽管很高，但在市场上仍长期畅销不衰。声望定价策略适用于名牌产品、有礼品用途的产品和稀有产品等。如治疗仪等。

4. 习惯定价

在市场上，有些产品的功能、质量、替代品等情况已为消费者所熟悉，而且消费者对其价格已习以为常，例如常年销售的家庭用医疗器械。

四、地理定价策略

一个企业的产品，不仅卖给本地客户，还会卖给外地客户，而卖给当地客户与卖给外地客户的费用（如运费）是不同的。那么企业是对不同客户实行不同价格，以收回较高的运输成本，还是不论地区远近都制定同样的价格？这就涉及地理定价的策略问题。地理定价策略的具体形式有如下几种：

1. 产地价格

又叫离岸价格，是指企业在制定产品价格时，只考虑产品装上运输工具之前即交货前的费用，其他一切费用（如交货后的运费及保险费）一律由买方负担的一种定价策略。这种定价策略定出的价格较低，对于距离产地较近的买主或有运输优势的买主来说比较容易接受；而对于距离产地较远的买主是不利的。

2. 统一运送价格

是指企业对不同地区的买主，无论路程远近，都由企业将产品运送到买主所在地，并收取同样的运费（按平均运费计算）。采用这种定价策略，意味着卖方负担了全部运输、保险等费用，所制定的价格虽然较高，但买主比较容易接受。因为买主能够预先知道进货成本的确切数字，还能避免运输过程中可能会发生的风险。但这种方式相当于近处的买主为远处的买主承担了部分运输费用，因此，这种定价策略对于近处的买主吸引力不大，除非运费较低。这种定价策略适用于重量轻、运费低的产品。

3. 分区运送价格

是指企业将整个市场划分为若干个区域，根据这些区域与企业所在地距离的远近及运费的不同，对不同的区域实行不同的价格。距离越远的区域，价格越高。但在同一区域内实行同一价格。

4. 运费补贴价格

是指企业对距离较远的买主收取低于实际运费的运价，以使这种产品的到货价不高于买主附近企业的到货价，实际就是企业给予买主一定的运费补贴。这种策略有利于抢占距离较远的市场区域，提高市场占有率。

五、促销定价策略

在某些情况下，企业为促进销售，会暂时性地将其产品价格定得低于报价，有时甚至低于成本，这种价格就叫作促销价格。促销价格主要有如下几种形式：

1. 招徕定价

是指产品零售商利用部分消费者求廉的心理，特意将产品价格定得较低，以刺激和招徕消费者购买。例如，某个连锁药店将个别种类的产品以特别低的价格出售，以招徕更多的消费者购买其他以正常价格出售的产品。这种定价策略一般适用于积压产品、换季产品、滞销产品及即将达到使用期限的产品，如常用的低值耗材等。

2. 特殊定价

是指在某些特殊的季节、节假日或特殊活动时采取减价行动，以便吸引更多的消费者来购买产品，如夏季常用的清凉用品，冬季常用的暖宝宝等。

3. 心理折扣

是指故意先把产品价格定得很高，然后再大幅度降价出售，使用户在心理上产生非常便宜的感觉，是大型医疗设备销售中常用的手段。

六、产品生命周期定价策略

就是企业根据产品所处生命周期的不同阶段，灵活地制定各阶段的产品价格。

1. 投入期定价策略

投入期的产品价格应该是最能吸引中间商，又最能吸引最终用户的价格。投入期可选择的定价策略一般有以下三种：

（1）撇脂定价法。又称高价法，即将新产品的价格定得较高，以使企业尽快收回投资，并且取得相当的利润。然后随着时间的推移，再逐步降低价格使新产品进入需求弹性大的市场。

（2）渗透定价法。又称为低价法，它采用低价策略，将新产品的价格尽量定得低一些，以达到打进市场或者扩大市场占有率，巩固市场地位的目的。一些资金比较雄厚的大企业往往采用这种定价方法。

（3）满意价值定价法。又称薄利多销定价法，所谓"满意"，就是确定的价格使生产者和消费者双方都感到满意从而能够接受。具体地说，就是企业新产品刚投放市场时，利润很少或者有少量亏损；当市场销路打开后，很快就能转亏为盈。

2. 成长期定价策略

产品在成长期逐渐形成了市场价格。成长期初期市场价格变动幅度较大，末期则较小。对于早期推出新产品的企业来说，如果在试销初期采用撇脂定价法，则此时可以分数次陆续降低售价。如果在市场试销初期采用渗透定价法，则在成长期可以继续运用该方法。对于在产品成长期新进入市场的企业来说，则应该注意原创新者的定价策略，一般来说，采用低于创新者价格的策略为宜。

3. 成熟期定价策略

成熟期的定价策略应该是选择导致最大贡献的价格方案，在这一阶段应该尽量避免价格竞争，更多地采用非价格竞争方式。当然，在必要时也可以采用降价策略，但是必须遵循需求弹性的原理，主要是针对那些需求价格弹性较大的产品，这样做收效大。

4. 衰退期定价策略

在产品衰退时期，竞争已经迫使市场价格不断降低到接近于产品的变动成本，此时企业只要有剩余生产能力，就应该以变动成本作为价格的最低限度，同时应该注意及时退出这一产品市场。

第七章　医疗器械市场分销渠道策略

在现代市场经济条件下，大部分医疗器械生产企业都不是将自己的产品直接销售给最终顾客，而是由位于医疗器械生产企业和最终顾客之间的众多执行不同职能、具有不同名称的中间商将医疗器械转移到消费者手中，这些中间商形成了一条条分销渠道。一个医疗器械生产企业，除了重视产品策略、定价策略，合理制定促销策略外，选择配置中间商和有效地安排医疗器械的运输和储存，也是医疗器械企业市场营销的重要工作，并将直接影响医疗器械企业经济效益的提高。

第一节　医疗器械分销渠道的功能、结构及类型

一、医疗器械分销渠道的定义、作用、功能

（一）医疗器械分销渠道的定义

医疗器械分销渠道是指医疗器械或服务，从生产者向消费者转移过程中所经过的所有取得其所有权或帮助所有权转移的组织或个人。由此可知，医疗器械分销渠道主要包括中间商和代理商，还包括作为医疗器械分销渠道的起点是医疗器械生产者，终点是医疗器械消费者或用户，如图 7-1 所示。

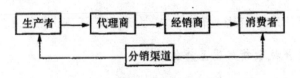

图7-1　医疗器械分销渠道

（二）医疗器械分销渠道的作用

由上述定义可知，医疗器械分销渠道的作用是把医疗器械或服务从生产者手中转移到消费者手中。在现实生活中，要使企业生产出来的医疗器械和服务顺利地转移到消费者手中，就需要发挥医疗器械分销渠道的桥梁和纽带作用，具体表现在以下几个方面：

1. 调节医疗器械供需矛盾

调节生产与消费之间在医疗器械数量、品种、规格、型号、时间及空间等因素上的矛盾。生产企业生产产品是批量、专业化、连续、集中生产，而产品消费是分散的，需求具有差异性、季节性、区域性，这就造成了生产与消费之间的矛盾，中间商的作用是把企业生产的产品集中起来，然后分散销售给各个医疗单位，从而解决产品供需之间的各种矛盾。

2. 减少交易次数，节省流通费用

在产品流通过程中，中间商的参与可以降低产品交易的次数。由于每次交易都会产生一定的交易费用，因此，减少交易次数有利于调低交易费用，所以医疗器械分销渠道的设立有利于降低产品交易费用。

（三）医疗器械分销渠道的功能

医疗器械分销渠道的功能在于实现产品的转移，在产品转移过程中，需要分销渠道成员协调、配合，共同完成产品价值传递及实现。具体来讲，医疗器械分销渠道的功能可以概括为三个方面：

（1）转移功能：主要是产品实物转移、所有权的转移及产品的运输与仓储，这是医疗器械分销渠道的核心功能。

（2）沟通功能：不仅包括各种产品需求、竞争对手情况等市场信息的沟通，而且还包括将相关产品信息传递给消费者，有利于他们正确地进行产品决策和购买，此项功能是产品分销渠道的重要功能。

（3）辅助功能：除了以上两大功能之外，医疗器械分销渠道还有融资和承担风险的辅助功能。如在产品畅销时期，生产企业可以采取预收中间商货款的方式进行销售。对于生产企业来说，预收货款是一种融资渠道，而对于中间商来说，预付货款也承担了一部分经营风险。

二、医疗器械分销渠道的结构

按照医疗器械从其生产转移到客户手中，大致有以下三种分销渠道。

（一）医疗器械分销渠道基本结构

1. 零售模式

零售模式主要以药店、医疗器械专卖店、商场及超市为主，其中药店占据主要销售份额，其销售模式接近于家用电器类消费品。零售模式的销售过程中，同一渠道上产品种类延展性较强，因为一种商品销售在这条渠道获得成功后，同类产品在同一条渠道进行复制花费的成本及面临的风险均较低，渠道上产品良好的扩展性是"零售终端渠道"上医疗器械企业并购天然容易成功的最主要的原因。以某医疗企业为例：该企业医疗产品线繁多，加之其主要的销售渠道集中在零售领域，在同一个门店里，既可以卖家用制氧机，也还卖轮椅车，还可以卖新开发的电子血压计，渠道的利用效率较高，只要产品品种充足，制造能力得到保证，此类企业的销售规模增长性较快。

2. 医院集中采购模式

医院为主的集中采购模式，主要集中在特殊医疗用途或者产品性能差异性较大的非标准化定制类产品产品上，虽然其采购形式也是政府组织下的公开招投标，但医疗机构作为终端使用者的技术性要求会得到比较高的重视。而医疗机构的非标准化技术性要求的决策主要在使用科室业务医生、医疗设备科技术人员、分管院长和专门的医学管理委员会上，受技术人员长期的使用习惯、供应商技术服务配合度影响，采购中的客户粘性较高。

3. 政府卫生部门集中采购模式

政府卫生部门为主的集中采购模式，主要集中于标准化产品，其类型、性能、规格、质量、所用原材料、工艺装备和检验方法有规定统一标准或者比较类似，大多数一次性医疗器械、耗材和中低端影像设备均属此类。

（二）医疗器械分销渠道其他结构

按医疗器械流通环节的多少，又将分销渠道划分为直接渠道与间接渠道；间接渠道又分为短渠道与长渠道。

直接渠道与间接渠道其区别在于有无中间商。

直接渠道，指生产企业不通过中间商环节，直接将产品销售给消费者。直接渠道是工业品分销的主要类型。例如大型设备、专用工具及技术复杂需要提供专门服务的产品，都采用直接分销，消费品中有部分也采用直接分销类型，诸如低值耗材等。

间接渠道，指生产企业通过中间商环节把产品传送到消费者手中。间接分销渠道是消费品分销的主要类型，医疗器械产品中有许多产品诸如医美类产品等采用间接分销类型。

1. 长渠道和短渠道

分销渠道的长短一般是按通过流通环节的多少来划分，具体包括以下四层：

零级渠道：即由制造商——消费者。

一级渠道（MRC）：即由制造商——零售商——消费者。

二级渠道：即由制造商——批发商——零售商——消费者，多见于消费品分销。（或者是制造商——代理商——零售商——消费者。多见于消费品分销。）

三级渠道：制造商——代理商——批发商——零售商——消费者。

可见，零级渠道最短，三级渠道最长。

2. 宽渠道与窄渠道

渠道宽窄取决于渠道的每个环节中使用同类型中间商数目的多少。企业使用的同类中间商多，产品在市场上的分销面广，称为宽渠道。如一般的低值耗材（棉签、纱布、注射器等），由多家批发商经销，又转卖给更多的零售商，能大量接触消费者，大批量地销售产品。企业使用的同类中间商少，分销渠道窄，称为窄渠道，它一般适用于专业性强的产品，或贵重的高值耗材，由一家中间商统包，几家经销。它使生产企业容易控制分销，但市场分销面受到限制。

3. 单渠道和多渠道

当企业全部产品都由自己直接所设门市部销售，或全部交给批发商经销，称之为单渠道。多渠道则可能是在本地区采用直接渠道，在外地则采用间接渠道；在有些地区独家经销，在另一些地区多家分销；对消费品市场用长渠道，对生产资料市场则采用短渠道。

三、医疗器械分销的基本类型及特点

(一) 医疗器械分销渠道的基本类型

医疗器械分销渠道按其是否有中间环节和中间环节的多少来划分，分为两种基本形式：直接分销渠道和间接分销渠道。

1. 直接分销渠道

直接渠道是指没有中间商参与，产品由生产者(制造商)直接销售给消费者(用户)的渠道类型。主要包括生产者直接销售产品，派员上门推销、邮寄，电话、电视直销及网上销售。直接渠道是工业品销售的主要方式。医疗器械大型设备、专用工具以及技术复杂、需要提供专门服务的产品，几乎都采用直接渠道销售。

直接渠道的优点：

(1)对于用途单一、技术复杂的医疗器械产品，可以有针对性地安排生产。生产厂家可以根据用户的特殊需要组织加工，更好地满足需求。

(2)生产者直接向用户介绍产品，便于消费者更好地掌握产品性能、特点及使用方法。

(3)由于直接渠道不经过中间环节，可以减少产品损耗、变质的损失，降低流通费用，掌握价格的主动权。

直接渠道的不足：

生产者在产品销售上需要花费一定的人力、物力、财力，使销售范围受到较大限制，从而会影响销售量。

2. 间接分销渠道

指有一级或多级中间商参与，产品经由一个或多个商业环节售给消费者(用户)的渠道类型。一阶、二阶和三阶渠道，是消费品销售的主要方式。

间接分销渠道的优点：

(1)中间商的介入，使交易次数减少，节约流通领域的人力、物力、财力和流通时间，降低了销售费用和产品价格。

(2)中间商的介入，不仅使生产者可以集中精力搞好生产，而且可以扩大流通范围和产品销售，有利于整个社会生产者和消费者。

间接分销渠道的不足：

由于中间商的介入，生产者和消费者不能直接沟通信息，生产者不易准确地掌握消费者的需求，消费者也不易掌握生产者的产品供应情况和产品的性能特点，生产者难以为消费者提供完善的服务。

（二）医疗器械分销渠道特点

医疗器械分销渠道对于各企业都非常重要，医疗器械行业因为产品的特殊性其销售渠道也区别于其他渠道，想要做好销售工作，企业就必须先深入了解这些渠道的特点，做好先期工作对销售工作更为有利。

对于大多数医疗器械产品来说，医疗器械分销渠道有其共用性，一个企业如果通过一种产品占领某个销售渠道后，那么此后该企业的其他医疗器械产品就可以源源不断通过该渠道继续走货，所以企业要开拓渠道应该用其主打产品来开路。此外，一个医疗器械企业的产品线越丰富越好，因为渠道一旦打开很多设备之间可以配合使用，一旦医疗机构购买一种医疗器械又会在同一企业购买与之配套的设备，如果同类产品齐全对企业扩大销售很有帮助。很多相关设备在技术以及使用方面都有相似性或通用性，通过已经打通的渠道来实现新产品的快速营销可行性更高。

医疗器械分销渠道还有个显著的特点就是排他性，所以某个企业一旦占领某一渠道后，那么后来企业想要进入该渠道异常困难。医疗器械企业与医疗机构建立合作关系后极易形成渠道壁垒，因为渠道的这种特点，所以医疗器械领域更容易出现强者恒强的情况。

不过医疗器械因产品性质、分类不同也会影响其销售渠道，例如家用医疗器械产品，这类产品技术含量低，企业进入该领域更为容易，在这类产品中主要是拼公司品牌以及销售平台良好程度等等，像鱼跃医疗这种已经拥有自己的网络平台，且注重品牌推广的企业已经在市场上占据不小的份额，业内将该企业定义为白马企业，其发展前景被一致看好。

植入类医疗器械是该行业中技术含量较高的一类产品，这类产品主要是通过学术会议进行营销，只要产品质量过硬，就可以通过会议取得不错的销量，因为医生对一个医疗产品的认可度直接影响患者的选择。中低端医疗器械竞争相对激烈，这类产品对客户黏着度很低，所以企业必须对产品形成规模化、系列化，否则单一的低值产品渠道极易被其他有实力企业抢占。

第二节　医疗器械分销渠道成员及其特点

一、医疗器械分销渠道成员及其分类

由医疗器械分销渠道的定义可知，其成员包括医疗器械生产者、中间商、消费者或用户，但对于医疗器械生产者来说，最重要的工作是如何选择中间商。

（一）生产者

医疗器械生产者是指提供医疗器械或医疗服务的机构或组织，如医疗器械企业、医院等。它们是分销渠道的起点，能对分销渠道的选择和控制起到决定作用。

（二）中间商

医疗器械中间商是指通过医疗器械的买卖如医疗器械代理、批发和零售等活动实现产品转移的组织和个人，比如说医疗器械经销企业、医院等。

按照医疗器械分销商在医疗器械分销渠道中对于产品所有权拥有程度及所处环节不同，可以分为不同的类型：

1. 经销商和代理商

经销商是指拥有一定的资金、场地和人员的组织和个人，在医疗器械流通过程中拥有医疗器械的所有权，有权自行安排医疗器械的销售渠道和范围，并承担一定的经营风险，获取一定的利润。生产企业对其管理、控制的力度较小。

代理商则对于医疗器械没有所有权，只是负责为买卖双方牵线搭桥，提供交易的平台，无权自行选择产品的销售渠道和范围，也无须承担风险。生产企业对其管理、控制的力度较大。代理商根据产品销售的数额提取一定的佣金或提成。

2. 批发商和零售商

按照中间商在分销渠道中所处的环节不同可以分为：批发商和零售商。

医疗器械批发商是指从事医疗器械批量买卖的组织或个人，主要包括一些从事医疗器械批发业务的医疗器械商业企业，相对于零售商更能接近生产企业。

医疗器械零售商是向最终消费者提供医疗器械或医疗服务的组织和个人，一般是指零售药店主要以销售家用医疗器械及低值耗材为主。

（三）消费者及其他辅助成员

消费者或用户是分销渠道中最后一个环节，是分销渠道策略所要服务的对象，也是最重要的一个环节。任何一条高效的分销渠道，其设计的原则均是以有效满足最终消费者或用户的需求为基本目标。

除了上述分销渠道成员外，还有一些为渠道成员提供各种服务的公司或机构如银行、保险公司、广告公司等，它们虽然不直接参与医疗器械的转移，但在医疗器械转移的过程中也起到了非常重要的作用，所以将其称为分销渠道的辅助成员或组织。

二、医疗器械生产者的作用与类型

（一）医疗器械生产者的作用

1. 医疗器械生产者是分销渠道的源头和起点

医疗器械生产者为渠道提供作为交换对象的医疗器械或服务，没有生产者生产产品和服务，也无所谓医疗器械分销渠道，因此，医疗器械生产者的实力、资源及影响力是分销渠道的首要资源。

2. 医疗器械生产者是分销渠道的主要组织者

医疗器械生产者作为生产某些医疗器械的专业机构，其产品在市场中的销售业绩直接决定企业生存与发展，因此与其他渠道成员相比，在选择分销渠道模式和类型的过程中处于主动地位，是分销渠道的主要组织者。

3. 医疗器械生产者是分销渠道创新的推动者

随着市场竞争的加剧，医疗器械生产者的产品在市场中会面临着越来越大的竞争压力，因此会主动选择有利于产品分销的创新渠道模式如电话销售、网络销售等。而市场环境及消费者需求的变化，则会导致生产者促进渠道整合、结构扁平化及战略联盟等渠道方式的发展。

（二）医疗器械生产者类型

根据医疗器械生产者参与分销业务的程度，可将医疗器械生产者分为不同的类型：

1. 专业型生产者

指医疗器械生产企业，专注于医疗器械的生产，没有涉及分销业务，其日常的经营业务往往仅局限于出售医疗器械，其分销渠道的组合与管理均交与中间商。专业型生产者大多是中小型的生产企业，专业化程度较高，产品的品种、疗效及用途比较单一。

2. 复合型生产者

指医疗器械生产企业不仅从事生产活动，而且还参与医疗器械的分销业务，如建立自己的销售网络直接销售产品。复合型生产者一般资金比较充足、产品品种比较多、企业经营范围比较广，通常通过新建、兼并及重组等方式进行一体化。

三、医疗器械批发商的特点、职能及优势

医疗器械批发商是指从事医疗器械批量买卖的组织或个人，主要包括一些从事医疗器械批发业务的医疗器械商业企业。

（一）医疗器械批发商的特点

1. 交易次数较少、交易金额较大、非现金结算

批发商批量买卖医疗器械，因此交易次数较少，而交易金额较大。由于批发商还需要将相关医疗器械批发给相关零售商进行分销，因此资金回笼较慢，所以在结算方式上一般采取按月、按季等非现金结算方式。

2. 企业规模较大、分销经验较为半富、专业化程度较高

批发商批量买卖医疗器械，每次交易的金额较大（批量较小无法支持批发交易的正常进行），而交易数额较大，决策的风险也较大，因此每次交易都会慎重决策，积累的分销经验较为丰富；再者由于资金较为集中，所以批发商会采取专业化经营增强企业竞争力，降低经营风险。

（二）医疗器械批发商的功能与作用

医疗器械批发商之所以在医疗器械分销渠道中占据重要地位，主要是因为对生产企业起到一定的分销职能，主要包括以下几方面：

1. 市场覆盖

保持较大而且较为稳定的市场覆盖面，批发商往往具有自己较多且较稳定的零售商，因此能够满足生产企业产品快速覆盖某市场的要求。

2. 存货储备

批发商从事的是医疗器械的批量买卖业务，一般都具有储备大量医疗器械的能力，以减轻生产企业存货压力和风险。

3. 信息收集

批发商与零售商联系较为紧密，在了解市场信息方面更具有一定优势，因此生产企业可以通过批发商了解市场相关信息，有利于生产企业更好地把握市场信息的变化。

4. 客户支持

批发商面对许多零售商，其利润随产品销售额的增长而增加，因而它们非常关注产品的销售状况及客户满意情况，可以承担一些日常为客户服务如送货、换货及咨询服务等事项。

（三）医疗器械批发商的优势

由医疗器械批发商的概念与职能可知，与其他渠道成员相比具有以下几方面优势：

1. 经营优势

批发商长期从事批发业务，分工较细、专业化较强，分销经验比较丰富，在长期的分销实践中形成自身的分销网络和市场，很多批发商还拥有较先进的运输设备、存储场地及检验检测的仪器等资源。

2. 资金优势

由于每次交易医疗器械数额较大，批发商一般除自有资金较为雄厚外，还能够获得银行等金融组织的贷款支持，所以能够为生产企业减轻产品流通领域内的资金压力。

3. 信息搜集优势

医疗器械批发商在分销渠道中上联生产企业，下联分销商，处在信息流通的枢纽位置，所以能够搜集市场信息，可以及时传递给生产企业。

四、医疗器械分销商的特点、职能及优势

医疗器械分销商是向最终消费者提供医疗器械服务的组织和个人，一般是终端客户等。

（一）医疗器械分销商的特点

1. 处于产品分销渠道的最终环节，销售对象是最终消费者

医疗器械分销商面临众多消费者，直接与消费者打交道。

2. 医疗器械分销商平均每次交易金额较小，销售区域较为狭窄

与批发商有所不同，医疗器械分销商面临的是最终消费者，而最终消费者购买产品一般是单个且多品种或小批量，因此每次交易的数额较小；而且消费者主要人群是分销商附近的医疗机构或零售药店，因此销售区域较为狭窄。

（二）医疗器械分销商的功能与作用

1. 提供较为完善的产品和服务

医疗器械生产企业一般只生产几种产品，若每家生产企业都开设一家经销公司，且只卖自己的产品，那么消费者要购买比较齐全的产品，需要去很多家经销公司，非常不方便；而医疗器械分销商可以将不同企业的不同产品进行组合，便于消费者在一家经销公司购齐自己所需产品。

医疗器械分销商的大部分消费者为附近居民，关系较为融洽，有利于提供一些便利的服务如送货上门、赊销及咨询服务。

2. 产品仓储

为了满足日常销售需要，医疗器械分销商一般还需要储备一定的产品，这就在一定程度上具有仓储的功能；特别近几年兴起的医疗器械物流中心或医疗器械超市等产品分销终端，更是起到十足的产品仓储的功能。

3. 医疗器械市场信息搜集

医疗器械分销商直接面对用户，相对于其他分销渠道成员来说，更能够了解用户对于产品需求及市场竞争的变化的情况，可及时将市场信息反馈给上一级渠道，以便调整产品品种组合。

（三）医疗器械分销商的优势

1. 地理优势

医疗器械分销商最大的优势在于方便消费者购买产品，无论是医院还是社会分销药店均有自己固定的消费者。由于产品作为一种特殊的商品，能够减缓消费者的痛楚，因此消费者一旦产生需要（患有某种疾病），首先会选择最便利的医疗单位就医。所以，地点对于消费者来说成为选择产品的重要因素。

2. 品种齐全、便与一站式购齐所需产品

目前的医疗器械分销市场上，医疗器械超市成为一种新兴的产品分销方式，其产品品种一般比较齐全，方便消费者购买需要的产品。至于普通的药店，一些常见的医疗器械也较为齐全，能够满足消费者需要。

由于分销商具备上述特点和优势，因此目前一些新兴的医疗器械分销形式，如平价药房、连锁药店及产品物流中心等产品分销形式发展都较为迅速。

五、医疗器械代理商

医疗器械代理商是指受委托人委托、替委托人销售产品并收取一定佣金的组织和个人。按照代理权限不同可分为：全国代理商和地区代理商。

第三节 医疗器械分销渠道的战略设计

一、医疗器械分销渠道战略设计总成本理论

医疗器械分销渠道既是企业满足消费者需要的一种手段，也是企业获取和保持市场竞争优势的一个必要条件，因此在企业营销实践上具有较高的战略意义。企业应该从战略的高度来看待渠道的建设与管理问题。

如何设计理想的分销渠道，医疗器械企业要考虑的因素多而复杂，但其关键因素是分销成本和效率匹配的问题。分销成本与效率是一对矛盾，如何平衡二者之间的关系成为企业在设计分销渠道时所要考虑的重要因素之一。

在设计医疗器械分销渠道时应该考虑三方面的因素，即生产企业、经销商及用户三者的供货时间及供货成本的变化情况，基本原则为三者总成本最低。

在市场竞争中，一方面，分销渠道的设计要满足及时供货的需求，尽量使供货时间与产品需求时间相吻合，即准时供货；另一方面，由于医疗器械生产具有规模经济性、批量供货成本较小等特点，生产企业和经销商会选择批量销售、延长供货时间间隔期，这与消用户要求及时供货成为一组矛盾。因此，分销渠道的设计原理主要是综合考虑二者之间的关系，尽量做到总成本最小，如图 7-2 所示。

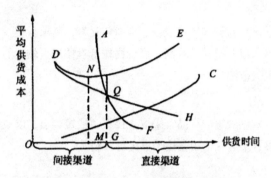

图7-2　分销渠道设计总成本最低分析图

图 7-2 中，曲线 C 表示买方仓储成本，供货时间越长，所需储备的产品相应越多，买方的仓储成本就越高。曲线 AF 表示由生产企业直接向用户供货的成本，供货的时间越短，则生产企业的成本越高，因此曲线 AF 是向下倾斜的。曲线是经销商的供货的成本，因为经销商同时经营多种产品，因此具有一定的规模效应，所以供货成本要比生产企业的平缓。Q 点为曲线 AF 与的交点，此点的含义表示由生产商和经销商向消费者供货的成本一样，所以采取直接渠道和间接渠道的成本是一致的，对应的供货时间是 OG。可见，仅从生产企业和经销商的角度来看，当市场允许的供货时间小于 OG 时，选择间接渠道总成本最小，而当供货时间大于 OG 时，生产企业选择直接渠道总成本最小。

但是建立高效的分销渠道不仅要考虑生产企业和经销商的成本最小，还要考虑用户的仓储成本最小。如图 7-2 所示，曲线 E 表示生产企业、经销商及用户三者总分销成本变化趋势。在 G 点左侧，总分销成本包括经销商和用户的成本之和，在 G 点右侧，总分销成本为生产企业与用户的成本之和。N 点为总分销成本最低点，CM 表示总分销成本最小时的供货时间。可见，随着时间的推移，总分销成本起初是下降的，但是到了一定程度之后，分销成本会逐渐上升，因此最佳分销渠道设计取决于总分销成本最低点 N 的位置，即 M 的位置。当总成本最小时的供货时间 OM 小于 OG（此点经销商的分销成本与直销的成本相等）时，宜选择间接渠道；反之，则采取直接渠道为好。

二、影响医疗器械分销渠道设计的因素分析

影响医疗器械分销渠道效率的因素很多，如医疗器械因素、市场因素、企业因素及经济形势及法律法规等因素，只有对这些因素进行分析，才能设计出高效的医疗器械分销渠道。

（一）医疗器械因素

由于医疗器械的单价、技术含量、时效性、科技含量及生命周期等因素的不同，因此分销渠道设计也有所不同。

1. 医疗器械的单价

单位价值较高的医疗器械如医疗设备、高值耗材等，需求量较少而且偏好较强，宜采取直接渠道或短渠道，以获得较高利润，而价格较低且使用量较大的低值耗材宜采用较长渠道，以增大市场覆盖范围。

2. 医疗器械时效性

季节性较强或有效期较短的产品宜采取直接渠道或短渠道，以减少中间转移时间，间接延长保质期，如感冒贴等宜选用直接渠道进行分销。

3. 科技含量

新产品科技含量较高，在售前、售中及售后服务方面要求也较高，宜选择直接渠道或短渠道进行分销，便于咨询与服务。

4. 适用性

如果医疗器械的适用性较强，市场较为广泛，如纱布、棉签，宜选择宽渠道进行销售，可以增加市场覆盖面积。

5. 生命周期

在实际设计渠道过程中，除了以上因素之外还要考虑医疗器械所处的生命周期阶段，不同的生命周期阶段，分销渠道也应有所不同，在导入期为了能够尽快进入市场，并了解市场的信息变化，宜采用短渠道或直接渠道，有利于反馈市场信息，及时调整企业的营销策略；而在市场成长期，由于医疗器械知名度的提升，市场销售量逐渐增加，因此在渠道选择方面宜选择长渠道或增加直销网络等方式，方便消费者购买；而在市场成熟期，由于医疗器械需求较为稳定，在渠道选择方面需要再进行调整、优化、控制，增强分销渠道的效率并降低其成本，因此适当减少分销渠道的长度、增加其宽度或优化直销网络；而在医疗器械的衰退期，由于市场需求降低，销售量下降，因此必须调整分销渠道，由长变短、由宽变窄，以降低成本。

（二）医疗器械市场因素

在选择分销渠道时，除了考虑医疗器械因素外，还要考虑市场因素如市场需求特征、市场规模及竞争程度等情况。

1. 市场需求特征

如果市场需求比较旺盛，企业应采取宽渠道策略，以满足最大限度的需求，反之应采用窄渠道；如果市场需求的变化较为复杂，企业应采用短渠道或直接渠道，便于搜集市场信息、调整营销策略，反之应采用长渠道或间接渠道，以扩大销售区域。

2. 市场规模及竞争程度

如果市场规模较大，市场竞争较激烈，企业应采取直接渠道或短渠道，以便能够控制市场的变化。如大城市或发达城市市场，市场规模较大、竞争较为激烈，宜采用自建销售渠道或短渠道的分销策略；而规模较小、区域较大的市场宜采取长渠道或间接渠道的分销策略，如在产品第三端市场中宜采用更多中间商的渠道策略。

（三）企业因素

企业在选择、设计分销渠道时还要考虑企业本身的情况，如企业声誉、规模、管理能力、资金实力及战略等因素情况。大型企业规模比较大、声誉较好，管理能力及资金实力都比较强，因此在选择分销渠道宜以短渠道或直接渠道为主；而一些中小企业知名度较低、企业规模较小而且缺乏资金，因此宜以选择长渠道或间接渠道为主，要依赖于中间商去分销医疗器械。

（四）经济形势及法律法规

1. 经济形势

在经济环境较好的情况下，需求较为旺盛，市场发展较快，因此企业选择分销渠道的余地较大；而当经济出现萧条、衰退时，市场需求下降，因此企业必须减少分销渠道环节，使用较短渠道或更为直接的渠道。

2. 法律法规

国家法律法规等也会对医疗器械的分销渠道的选择和设计产生影响。如：公费医疗制度、基本医疗保险目录等法律法规，都直接影响或制约了医疗器械分销渠道的选择与设计，而一些特殊产品也要按照相关规定进行分销。

三、医疗器械分销渠道战略设计

（一）医疗器械分销渠道战略设计的概念

分销渠道战略设计是指对关系企业生存与发展的基本分销模式、目标与管理原则的决策。其基本要求是：适应市场环境的变化，以最低总成本传递医疗器械，获得最大限度的顾客满意。因此，渠道设计必须遵循两个原则，即一是以合理价格向消费者提供值得信赖的医疗器械或服务；二是细分市场并以适当的医疗器械满足目标市场的需求。

（二）医疗器械分销渠道设计决策程序

1. 确定渠道的基本模式

医疗器械企业在设计分销渠道时必须对这些问题做出回答：

（1）产品最终销售终端是医院，还是社会零售药店或者是第三端？

（2）医疗器械分销需不需要经销商的参与或者是自建营销网络和经销商共同存在？

（3）经销商的类型怎样及数量多少？

2. 选择经销商的层次与幅度

在确定了基本分销渠道以后，如果采用经销商进行分销医疗器械，还需要确定经销商的层次与幅度，如采用长渠道还是短渠道、密集型渠道还是选择型渠道或者是独家渠道或者是多种渠道并存的模式。

3. 确定分销渠道成员的权利与义务

除了确定经销商的层次与幅度之外，还要确定渠道成员的权利与义务，其主要内容是价格策略、销售条件、经销区域及其他事项等。

4. 对渠道方案的选择与评估

依据总成本最小、效率最高的原则对所设计的分销渠道进行评估、选择，评选效能最高的渠道方案。

5. 制定实施计划方案

渠道决策分析最后一个环节是制定具体的实施计划方案，就是将渠道战略设计具体化，根据战略方案和战略重点，规定出任务的轻重缓急和时机，进一步明确工作量和时限，并考虑由谁来执行，如何执行，需要如何配置相应的资源等。如果不编制具体的实施计划，再好的战略设计也是纸上谈兵。

第四节　医疗器械分销渠道的管理

一、评估渠道成员的绩效

医疗器械企业在设计分销渠道时，还要对所设计的分销渠道进行必要的选择与评估，根据评估结果进行优化渠道模式。评估的标准有三种：经济标准、控制标准和适应性标准。

1. 经济标准

每一种分销渠道模式都会产生不同水平的分销量和分销成本，企业的决策标准应是用最小的成本产生理想的经济效益。因此，是否使用经销商以及经销商的层次与幅度等问题，要通过统计分析，科学预测与决策，进而优化分销渠道。

2. 控制标准

在市场竞争中，经销商是独立的经济体。它们最关系的是自身利益能否得到保证，而不像自建销售网络会关心医疗器械销售情况，因此在控制标准的选择上要采用不同的标准。不同的经销商、分销渠道的长短不同，对其控制的难易程度也有所不同。一般来说，对大型经销商控制能力较弱，而对中小经销商控制能力较强；分销渠道越短，对其控制能力越强，而随着分销渠道的加长，对其的控制能力越弱。企业在设计分销渠道时，要考虑对分销渠道的控制问题，要实现多赢、长期合作及稳定发展的分销渠道模式。

3. 适应性标准

市场营销环境是不断变化的，因此，每一种分销渠道只能在短期内有效，而不能一成不变地使用，还要不断进行调整和改进，以适应市场环境的变化。在对分销渠道进行调整和改进时，需要企业慎重考虑相关法律法规、文化传统、传统的分销模式等约束。

综上所述，对于渠道的评估不止一种标准，要考虑多种标准，在不同的时期其标准也有所不同，因此企业要根据自身情况及市场环境的变化，选择合适的评估标准对分销渠道进行评估。

二、激励医疗器械分销渠道成员

（一）激励医疗器械分销渠道成员的概念及原因

1. 分销渠道成员激励的概念

分销渠道成员激励，是指医疗器械厂商为促进分销渠道成员努力完成公司制订的分销渠道目标而采取的各种激励或促进措施的总和。

2. 分销渠道成员激励的原因

大多数情况下，构成分销渠道系统的渠道成员与医疗器械厂商属于不同的经济实体，具有不同的价值导向及盈利目标。再者，渠道成员之间的关系及与厂商的关系不是行政管理关系，而是一种合作关系。所以，若要维系好这种渠道成员之间、渠道成员与厂商之间关系，并使整个分销渠道系统能够有效协调、运作，必须对渠道成员进行有效激励。

（二）分销渠道成员激励的类型与方法

按照不同的分类标准分销渠道成员的激励可分为不同类型，如按照激励对象进行划分，可以分为对批发商、零售终端及用户的激励；按照激励手段可分为直接激励和间接激励；

依据激励实施的时间不同，可以分为年度激励、季度激励和月度激励等。在营销实践中，医疗器械厂商大多同时采用两种或两种以上的激励方式配合使用，这样可以根据厂商设计的渠道激励目标组合成各种各样的激励方案，以达到最优激励效果。

1. 激励对象不同的激励类型

（1）对代理商及经销商的激励。医疗器械厂商事先设定一个销售目标，如果代理商或经销商在规定的时间内达到了这个目标，则按照事先约定给予奖励。

在对代理商或经销商采取激励措施时，应该把握好一个度的问题，着重将奖励的考核依据放在实际的销售量上，否则可能造成经销商的短期利益最大化，或者导致"窜货"，这会造成价格体系混乱，影响到市场的正常发展。

（2）对零售商的激励。除了鼓励代理商或经销商之外，还应该激励零售商，增加他们进货、销货的积极性。常见的激励方法有提供一定数额的产品中标费、挂网成功费、医保目录费、年终返利等形式。

（3）对用户的激励。对用户的常见激励方法有即买即送、免费试用、累计消费数量或次数或消费金额达到一定额度后给予优惠、折扣或降价、免费送货、提供咨询服务，等等。

2. 依据激励手段分类

（1）直接激励。所谓直接激励，就是指通过给予渠道成员物质或金钱的奖励来激发其积极性，从而实现企业的销售目标。在营销实践中，厂商多采用返利的形式奖励渠道成员的业绩。

（2）间接激励。所谓间接激励，就是指通过帮助渠道成员进行日常销售管理，以提高其销售的效率和效果来激发渠道成员的积极性和销售热情的一种激励手段。

三、化解医疗器械分销渠道的冲突

（一）渠道冲突的概念

分销渠道冲突是指分销渠道成员因销售政策决策权分歧、销售目标差异、信息沟通困难、责任划分不明确等原因而产生的争执、敌对和报复等行为。

（二）渠道冲突产生的主要原因

1. 期望差异

一般来说，医疗器械生产商对于市场的期望要高于经销商，他们对经济形势的预测、市场的需求等都会持乐观态度，而经销商对于市场的期望往往会低于生产商，因此生产商有时会认为经销商的销售不够努力，而经销商则认为销售目标过高。

2. 沟通障碍

当一方存在不满情绪时，如果信息沟通不当，会发生冲突；当冲突产生时，如果信息沟通出现问题，往往会导致冲突升级。

3. 资源稀缺

当分销渠道成员某方资源稀缺时，在分销医疗器械时可能会出现不公平，因而导致其他分销成员的不满或抱怨。如在某医疗器械畅销时，其批发商会因生产企业供应不及时，产生抱怨等，如果不能妥当处理，甚至会导致冲突。

（三）窜货

1. 窜货的概念

窜货，又称"倒货"或"冲货"，是指医疗器械越区销售。如某地区批发商将某医疗器械转移到其他地区进行销售，从而造成市场价格混乱，严重影响到厂家的声誉。其根本原因在于分销渠道成员之间的关系较为松散、缺乏信任。商品流通的前提在于存在差价，会从低价区流向高价区，从滞销区流向畅销区。

2. 窜货的原因

（1）价格诱惑。目前在医疗器械分销领域，还存在很多批发、零售环节，每一层分销渠道都会产生一定的折扣，因此对于分销渠道环节较少的某些地区，医疗器械的差价空间较大，形成了让其他经销商越区销售的原因。

（2）销售目标过高。规定时期内完成一定销售任务的经销商会得到相应的折扣政策，因此在销售目标过高，而在规定的时间内无法完成，经销商通常得不到这些优惠折扣时，往往会采取越区销售即降价窜货。

（3）经销商激励不当。为激励经销商的销售热情，提高销售量，很多生产企业会对经销商进行激励措施，如"年终奖励"等返利措施。通常，年初经销商与生产商签订销售合同，年终返利大小与销售量直接挂钩，销售量越大，返利越多，因此会导致经销商以销售量最大化为原则，越区销售，赚取更多的年终返利。

（四）分销渠道冲突的解决对策

1. 冲突的处理

渠道成员发生冲突时，应当及时分析渠道冲突的类型、内容及原因，以适当的方法来处理，最大限度地消除不良影响。其基本方法有以下几种：

（1）及时交换意见。大多数渠道在发生冲突时，都会出现某些征兆如窜货、乱价或不及时支付货款等现象发生。当某些渠道成员出现此类问题时，应该及时与之沟通、交换意见，以长期共同的利益或目标为重，通过保护双方共同的利益，尽量将冲突大事化小、小事化了。

（2）及时激励或调整策略。当某些渠道成员有问题时，最根本的原因是他们的利益受到威胁或损失，因此会产生抵触情绪，导致冲突发生。所以，在发生渠道冲突时，其他方应该通过调查了解其原因，通过调整激励措施或调整渠道策略满足其需求，以改善渠道成员关系，从而解决渠道冲突。

（3）调整、清理渠道成员。在实际操作中，对于通过多种方式也无法平息渠道冲突或者如果采取某种措施会影响到企业最终的渠道目标的分销渠道，如经常窜货、恶意调整价格或者总是不能实现企业的分销目标的渠道成员。生产企业可以采取清理或调整分销渠道成员的方式来解决冲突。

总之，渠道冲突的处理，应动之以情、晓之以理、行之以度、先礼后兵、先协调后惩罚的方法解决此类冲突。

2. 窜货的处理

窜货问题导致的后果非常严重，它可以破坏企业的市场布局、品牌价值、在用户心目中的形象或者损害其他经销商的利益等，因此有必要采取相关措施解决此类问题。常见的方法有如下几种：

（1）加大对渠道成员的激励与促销支持，平衡不同市场产品的畅销程度。同一医疗器械，由于不同市场畅销程度不同会导致窜货，最根本的原因在于畅销程度不同会导致其所获得利益不同，因此对不同的渠道成员要给予适当的激励与促销支持，以鼓励他们以长期利益或目标为重，避免过度追求短期利益。对于销售不力的市场区域，生产企业应该适当调整促销策略或力度，以有利于经销商销售本企业的产品，从而平衡不同市场产品的畅销程度，避免窜货事情的发生。

（2）稳定价格体系。导致窜货的另外一个重要的原因，是因为同一产品在不同市场中的价格不一致，所以要消除窜货，还需建立合理、规范的价格体系，对于同一级别的经销商供货价格进行协调、平衡，尽量降低差价范围。

（3）外包装差异化。对于不同市场的产品外包装给予一定的标志进行差异化，如颜色差异化、印有不同的标志等，有利于进行市场监督，避免跨区销售。

（4）加强市场监督。设立市场总监或市场巡视员工作制度，加强对窜货的监督和控制力度，对于窜货问题"屡教不改"的经销商，企业应及时给予惩罚或处理，以制止窜货事件的发生，从而避免更为严重的事情发生。

总之，对于窜货现象，企业要做到"防患于未然"，及时处理，以免造成不良后果。

四、医疗器械物流管理

医疗器械营销不仅是寻找并满足用户的需求和欲望，而且还要适时、适地、适量地提供给用户所需要的产品或服务，为此要进行医疗器械的仓储和运输，即进行物流管理。企业制定正确的物流策略，对于降低成本费用，增强竞争实力，提供优质服务，促进和便利顾客购买，提高企业效益具有重要的意义。

（一）物流的概念

所谓物流，是指医疗器械企业通过有效地安排产品的仓储、管理和转移，能够使其产品能在适当的时间送达适当地点的经营活动。

医疗器械物流的职能是将产品由其生产地转移到消费地，从而创造地点效用。在医疗器械转移的同时，还伴随着信息的传递，这是物流与信息流的统一。

（二）物流的目标

企业物流目标包括以下几个方面，分别为快速反应、最低库存、集中运输、最小变异、质量等。

1. 快速反应、及时供货

这是企业物流目标中最基本的要求，是指医疗器械企业将医疗器械及时快速的传递到用户手中，如通过现代化的运输工具及物流信息管理系统进行分销医疗器械。

2. 最低存货

由于渠道层次的增加及经销商的增多，相应地也增加了医疗器械在整个物流环节的存货，而存货的增加导致企业营销成本的加大，因此降低存货水平称为医疗器械物流的另外一个重要目标。

3. 集中运输、降低物流成本

医疗器械运输应尽量减少运输次数，而加大每次运输量，从而降低物流成本。

（三）物流管理

物流管理是为了实现既定的物流目标，提高医疗器械分销的效率与速度，而对物流系统进行的计划、组织监督与调节的过程，通过对产品运输、仓储及信息传递与沟通等活动，以最小的成本、在合适的时间、地点，将相关医疗器械运送到相关终端手中，一般包括库存管理、运输管理及配送中心管理等三部分内容。

1. 库存管理

库存管理是指通过对仓储的医疗器械的规划，降低其库存成本的过程。医疗器械在流通过程中，在各个环节要保持一定的存货量，以免发生缺货或延期交货等问题时给消费者带来的不便或损失。

2. 运输管理

在医疗器械物流过程中，企业要跟据自己的资源和目标选择做出合理的运输决策，即走最小的里程、经最少的环节、用最小的运力、花最小的运费、以最快的时间，把货物运送到目的地，取得最佳经济效益。其基本方法有两种：集中运输及专业运输。

（1）集中运输。对于医疗器械的不同运输目的地，应据实际情况合理分配运输量，尽力达到规模运输来降低运输的成本。

（2）专业运输。组建专业运输公司，通过提高技术装载量的方法，最大限度地利用车船装载吨位或容积。当然，对于自己运输和使用专业运输车队要进行评价，以便合理选择运输方式。

3. 配送中心的管理

（1）订货、发货管理。通过建立物流管理信息系统，将生产企业、配送中心、经销商等终端联系起来，做到网上订货、及时发货，同时自动生成相关票据。

（2）医疗器械自动登录及存放管理。运用条形码技术，自动登录医疗器械，并运用现代化运输设备进行仓库产品的排放与规划，做到能够及时补充所缺存货，并按要求发出所需产品。

（3）分拣作业。按照不同客户的产品需求，将所有医疗器械按照规定进行备货、分拣及配送到指定位置的过程。

配送中心的最重要的任务在于能够更方便、更快捷及更经济地配送各种医疗器械，满足客户物流的需求。

第五节　我国医疗器械分销渠道的特点分析

一、我国医疗器械市场营销模式

（一）我国医疗器械市场分销渠道模式

目前，我国医疗器械销售的主渠道仍然是医院，90% 左右的医疗器械销售是通过医院器械科实现的，剩下的大约 10% 销售量则由处在激烈竞争中的经销商来完成。

我国现有医疗器械市场分销渠道模式有以下几种：

1. 传统医疗器械站、医疗器械公司的分销模式

传统医疗器械占有较强的医院覆盖能力，而且在本地有终端市场的开发能力，是医疗器械理想的购销、推广代理。

但从运行情况来看，传统医疗器械站多数在低毛利、高费用的怪圈中运行，且有"买涨不买落"的现象，临床推广力度也有欠缺。

2. 全国或区域代理制的分销模式

在全国建有市场开发网络，总代理几个医疗器械品种，进货成本低，运营成本高，盈利可观，适合有好的医疗器械新品种但自身没有足够营销实力的中小厂家选用。

代理医疗器械品种的营销模式，对于寻求代理的厂家而言，关键在于多家代理商能够构成完善、有层级关系而又不会重叠太多的营销网络，同时能够有效管理这些网络，使得

厂家与商业资本能够共同承担市场风险和获利，但要注意避免短视的短期行为。

3."大卖场式"（类似医疗器械超市、平价药房等形式）的分销模式

具有较强的分销能力，大进大出，低成本运作，经营以多品牌的成熟品种为主，薄利多销，逐步做到总代理少数厂家的品牌。"大卖场式"的营销模式，多是现款现货，容易上量，适合作低值耗材的通路。这种分销模式在大中城市医院开拓力度较差，社区医疗和农村市场是开拓重点。

（二）中国医疗器械市场终端推广模式

1. 生产企业组建专业推广队伍的模式

大型医疗器械企业中具有独立证照可经营除本企业以外产品的营销公司，一般在全国建有完善、健全的市场开发网络，终端开拓能力强，学术推广到位，主动控制性好，但经营费用高。品种多、价格高的工商企业多选择这种模式。

2. 专业推广公司的模式

原先多为独立注册的医疗器械科技开发公司、咨询公司等，虽然没有许可证，但控制了一定数量的医疗器械终端，可通过中间人协议方式进行合作，很多新办医疗器械厂通过与之合作已取得了不俗业绩，是一条不可忽视的通路。随着医疗器械市场的改制，他们之中不少已拥有自己的医疗器械公司，操作正步入正轨。具体方式是采取佣金方式，可以降低公司风险与费用，适应利润较高、操作性灵活的品种。

3. 全国或区域经销商承包终端推广的模式

医疗器械终端推广模式可根据医疗器械的性质不同分为两类：新产品终端推广模式——医院推广会、经销商推广会。医院推广会是指医疗器械企业的产品获准进入或已经进入大、中型医院后，企业和医院联合召开的一种新产品介绍会。主要目的是向医生介绍、宣传新产品的研究、使用方法、临床使用等多方面的情况，增加医生对产品的了解、认识，促使医院购买此产品或增加此产品使用量的增长。

（三）可供制药企业选择的国内医疗器械分销模式

分销渠道与终端推广模式的不同组合产生出多种多样的分销模式，企业要根据自身的资金情况、人才资源、产品特征及市场竞争与需求等因素综合考虑来选择适合自身情况的分销模式。

结合国内医疗器械市场现实情况来分析以上分销渠道及终端推广模式，可供医疗器械企业考虑选择的国内医疗器械市场的分销模式可以归纳为以下三种模式：

1. 专业推广的营销模式

选择区域经销商作为开发区域市场的物流分销合作伙伴，利用区域经销商在当地的市场覆盖能力与物流配送能力切入当地的医院，企业自建专业推广队伍开展终端（医院）促

销推广工作。

2. 区域总经销的分销模式

企业着力于形象与产品品牌的建设，制定出一套切合市场现实的产品市场计划与招商方案，把全国市场分成若干个区域开展招商活动，每个区域选择一家总经销商，利用区域总经销商在当地市场的分销能力与终端促销能力来拓展市场并开展产品销售工作。企业组建一支强大的商业队伍实施对市场的管理与控制并协助总经销商开拓二级经销网络，扩大市场覆盖。经销商利益体现为业务佣金。

3. 买断制分销模式

这种模式比较复杂，共同的特点为企业以底价的方式把产品的经营权让给代理商。又有全国总代理模式、区域代理模式（可以是区域性商业公司、专业推广公司或有一定区域终端市场网络的个人）和企业内部人员买断制的分销模式。

全国总代理模式常常是由代理公司全面负责产品品牌的建设与产品营销推广工作。

区域代理模式难以由代理商来负责产品品牌的建设，可由企业负责适当的品牌建设工作，产品的推广与促销工作交由代理商完成。企业只需要设立一支轻型的商业队伍来对已有的业务实施管理与控制，建立一支轻型的市场推广队伍来开展招商活动及发展有效的代理商网络，并协助代理商开展市场推广工作。

企业内部人员买断制的营销模式一般采用现款现货的方式，也有采用保证金制的方式。主要的好处是应收账款风险小。但不利于市场的拓展与业务的有效提升，市场核心资源掌握在个人手上，不利于企业对市场风险的控制。

（四）我国医疗器械分销模式创新及发展趋势

市场分销模式也随着市场需求的变化、产品竞争的变化及人们对市场营销理念理解的不断加深而处于不断变化与创新的过程中，以下是几种创新分销渠道模式。

1. 医疗器械工商联营（合作、共同体）的营销模式

以医疗器械工商企业的资金、品牌、品种、管理信息等资源为纽带，抓住品种研发（买品种或合作）、委托加工、特许经销等各个环节，实现物流从上而下、信息网状流动的整体营销体系。关键是选择好品种和特许经销商，形成利益联盟体系，以充分发挥各自优势，谋求共同发展。

2. DTC 营销模式

DTC（Direct-to-Consumer）是指直接面对用户的营销模式，包括任何以终端消费者为目标而进行的传播活动。它可以同时满足患者、医生和企业的需求，从而实现医疗器械市场患者赢健康、医生赢数据、企业赢利润的"三方共赢"局面。

具体运行流程是：患者通过发传真、登录互联网站、拨打免费电话或填写调查问卷的方式向医生反馈他们的症状缓解情况、治疗满意程度、生活质量等数据，然后通过医院信

息系统将这些数据自动整合成报告转给医生，以帮助其评估和完善处方决定。这些直接来自患者的数据，有助于医生提高对患者的治疗效果。

3. 医疗器械网络营销

医疗器械企业在网上建立自己的网站或通过联结其他一些知名网站，来宣传企业及其产品，并对医疗器械的售前、售中、售后各环节进行跟踪服务，目前这也是有效分销医疗器械的重要渠道之一。

4. 电子商务环境下产品流通体系

体现在电子商务环境下的产品流通体系中，就是电子商务与医疗器械物流整合的流通业态。这种业态是一种比较理想的医疗器械分销模式，它充分利用信息技术，将电子商务与传统的医疗器械分销产业相结合，形成先进的医疗器械分销企业模式。医疗器械流通主体在追求价值增值和降低成本的权衡中，依靠其价值链核心环节"点"的突破，从而带动企业业务"面"的发展，从自己的优势出发（这种优势表现为在该渠道上具有成熟、精湛的技术和较低的成本），增强其核心竞争能力，强化自己的优势地位。

二、我国医疗器械流通领域特殊性和原因分析

（一）我国医疗器械流通领域特殊性

1. 医疗器械经销商流通费用率居高不下，市场秩序混乱，盈利能力较低

我国医疗器械批发企业的流通费用率高达 12.5%，是美国医疗器械批发企业的 4 倍左右。虽然我国医疗器械企业的毛利润率较高，约 30%，可净利润率却只有 5 ~ 10%，还不到美国企业的一半。医疗器械市场无序竞争，过度竞争。

2. 布局极不合理

由于受传统医疗器械流通体制的影响，医疗器械批发企业仍按照行政区划而不是按照医疗器械的合理流向进行优化，平均每个省拥有 N 多个批发企业，不符合全国医疗器械大流通、全国统一医疗器械大市场的趋势。而且，产品零售网点主要集中在广州、深圳等大、中城市及沿海发达省区，而广大农村及偏远地区，产品终端数量较少。

3. 信息化程度参差不齐，信息资源不能共享

从总体情况来看，我国医疗器械流通主体的信息化水平非常低，计算机及其网络技术的应用还不普及，尤其是县及其以下的医疗器械流通企业中，计算机应用、软件开发人才十分匮乏，很多企业不熟悉、不了解电子商务、网上销售、物流配送等现代流通方式，经营管理者难以借助网络技术及计算机信息系统来掌握客户动向及商品流向，很难实现商品流、信息流、资金流的有效流通和管理。

4. 缺乏现代化医疗器械物流手段，医疗器械物流技术尚未成熟

我国大部分医疗器械生产、批发企业以及医疗器械零售企业独自建造大型物流企业，

彼此相互独立，缺乏交流与沟通，造成物流资源不能充分利用，物流各环节断裂，价值链脱节，不能形成核心竞争力，建设及经营成本较高，医疗器械物流资源浪费严重。

5. 医疗器械市场中介组织发展尚不完善

医疗器械市场中介组织是指为适应电子商务交易方式的要求、具有与传统流通主体不同运作方式的新的市场媒介体，其中包括新型网络服务商、第三方物流企业等。目前，我国医疗器械分销体系仍然以传统分销企业为主，电子商务条件下的新型市场中介组织的产生和发展所需要的条件还不完全具备。

（二）医疗器械流通领域特殊性的原因分析

1. 地方保护主义的存在和社会保障体制的不健全，造成我国医疗器械商业企业过多、过小

医疗器械分销过程中的丰厚利润吸引了众多企业的加入，过度竞争后使得行业利润不断降低，相当多的企业进入微利甚至亏损境地。但在行业与地方保护主义的呵护下，经营不善的企业还在市场中苦苦挣扎，迟迟不退出医疗器械流通市场，这便形成了如今我国医疗器械商业企业数量多但规模小的怪现象。

2. 盈利能力下降与费用率居高不下，导致行业亏损面不断扩大

随着越来越多的企业加入医疗器械批发市场的竞争行列，以及生产企业及医疗器械销售终端企业讨价还价能力的增强，厂价与批发价之间的利润空间变得越来越薄。而我国多数的批发企业在管理、仓储及配送方面的费用控制存在诸多不足，流通费用率居高不下。盈利能力的下降与费用滞涨，直接导致了我国医疗器械批发企业大幅度亏损。

3. 计划控制和市场规律交互作用，导致医疗器械市场的秩序混乱

由于我国医疗器械定价体系自身的缺陷加上消费者购买产品存在着严重的信息不对称及产品之间的替代性和互补性很强等原因，在一部分计划和一部分市场的交互作用下，在医疗器械生产企业的产品成本价与产品零售价之间就产生了一个动态的、说不清的费用空间。也就是因为存在这个说不清的费用空间，导致了医疗器械市场的秩序非常混乱。

4. 缺乏现代物流意识，造成物流资源的浪费

大部分医疗器械企业在面对医疗器械物流建设时，仅仅把眼光放在基础设施等硬件的建设中，而对于配套的管理等软件建设缺乏重视，导致一条腿走路，往往造成物流建设的困惑与失败。

第八章　医疗器械促销策略

医疗器械企业满足生产需求，制定合适的价格，并选择合适的分销渠道，但这一切并不意味着企业的产品就能全部销售出去。因为在竞争激烈的市场环境中，产品销售情况不仅取决于产品本身，还取决于消费者对它的了解程度，"好酒还怕巷子深"。因此，医疗器械企业必须采用各种有效的方法和手段，促进医疗器械企业产品的销售。医疗器械企业常用的促销方式主要有医疗器械人员销售、医疗器械广告、医疗器械销售促进等。

第一节　医疗器械促销与医疗器械促销组合

一、医疗器械促销的含义与作用

（一）医疗器械促销的含义

医疗器械促销是促进医疗器械销售的简称。从营销的角度来看，医疗器械促销是指企业通过人员和非人员的方式，向目标市场传递医疗器械或服务的信息，有助于消费者了解本企业的产品或服务所带来的利益或好处，从而引起消费者的兴趣或购买欲望，促进其购买的活动过程。其基本含义有以下几层：

1. 促销的核心是信息沟通

只有及时、有效地将产品或服务的信息传递给消费者，并将消费者对此产品需求信息及时传达到企业，企业进而改进其产品或者服务，使之更能满足消费者的需求。因此，信息沟通是促销的关键和核心。

2. 促销的目的在于激发消费者购买需求和欲望

由定义可知，促销的最终目的是通过信息沟通或者宣传，激发目标市场的购买欲望，有助于促进产品的销售。由用户购买行为理论可知，用户产生购买欲望是受到某些刺激，做出购买决策的前提是信息搜集。促销决策正是利用这一原理，通过各种有效传播方式把产品或服务等相关信息传递给用户，以激发其购买欲望，以促进产品的销售。

3. 促销的方式分为人员促销和非人员促销

人员促销也称直接促销，使企业运用促销或推销人员（如医疗器械代表）向消费者直接宣传某种产品或服务的一种促销方式，如医疗器械代表对某医院进行新产品推广活动，或生产企业召开新品发布会等形式。而非人员促销又称间接促销是指企业通过各种媒体或活动向消费者宣传某项产品或服务的促销方式，一般包括医疗器械广告、医疗器械销售促进及医疗器械公共关系等形式，如在各种媒体上的广告宣传、在专业杂志上进行的介绍等。

（二）医疗器械促销作用

医疗器械促销在企业营销中具有不可替代的作用。假如企业忽视促销策略，那么企业与用户之间的信息沟通就会阻塞。目标市场用户因不了解此产品的功能、疗效及价格等相关信息情况，就无法优先选择企业的产品，不利于企业产品的销售。所以，促销对于企业营销策略来说，意义重大，其作用主要有以下几种：

1. 有利于增强市场信息沟通与交流、激发购买欲望

在促销过程中，一方面，企业会通过各种途径向用户传递企业现状、产品特点、疗效、规格、型号、价格及渠道等信息，以刺激目标用户对某项产品或服务产生购买欲望或需求；另一方面，企业还会通过各种调查方法或技术将目标用户对产品疗效、价格、渠道、服务方式及企业形象等方面是否满意及其要求，及时得到反馈，以便不断的改进与完善，更好地满足用户的需求。

2. 有利于用户优先选择某种产品或服务

由顾客让渡价值理论可知，若市场上同类产品较多的情况下，目标用户会优先选择对其来说利益或价值较大的医疗器械。没有促销活动，用户难以分辨同类产品对其价值或利益大小。而企业通过促销活动，让目标用户能够了解到此企业的产品与其他产品有所不同，优于竞争对手的产品，能够为其带来更多的利益或价值，产生消费偏好，从而优先选择同类产品中促销活动更好的产品。这有利于企业产品销售量的稳定与提高。

3. 有利于用户了解产品或服务、扩大销售

在促销活动中，尤其是新产品或在新市场上进行促销活动时，企业通过各种方式向用户宣传、介绍产品知识，有助于用户了解此类产品或服务的相关信息，提高其在这方面的知识水平，乐于选购产品。

4. 有利于提高企业形象，增强企业竞争力

企业通过形象广告或者公关关系等促销宣传，不断地提高自身形象，使得用户对企业及其产品信任感和忠诚度逐渐提高，从而提高企业的竞争力。

二、医疗器械促销组合及促销策略

（一）医疗器械促销组合概念

所谓促销组合，是指医疗器械企业根据营销目标和产品的特点，综合影响促销的各种

因素，对各种促销方式的选择、组合及搭配等活动，如人员促销、广告、销售促进及公共关系等形式的组合。

（二）医疗器械促销组合策略

促销组合是促销策略的前提，不同的促销组合形成不同的促销策略，如推式策略和拉式策略。

推式策略是以人员促销、推销为主，将产品推向市场，即通过经销商的努力，将产品转移给用户。其主要特点是医疗器械生产企业首先取得经销商的信任和支持，主要通过阐明产品卖点、用户较高的消费需求、较高的折扣率、完善的促销支持等方法，主要适合于科技含量较高、价值较大、用途较窄的医疗器械，对于此类产品，需要给予较多的宣传与讲解，仅靠大众媒体的宣传用户无法了解或进行认知。

拉式策略是指医疗器械企业主要运用非人员促销的方式刺激目标用户主动购买某种产品，从终端拉动产品销售的方法，其主要特点是通过广告宣传、公共关系或销售促进等方法提高产品在目标用户心目中的知名度和美誉度，进而达到促进销售的目的。此种策略主要适用于医疗器械科技含量不大、价值较小、用途广泛的产品，如低值耗材等。对于此类产品，用户比较关注其品牌知名度及美誉度，因此，宜采用拉式策略。

由此可见，选择何种促销组合策略与企业的促销目标、医疗器械的特性及市场条件等因素有关系。

（三）促销组合的影响因素分析

1. 促销的目标

由于促销目标不同，促销组合及促销策略会有所不同。在不同的时期、不同的市场环境下，企业会有不同的促销目标。如在产品导入期，市场竞争不是很激烈，企业促销的主要目标是增加用户对产品的了解、获得用户的认可，因此人员促销和广告等方式显得尤为重要；而在产品成熟期，市场竞争比较激烈，企业促销的目标主要是增加目标用户的忠诚度、提高产品的美誉度及稳定渠道成员等，因此会加大公共关系和销售促进等促销组合方式。

2. 医疗器械的特性

医疗器械的特征主要包括以下几个方面：

（1）医疗器械性质。不同性质的产品，目标用户的购买心理和购买习惯不同，因此要采用不同的促销组合及其策略采用有利于产品的销售。如对于低值耗材来说，更多地会采用拉式策略进行促销组合，而对于医疗器械等产品则主要采用推式策略。

（2）产品生命周期。对于产品的不同生命周期，企业营销目标不同、市场竞争状况不同及目标用户需求变化也不同，必须采用不同的促销策略，才能取得较好的促销效果和收益。如在产品导入期，促销的目标主要是宣传介绍产品的功效、特性等情况，以使用户了解、认识产品，并产生浓厚的兴趣，因此促销方式以人员推销、广告宣传为主，销售促进和公共关系为辅的促销组合方式；而当产品进入成长期，销售量增加，随之而来的竞争者也随之增加，因此促销组合应以广告宣传为主，人员推销、销售促进及公共关系为辅的促销组合策略；当产品进入成熟期，市场竞争较为激烈，因此促销组合应以销售促进和公共关系为主，强调非产品因素的差异化竞争，将广告及人员促销为辅的促销组合策略。当产品进入衰退期时，为了减少促销费用，除销售促进为主要手段外，其他促销方式尽量减少或停止使用。

3. 市场条件

市场条件不同，促销方式也会有所不同。如对于较大的市场范围，则多采用广告形式进行促销；而对于较小的市场范围，则多采用人员促销的方式进行促销。对于医疗器械用户市场，由于用户多而散，且每次交易额较少，因此多靠广告等非人员促销形式，而对于医疗器械生产者市场，用户少而集中，且每次交易额较大，一般采用人员促销形式。此外，不同的市场状况，促销方式也会有所不同。如在市场竞争不是很激烈的情况下，企业一般采用广告和人员促销相结合的方式即可；而在市场竞争比较激烈的情况下，企业需要将人员促销、广告、销售促进及公共关系等方式综合运用，方能在激烈的市场竞争中取得成功。

4. 促销预算

企业进行促销活动，必然要支付一定的促销费用。但在满足促销目标的前提下，应尽量降低促销预算费用。当然，企业应根据自身经济实力及负担水平状况，进行促销目标设计。

第二节　医疗器械市场广告推销

一、医疗器械广告的含义、作用及特点

（一）医疗器械广告的含义

广告是一种传递医疗器械或企业信息的活动，它是指医疗器械企业、组织或个人通过支付一定的费用，采取非人员沟通的方式，通过各种媒体把医疗器械的相关信息传递给目标用户，目的在于提高企业形象与知名度，进而促进产品销售的过程，所以广告是一种非常重要的促销方式。

医疗器械广告包含了如下几点含义：

（1）广告对象是医疗器械目标用户。

（2）广告内容是医疗器械企业、产品或服务等信息。

（3）广告的手段是通过各种媒体如电视、广播、报纸、杂志等发布信息，对媒体要支付一定的费用，它有别于新闻信息传播。

（4）广告的最终目的是促进医疗器械的销售，以获取利润。

（二）医疗器械广告的分类

根据不同的标准，可将医疗器械广告分为不同的种类。

1.根据广告的内容和目的可划分为医疗器械广告和企业广告

（1）医疗器械广告。它是针对医疗器械销售而开展的广告宣传活动，在不同的阶段，广告的目标也有所不同。一般来说，可分为三种类型：一是拓展型广告，即通过广告宣传可吸引顾客对产品的兴趣，如在产品导入期，广告宣传的重点在于突出医疗器械的优点及为顾客带来的利益等信息，以吸引目标用户积极主动购买产品。二是劝告性广告，此类广告主要是通过差异化的宣传策略，使目标用户能够决定在同类产品中优先购买某种产品，主要是在产品成长期和成熟期宜采用的广告形式。三是提醒式广告，是指对目标用户进行不断提醒，以激发其继续购买某种医疗器械，此种策略在产品衰退期经常使用。

（2）医疗器械企业广告。也指医疗器械企业形象广告，通过对于企业形象的广告宣传，扩大企业知名度及美誉度，提高其在目标用户心目中的形象和地位，间接促进产品的销售。

2.根据广告传播的区域来划分，可将广告分为全国性广告和地区性广告

（1）全国性广告，是指采用全国性媒体播放广告，通过此类广告可以让全国各地区用户了解企业传播的信息如医疗器械新产品信息或企业信息等，如在央视等媒体进行播放医疗器械的广告。全国性广告费用较高，适用于规模较大、服务范围较广的企业，并且有能力通过全国性渠道销售医疗器械。

（2）地区性广告，是指通过区域性媒体如省台等媒体发布广告。此类广告的缺点是覆盖面积较小，可信度较低，但是相对来说费用较低，比较适用于小型医疗器械企业，或者是大型医疗器械企业在某地区的辅助性广告。

此外，还有一些分类，如，按照广告的形式分为，文字广告和图画广告，按照广告媒体不同，可分为报纸广告、杂志广告、广播广告、电视广告等等。

（三）医疗器械广告作用

医疗器械广告能够通过信息发布，促进医疗器械的销售，主要应用在医疗器械及医疗服务等产品或服务的宣传。其主要作用如下：

1.传递信息、促进产品销售

医疗器械广告通过宣传医疗器械的特点、疗效等信息，使得用户能够根据广告所获得的信息进行判断，选择符合他们需求的产品。对于用户来说，能够通过信息比较、选择自己喜欢的产品，而对于企业来说，也能够促进产品的销售。

2.有利于提高企业形象、培养目标消费者的忠诚度

广告宣传的重点还包括对企业形象的宣传，通过提升企业及产品在消费者心目中的形

象，使其在同类产品选择中，优先选择本企业的产品，提高目标用户的忠诚度。

（四）医疗器械广告的特点

除具有一般广告特点外，由于医疗器械是一种特殊的产品，广告发布也有一定的特殊规定，如以下产品不得发布广告。

（1）治疗肿瘤、艾滋病，改善和治疗性功能障碍的器械，计划生育用具，防疫制品。

（2）未经卫生行政部门批准生产的医疗器械。

（3）卫生行政部门明令禁止销售、使用的。

（4）超出注册范围的医疗器械。

二、医疗器械广告媒体策略

（一）医疗器械广告媒体的类型

广告媒体，是医疗器械企业发布广告的主要方式，广告媒体的不同，对于广告效果和影响力均有所不同。广告媒体的类型及特点见表8-1。

表8-1　四大广告媒体特点比较

媒体类型	影响范围	影响力	传播速度	可信度	制作成本	影响效果	时效性	其他特定
报纸	较广	较大	较快	一般	较低	一般	较好	不易保存
杂志	较广	较大	较慢	较高	较高	较好	较差	穿越性强
广播	较广	较大	较快	一般	较低	一般	较好	可记忆性差
电视	较广	较大	较快	较高	较高	较好	较好	震撼力强

除了四大广告媒体之外，还有一些广告媒体如户外广告（路牌广告、霓虹灯广告、橱窗广告、车体广告等）、网络媒体等形式，这些广告优点在于重复出现率较高、能够反复对用户进行宣传，其缺点在于宣传的范围较窄，且广告形式较为简单，因此可作为辅助广告进行配合使用，若运用恰当，其效果也非常显著。

（二）影响医疗器械广告媒体选择的因素分析

不同的医疗器械、用户接触媒体的习惯及媒体的特性等因素会影响企业选择媒体的效果，因此要研究广告效果的高低，就必须分析影响广告效果的因素。

1. 医疗器械性质

不同性质的医疗器械，具有不同的使用价值、使用范围，如医疗设备、高值耗材等主要在医院使用，而一些家用医疗康复器械主要适用范围普通用户。所以在广告媒体选择上，要使广告媒体符合产品的特性，如医疗设备、高值耗材广告主要在专业杂志上进行传播，而对于低值耗材来说比较适合在报纸和电视媒体上进行广告宣传。

2. 医疗器械用户接触媒体的习惯

选择广告媒体，还要考虑目标市场中接触广告媒体的习惯，对于一些治疗难以启齿疾病类的产品宜以广播或报纸等形式进行播放，不宜采用电视媒体进行播放。而对于喜欢上网的人来说，采用网络医疗器械广告宣传的方式更为有效。

3. 媒体的覆盖范围和费用

媒体的覆盖范围直接影响到用户信息接收效果，因此要想在全国范围内进行促销，宜采用全国媒体进行广告宣传；而想在某地区进行促销宣传，比较明智的选择是采用地方媒体。不同广告媒体费用相差很大，即使同一种媒体因覆盖面大小不同广告费用相差也很大。在进行媒体选择时既要使广告达到理想的效果，又要考虑企业的实际经济能力，做到以有限广告费用取得最好的广告效果。

4. 国家有关规定

医疗器械是特殊商品，国家对其广告有着严格的规定要求。医疗器械广告必须经过省级食品药品监督管理局申报批准以后方可发布。

三、医疗器械广告促销战略决策分析

（一）医疗器械广告的目标

医疗器械广告的目标是指企业通过发布医疗器械广告所要达到的促销目的，一般来讲，医疗器械广告的目的有两种：①宣传产品信息，促进产品销售；②宣传企业情况，提升企业形象及声誉，从长远的角度促进产品销售。

（二）医疗器械广告战略的类型

医疗器械企业根据不同的广告目的，选择不同的广告战略，以达到良好的促销效果，医疗器械广告战略由于所处阶段不同，可分为以下几种：

1. 医疗器械广告目标市场选择战略

对于不同的市场，医疗器械广告传播信息的内容是不一样的。当企业采取市场集中化战略时，医疗器械广告诉求点必须与本目标市场的需求保持一致，当采取市场专业化或产品专业等其他目标市场策略时，广告诉求点也应该相应转变，满足不同目标市场的需求。因此对于不同的目标市场，必须采取不同的广告宣传策略才能有效促进目标市场产品的销售。

2. 医疗器械广告产品定位战略

在医疗器械广告传播中，必须要突出产品的特点，也就是通常所说的诉求点，而所要突出的诉求点必须与顾客的需求相一致，也就是说诉求点等于顾客利益，这样才能激发用户购买产品的兴趣和欲望。因此，广告定位的概念是指广告诉求点在用户心目中所处的形象和地位，其主要定位方法有功效定位、作用机理定位、品质定位等。

（1）功效定位，是指在广告宣传中，突出产品的新功能和新效果，不同于其他产品，填补国内外空白。

（2）作用机理定位，是指主要宣传某产品治疗疾病的作用机理，消除用户对此产品的疑惑和顾虑，从而放心使用。此种广告定位方法称之为作用机理定位。

（3）品质定位，是指宣传的重点在于先进的生产设备、生产工艺，优秀的管理模式、高素质的员工，优良的原材料供应等信息，以保证所生产的产品具备较高的品质，消除用户对产品是否安全的顾虑。

3. 医疗器械广告推出时间战略

医疗器械广告推出时间战略是指根据促销目的不同，广告推出时间相对于产品上市时间的先后顺序也有所不同，一般分为提前推出、同时推出及延缓推出战略。

（1）提前推出战略。可谓兵马未动、粮草先行，在医疗器械上市推出广告，先制造声势，先声夺人，在用户心目中树立良好的产品形象，提高他们对产品质量的期望值，使其翘首等待产品上市。这样一来，不但有利于调动经销商的销售积极性，而且还有利于提高产品的价格，此类广告战略适于科技含量较高、单位价值较大而且具有新突破的医疗器械。

（2）同时推出战略。此种战略是将广告推出时间与产品上市时间基本一致，做到用户看到产品广告，而且能够在市场中买到相应产品。此类广告战略适于一些新产品的广告宣传。

（3）延时推出战略。此种战略方式是指广告推出时间晚于产品上市时间，即在没有广告支持的情况下，先向市场推出试销产品，并搜集市场对此产品的反应信息，根据用户对产品的偏见或偏好，再投放有所针对的广告。此种广告策略适于市场信息不是很明确，用户对某种产品不是很了解的情况采取的试探性广告推出战略。

由此可见，企业何时推出广告要根据不同的广告产品及不同的市场状况，因地制宜，不可一概而论。

（三）医疗器械广告促销效果的评价方法

广告是促销活动的主要方式之一。广告传播之后，产品销售量（额）及其利润增加值称为评价广告促销效果主要指标。其主要方法如下：

1. 广告费用占销售率法

此种方法可以测定出一定时期内广告费用与医疗器械销售量（额）之间的关系，对于相同的销售额，广告费用越小，促销效果越高；相反，广告费用越高，促销效果越低。其公式为：

广告费用占销售率 = 广告费用 / 销售量（额）

2. 广告费用增效法

此方法可以计算一定时期内广告费用的增减对于产品销售量（额）的影响。广告费用增长率越低，而产品销售量增加越快，说明广告促销效果越高；反之，广告促销效果越低。其公式为：

广告费用增效率 = 产品销售量（额）增长率 / 广告费用增长率

3. 单位费用促销法

此方法可以测定单位产品所平摊的广告费用，单位产品所平摊的广告费用越高，说明广告促销效果越低；相反，广告促销效果就越高。其公式为：

单位费用促销率 = 产品销售量 / 广告费用

4. 单位费用增效法

此方法可以测定单位广告费用对产品销售量促销效果，如果增加的销售量单位费用较低，说明广告促销效果越低；相反，广告促销效果越高。其公式为：

单位费用增效率 = 产品增加量 / 广告费用

5. 弹性系数测定法

此方法即通过广告费用投入量变动率与销售量变动率之比值来测定广告促销效果。其公式为：

广告促销效率 = 广告费用变动率 / 产品销售量变动率

如果广告费用增加率小于销售量增加率，则认为广告促销效果较高，反之则较低；如果广告费用减少率大于销售量的减少率，也认为广告促销效果较高，反之则认为较低。

事实上，在市场竞争中，影响销售量变化的因素非常多，而广告则只是其中一种比较重要的因素，所以仅用产品销售量（额）的变动来衡量广告促销效果，不是很精确。因此，在运用以上几种方法时还要假定其他因素不变，而且在分析实际促销效果时，还要综合考虑其它因素，不能仅仅考虑广告因素。

（四）广告传播效果的评估

广告是促销的主要手段和方法之一，要促进产品的销售及企业形象的提升，还要对广告效果进行评估，评估的方法主要分为两种，一是产品增效率法，在广告播出后，产品销售量产生较大提高，说明广告效果较好，反之，则较差。二是企业（产品）知名度法，在广告播出之后，企业（产品）知名度提高的程度。

第三节　医疗器械人员推销与促销

一、人员推销的含义及特点

（一）人员推销的含义

人员推销是医疗器械企业运用推销人员（医疗器械代表）直接向用户（推销对象）推销医疗器械或服务的促销方式。在人员推销活动中，推销人员、推销对象和推销品（所要推销的医疗器械）是三个基本要素。前两个因素是推销活动的主体，后一个因素是推销活动的客体，推销人员与推销对象之间交流的平台是推销品。

（二）人员推销特点

由人员推销的定义可知，相对于非人员推销来说，具备以下几点优点：

1. 信息传递双向性

在人员推销的过程中，一方面，推销人员通过与推销对象之间交流推销品的相关信息，如产品的疗效、功能、使用方法及注意事项等情况，以增强其销售此产品的信心；另一方面，通过对推销对象的交流，可以了解目标用户对于企业产品及其他方面的评价，进而能够完善这些方面，以最大限度地满足用户的需求。

2. 推销目的的双重性

人员推销的目的主要是激发目标用户对此产品的需求，促进产品的销售；同时，还要提供必要的服务。推销人员只有对于推销对象提供必要服务支持，才有利于其间的交流，有利于推销对象建立销售产品的信心，最终促进产品销售。所以说，人员推销的双重性是相辅相成、互相影响、互相促进的。

3. 推销过程的灵活性

由于推销人员能够与推销对象直接接触，因此可以通过观察，了解不同对象的特点及反应，进而有针对性地改进推销方式及技巧，有利于其接受推销产品，提高其满意度和促销效果。

4. 推销效果的持久性

人员推销的最大特点是推销人员通过与推销对象建立长期稳定、融洽的关系，促进产品的销售。一旦建立稳定的合作关系，对于推销效果的影响有较长的持久性，并且有利于未来其他产品或服务的销售。

人员推销除了具备自身优点外，还有一些缺点，主要表现在两个方面：一是促销成本较高。由于推销人员直接接触的顾客非常有限、市场范围较小，因此在面对市场范围较大的情况下，需要的推销人员会有所增加，从而增加了产品销售成本。二是人员推销对于推销人员有较大的要求，推销人员素质、技能的高低直接影响到推销质量与效果，而且不同的推销人员、同一推销人员推销不同的产品，其推销效果是不同的，因此，人员推销的关键在于培训推销人员，使其掌握推销技巧及产品的特点、功能、使用方法、维护等方面的知识，企业所需耗费较大。

二、医疗器械赠予促销的监管缺失

医疗器械（医用耗材）的监管首先是由各级食品药品监督管理局对其进行准入审批，发放准入许可，其次由各级食品药品监督管理局对其进行生产、销售过程的监管，再由各级卫计委对临床使用进行监督管理。

在产品销售过程中，有些企业利用一些学术会议，在会议期间赠送医用耗材给参会的代表，参会代表收到这些赠品以后会怎么样呢？部分人拿回去以后搁置，因为他们知道这样不经过医院采购渠道就用于病人，万一出现什么情况会引火烧身，另一部分人就会直接用在病人身上，觉得这些产品也是经过药监部门批准上市的产品，用了也无妨，更有甚者，还照样收病人的材料费，为科室增加收入。

且先不说不正当竞争，就医疗器械法规而言，《医疗器械监督管理条例》第26条规定了医疗机构必须从有合法资质的企业购进医疗器械。医疗器械除了注明是家用医疗器械外，它的销售渠道只有是取得了医疗器械经营许可证的经营者或使用者，这里指的使用者就是医疗机构，也就是说医院就是责任主体，由医疗机构经过其采购流程采购而来，这个采购流程也是经过院方批准的一套完整的采购流程，如果医生私自将没有经过采购流程得到的产品（包括赠予的）用于患者，那么，使用者就违反了医院操作流程和规范，反之，厂家或供应商直接将产品赠予给直接使用者，而不是通过正常流程进入到医院，那就严重违反了《医疗器械使用质量监督管理办法》（18号令），对赠予方和受赠方的规定如第二章采购、验收与贮存的第七条中规定了医疗器械使用单位应当对医疗器械采购实行统一管理，由其指定的部门或者人员统一采购医疗器械，其他部门或者人员不得自行采购；第八条中也规定了医疗器械使用单位应当从具有资质的医疗器械生产经营企业购进医疗器械，索取、查验供货者资质、医疗器械注册证或者备案凭证等证明文件。对购进的医疗器械应当验明产品合格证明文件，并按规定进行验收；第三章使用、维护与转让的第二十一条中明确了医疗器械使用单位接受医疗器械生产经营企业或者其他机构、个人捐赠医疗器械的，捐赠方应当提供医疗器械的相关合法证明文件，受赠方应当参照本办法第八条关于进货查验的规定进行查验，符合要求后方可使用。对通过学术会议变相赠予现象，2019年6月18日，国家卫健委和国家中医药管理局发布了《医疗机构医用耗材管理办法（试行）》，对临床医用耗材进行全程的监督管理，要求医疗机构和相关人员不得接受与采购医用耗材挂钩的资助，不准违规私自使用未经正规采购程序采购的医用耗材。《办法》指出，医院如果出现非医用耗材管理部门擅自从事医用耗材采购、存储管理等工作的，以及将医用耗材购销、使用情况作为个人或者部门、科室经济分配依据，或在医用耗材购销、使用中牟取不正当利益的，均将依法依规予以处理。

再有就是违背了《反不正当竞争法》，我们知道，不正当竞争是指经营者以及其他有关市场参与者采取违反公平、诚实信用等公认的商业道德的手段去争取交易机会或者破坏他人的竞争优势，损害消费者和其他经营者的合法权益，扰乱社会经济秩序的行为。用赠予的方式排挤其他经营者的公平竞争。《反不正当竞争法》第十一条明确经营者不得以排挤竞争对手为目的，以低于成本的价格销售商品，赠予比低于成本价销售侵害其他经营者的性质还要恶劣。它们既违反《医疗器械使用质量监督管理办法》，也违反了《反不正当竞争法》，是一种不正当竞争行为，更何况是用于治疗患者的医疗产品。医疗器械生产企业、经销商在自觉遵守医疗器械法律法规的同时，有关部门也应该引起高度重视，尽快弥补医用耗材赠予的监管缺失，以保证人民群众用药（械）的安全。

三、医疗器械的推销人员的基本素质要求

人员推销是一个综合复杂的过程，它既是信息沟通的过程，又是产品转移的过程，还是服务的过程。因此，推销人员的素质高低，决定其推销质量与效果。

（一）心理素质

1. 高度的责任心和事业心

医疗器械推销人员是企业的代表，要积极为企业推销产品，而且还要做好用户的顾问，有义务为其提供良好的服务。因此，推销人员要具有高度的责任心和事业心，热爱本职工作，不辞劳苦、任劳任怨、积极进取、耐心服务，同时与顾客建立良好的关系，才能使推销工作取得成功。

2. 乐观、开朗、积极向上的心态

在推销实践中，推销人员会遇到种种复杂多变的情况，面对的顾客可能千奇百怪、形形色色，甚至有比较刁钻的顾客，需要有一个良好的心态，乐观、开朗的性格，才能更好地完成推销任务。

3. 坚忍不拔的毅力

推销工作面对的顾客有时会拒绝沟通，因此推销人员必须要有坚强的忍耐性，做到屡败屡战、不达目的不罢休。如果推销失败，应积极寻求解决问题的方法，而不是知难而退，要有接受现实的勇气，调整心态，为再次推销做好准备。

4. 坚定自信的态度

面对各种不同的顾客，推销人员要拥有坚定的自信，不怕失败，相信自己能够完成推

销任务。

（二）专业医疗器械知识结构

由于医疗器械属于高科技产品，医疗器械推销人员只有对医疗器械知识有全面的了解和掌握，才能胜任医疗器械的推销工作。推销人员除具备一定的医疗器械专业的知识结构与体系外，还要掌握一些新产品的特点、使用方法、注意事项等知识，以及该产品作用机理、理论支持及临床应用等知识，具备这些知识有助于与医生等相关专业人员的沟通与交流。

（三）基本销售技能

推销人员在推销实践中还要具备一定的销售方法和技巧，以提高推销能力。基本技能主要有：

1. 注重礼节、善于人际交往

推销人员在推销产品时，首先要推销自己。与顾客交流的前提，要与其建立一种信任的关系，因此，要注重推销礼仪，仪表端庄、举止文雅、谦恭有礼、热情礼貌、口齿清晰、语言有幽默感，能够获得对方的好感，为推销产品打下良好的铺垫。

2. 随机应变、沉着冷静

推销人员面对复杂多变的顾客，一定要具备随机应变的能力，沉着冷静应付各种突发事件，善于说服难缠的顾客，注意调整说话内容、语调及身体语言的配合使用，以达到良好的推销效果。

3. 提高销售与收回货款的能力

推销人员不仅要与顾客建立一种信任关系，让其购买产品，还要做到及时收回货款，保证产品生产的循环进行。因此推销人员不仅要做好售前、售中咨询与服务工作，还要做好售后服务工作，以保证产品回款率。

四、推销人员的管理

（一）推销人员的甄选

推销人员的素质高低直接影响到医疗器械推销活动的成败，因此，推销人员的选拔与招聘工作至关重要。甄选的内容和步骤包括以下几个方面：

1. 推销人员的素质

医疗器械推销人员要具备以下几种素质：首先是道德素质，要求具备诚实、守信、热诚、坚忍、自信等优点；其次是业务素质，具备一定的医疗器械知识结构，了解本产品、市场、消费者心理及企业等基本情况，能够顺利开展医疗器械推销工作；最后是个人素质，比如良好的个人形象、团队合作意识等。

2. 推销人员的来源

企业招聘的医疗器械推销人员有两种来源：一是企业内部人员。企业可以通过内部招聘的形式，选拔出热爱推销工作的员工。由于是内部员工，企业比较了解其基本素质与能力，但选拔范围较为有限，难以满足企业推销人员的数量需求；二是企业外部招聘。社会招聘来的人员，企业不是很了解其能力与素质，所以一般来说，还需要一段时间的试用期，来判断这些人员是否适合推销工作。

3. 推销人员招聘和甄选的方法与步骤

招聘和甄选的方法通常采用面试与笔试相结合的方法，基本步骤为初步面试、填写申请表、测验、再次面试、确定录用对象等程序。

（二）推销人员的培训

1. 培训目的

对确定录用的推销人员，还需要培训才能上岗，让他们树立正确的心态，掌握更多的知识与具备全面的销售技巧。对在岗的推销人员也要进行定期培训，使其不断更新自己的产品知识、提升自己的销售技巧、修炼积极的心态，同时还需要了解企业的新医疗器械、新的营销计划和营销政策等相关情况，使他们能够适应不断变化的市场情况。

2. 培训内容

推销人员培训内容一般包括：

（1）认识培养：正确认识销售这一职业、树立正确的客户观、工作中修炼专业的心态；

（2）专业知识：公司发展状况、项目情况、医疗器械产品知识、产品演化过程、产品卖点等；

（3）技巧知识：客户拓展技巧、陌生拜访技巧、电话营销技巧、沟通交流技巧、价格谈判技巧、业务成交技巧等；

（4）通用知识：商务礼仪、市场知识、时间管理、目标管理、计划分解、财务/法律知识等。

在岗推销人员的培训内容不一定非常全面，但一定要重点突出，如突出培训员工某项医疗器械的特点、卖点等情况。

3. 培训方式

常见的培训方式主要有以下几种：

（1）课堂培训：应用非常广泛。对固定型信息或知识技能是一种非常有效且传统的传授方式。

（2）现场培训：让员工在工作现场边工作、边学习。内容可以有：企业概况（包括企业历史和现状）、企业文化、企业行为规范、企业规章制度、产品知识、从事销售工作所应具备的技能、管理实务、思想道德等。

（3）岗位培训：在工作岗位中对销售人员进行培训。新招聘销售人员在接受一定课堂培训后，安排其在工作岗位上让有经验的推销人员带几周监督其实践课堂学习的知识，然后再让其独立工作。此方式能使受训者很快熟悉业务，效果理想。但此方式一定要有实际经验的人员直接参与和指导，否则易流于形式。

（4）会议培训：由企业聘请专家针对某一专题进行演讲，结束后专家和受训者进行自由讨论。此方式适合于学习过基本理论、需要对某些问题进行深入研究的受训者。

（5）模拟培训：使受训者亲自参与并使之有一定实战感受的培训方式。具体有角色扮演法、业务模拟法、实例研究法。此法较直观，培训内容易被受训者接受。

4. 培训方法

培训方式和培训方法是有区别的，比如一种培训方式下用到好几种方法，常见的培训方法有以下几种：

（1）演讲法：应用最广。非常适合口语信息的传授。可同时培训多位员工，培训成本较低。如果加以提高员工练习的机会效果会更好。

（2）个案研讨法：提供实例或假设性案例让学员研读，从个案中发掘问题、分析原因、提出解决问题的方案。

（3）视听技术法：运用投影、幻灯片及录像进行培训。通常与演讲法或其他方法一同搭配进行。

（4）角色扮演法：给受训人员一个故事让其演练。让其有机会从对方的角度看事情，体会不同感受，并从中修正自己的态度和行为。

（5）行为模仿法：通过专家示范正确行为，并提供机会让受训人员通过角色扮演进行行为演练。适合于态度与行为（如人际关系技巧）方面的培训课程。

（6）模拟法：创造一个真实的情境让受训者做一些决策或表现出一些行为。可减少培训成本。但要求受训者不能抱有玩乐的心态。

（7）户外活动训练法：利用户外活动来发挥团体协作的技巧，增进团体有效配合。但需注意某些课程的安全问题，另外培训费用也较高。

（8）电子学习法：受训者通过电脑、互联网、光盘等信息技术分散学习。

随着科技的不断发展，培训的方式方法已不再局限，只要能够做到知识精准传播，员工熟练实践，成功签到大单就可以。至于其他的不必严格拘泥。此所谓"乱拳打死老师傅"是也。

5. 培训考核

培训考核是依据培训目的、培训方式和培训方法而定，常见的考核方法有几下几种：

1. 笔试：通过培训老师出题目或者试卷，对参训人员进行要点进行把握，此方法比较常用，也比较实用；

2. 现场问答：培训老师在培训现场对参训人员进行提问，来考核培训效果，常见的有下午上课前提问上午学习的内容，后一天提问前一天学过的知识。这种考核可以加深记忆，让参训人员可以充分的回忆学过的内容；

3. 场景模拟：培训老师通过模拟特定的场景，让参训人员把学习过的知识在这个场景中进行完全应用，进而获得参训人员的受训效果。

4. 现场操作：参训人员把培训老师培训的内容转化成自己的实操，比如：医疗器械的拆卸和安装等；

5. 默写重要内容：一些公司在为员工培训公司企业文化的时候，会要求参训人员默写公司质量目标和质量方针等重要内容。

培训的考核也依据公司管理制度而定，大部分企业喜欢用笔试考核，笔试考试可以为企业规避一些不必要的问题，在管理制度培训方面尤为重要。建议多用笔试来考核参训人员。

（三）人员推销的形式、对象及策略

1. 人员推销的形式

人员推销的形式包括以下几个方面：

（1）主动上门推销。上门推销是最常见的人员推销形式，它由推销人员携带推销产品的样品、说明书等材料直接上门访问顾客（医生），对其进行宣传、交流与沟通。此种推销方式较为灵活、有效，方便顾客，因此在推销实践中被广泛应用，如医疗器械代表上门与医生等相关人员的沟通与交流。

（2）大型会议推销。这是指推销人员利用各种会议向与会人员进行产品宣传与介绍，进行推销活动。例如推销人员可以利用学术交流会等会议进行推销某种产品。

2. 人员推销对象

推销对象是指人员推销过程中接受推销的主体，也是推销人员说服的对象即通常所说的顾客。按照购买心理与习惯可分为普通消费者、医疗器械生产商、医疗器械经销商及医疗机构等两种类型。

（1）向经销商推销。医疗器械经销商一般都具备一定的医疗器械专业知识。因此对其进行推销时，首先了解经销商的类型（批发商还是零售商）、业务特点、经营规模、经济实力等情况，其次了解经销商的获利方法，最后采用适当的折扣与促销支持的方法对其进行促销，往往能够获得成功。

（2）对医疗服务机构的推销。医疗机构对于医疗器械信息掌握比较全面，而且面对多家同类产品，选择的余地较大，因此在推销技巧上应该重点突出此类产品的疗效及为医疗机构带来的效益，较高的质量及信誉保证等。

综上所述，对于不同的推销对象，应该采取不同的推销方法与技巧，有时还需综合运用，方能推销成功。

3. 人员推销策略

（1）试探性策略。此种策略是指在不了解推销对象情况下，推销人员运用刺激性手段引发顾客购买兴趣或欲望的策略。事前推销人员设计能够引起消费者兴趣的语言，通过试探性的交流，观察对方的反应，然后根据不同的情况适当调整不同的应对策略，通过"刺激一反应"循环模式来了解顾客的真实需要，以达到促销的目的。

（2）针对性策略。此种策略是指推销人员初步了解推销对象的情况下，有针对性地进行宣传、介绍，以引起对方的好感或兴趣，从而达到促销的目的。

（3）诱导性策略。此种策略是促销人员通过运用激发顾客需求的方法或手段，诱导推销对象对推销的产品产生兴趣，从而达到促销的目的。

以上三种方法要灵活配合使用，针对不同的情况激发推销对象的需求，以刺激其购买推销品。

（四）医疗器械推销人员的评估与奖励

1. 医疗器械推销人员的评估指标

对医疗器械推销人员必须进行评估，便于及时有效地对他们进行奖励，以激发其工作热情。评估医疗器械推销人员的绩效，必须建立科学合理的标准，综合考虑被评估人员的经验、经历、年龄、态度及积极性等各种因素，并在实践中不断修整并加以完善。

通常的考核指标有：

（1）定量指标。①访问率，即每天的访问次数，此指标主要考核推销人员的工作努力程度；②销售量，此指标用来衡量推销效果；③销售费用率，此指标主要用来衡量推销人员的工作效率；④访问成功，此指标主要考核促销人员个人工作的能力；⑤新客户数目，此指标主要考核促销人员工作的积极性和开拓性。

（2）定性指标。除了以定量指标考核促销人员外，还要通过一些定性指标如顾客拜访的难易程度、顾客的反馈、内部人员的评价、仪容仪表及做事的态度等定性指标进行考核。

总之，要通过定量与定性指标相结合的方法，全面、客观地评价推销人员，以激发他们更好的工作热情。

2. 医疗器械推销人员的奖励

对医疗器械推销人员的激励或者奖励有助于提高其推销水平，有助于促销目标的顺利完成，以及培养优秀的促销团队。

奖励推销人员的方法主要有以下几种：

（1）底薪＋提成制。对促销人员的报酬支付方式，给予一定的底薪，再根据工作业绩的不同给予不同的销售提成。要想拿到底薪，必须完成一定的目标，而且底薪的多少可根据促销人员能力大小及承担风险压力的大小进行适当调整，对能力较低、承担风险压力较小的推销人员给予较高的底薪及较低的提成，随着其能力的提高及承担风险压力的提高，可以给予较低的底薪和较高的提成，以激励其更加努力的工作。此种奖励方式有利于年轻推销人员能够获得必要的报酬，也有利于激励他们扩大促销战果，提高推销业绩。

（2）非金钱奖励法。除了金钱激励促销人员之外，还有非金钱激励，如口头表扬、晋升、赋予更大的责任与权利、赠送礼物、提供培训机会等方式。此种激励是一种辅助激励措施，灵活运用会起到意想不到的效果，而且还不会耗费太多的成本。

（3）多重奖励法。可根据具体情况的不同，对于促销人员进行多重奖励，即金钱与非金钱相结合的奖励方法，如底薪＋提成＋口头表扬＋赠送礼物，或者是底薪＋提成＋年底分红（或股票期权）。此种奖励方法满足不同人员的偏好，所以非常有效。

（4）特别奖励法。除以上正常奖励外，可根据不同时期不同表现给予特别奖励，包括物质奖励与精神奖励，如奖励某时期促销冠军，给予一部分奖金并授予冠军奖杯。

对促销人员的奖励应该采取多种奖励并存的方法，在及时了解推销人员的基本需求后，有针对性的激励方法会更为有效果。

第四节　医疗器械公共关系与销售促进

一、医疗器械公共关系的促销原理

（一）医疗器械公共关系的含义

医疗器械公共关系是指医疗器械企业或其他组织通过各种活动改善与社会公众的关系，促进社会公众对企业或组织的了解、信任与支持，以提升企业形象，达到促进产品销售目的。

医疗器械公共关系的内容包括企业形象宣传、企业与社会公众之间的交往与沟通等活动。公共关系是作为很重要的一种促销方式，它不同于其他促销方式，具有自己的特点：

1. 公共关系的对象是社会公众

由定义可知，医疗器械公共关系的对象是社会公众，所要进行的一切活动均要满足社会公众的需求，不仅仅是目标用户的需求，这是与其他促销方式有所区别的一点。

2. 医疗器械公共关系的目的是正确处理与社会公众的关系

社会公众对医疗器械企业的态度会影响到企业的形象进而影响到企业产品的销售，所以在企业发展的过程中，必须要正确处理与社会公众的关系，调整与其他社会公众的关系，以达到让其理解、支持，进而达到提高企业形象、促进销售的目的。

3. 医疗器械公共关系是一种沟通的艺术

医疗器械公共关系是企业与社会公众之间双向信息沟通的活动，企业通过公共活动，建立起相互理解、相互信任的关系，信息沟通起到关键的作用。

4. 医疗器械公共关系是一种长期的战略行为

医疗器械公共关系通过长期的宣传、沟通等活动，力图在社会公众心目中树立良好的形象，是一种长期的企业促销活动，不能急功近利，从长期的观点来看，能够促进产品销售，但是短期内的促销效果相对于广告、人员促销及销售促进来说，不是很明显。

5. 医疗器械公共关系要与企业市场战略保持一致

医疗器械投资于公共关系必须要与企业战略相一致，如国内某企业，其市场主要在第三终端，在使用大众媒体发布产品广告受限的情况下，在中央电视台冠名"中国魅力名镇"，把企业的声音和形象直接传达到第三终端，开创了国内医疗器械企业赞助旅游事业的先河。

（二）医疗器械公共关系的作用

1. 迅速提高企业知名度及美誉度

各种促销工具中，公关关系最有利于提高企业知名度和美誉度。现代营销的观念是社会营销，企业必须放弃追求自身利益最大化的陈旧观念，努力改善与社会公众的关系，而公共关系有利于增进社会公众对企业的信任、好感。

2. 迅速提高医疗器械企业品牌影响力

目前，当医疗器械广告受到种种限制并失信于社会公众时，公共关系无疑成为企业提高品牌影响力的主要工具和手段。如2005年暴发禽流感，杭州某企业向卫生部捐助了200多万份健康知识宣传品，每张宣传品都打上了企业的标志，并通过新闻的方式在全国100余家媒体上进行了大量的事件告知和品牌传播。此举在帮助人们更好地认识和预防禽流感的同时，有效地扩大了其拳头产品的品牌影响力，为其产品在春节期间的销售打下了良好的基础。

3. 有利于提高目标消费者的忠诚度

消费者选择产品很重要的依据是对企业的产生好感与信任，而医疗器械企业通过与社会公众沟通与交流，增强了其目标消费者的好感与信任，有利于提高目标客户的忠诚度。

在目前医疗器械行业广告受限、消费者对整个行业信任度降低的情况下，公关营销是一种非常成功的促销方法，因此备受医疗器械企业的青睐。

（三）医疗器械公共关系的功能

医疗器械公共关系是一种"塑造形象、提高美誉度"的长期工程，其基本功能包括信息沟通功能、宣传功能、参谋决策功能及协调功能。

1. 信息沟通功能

信息情报是医疗器械企业生存发展的必不可少的资源，因此医疗器械企业公关的重要功能之一就是与公众进行有效信息沟通，不仅要了解社会公众对企业和产品的了解程度、是否满意等信息，还要及时发布有利于企业发展、提高企业形象的信息，并消除那些不利于企业发展的信息。

2. 宣传功能

通过公共关系进行企业宣传比广告、人员推销等手段更为有效，因为医疗器械企业通过一些公关活动如投资于某项公益事业更能有利于社会公众了解企业情况，更能获得社会公众的信任、支持。公关活动不是追求短期的轰动效应，而是从长远的角度，进行潜移默化的影响、感化，不断加深社会公众对企业及其产品的了解与支持，当企业所面临的环境恶化时，如遇到某种危机，医疗器械企业还要通过危机公关如及时报道事实真相、及时平息消费者抱怨、及时保持与社会公众的沟通，及时消除不利于企业形象的流言蜚语，在社会公众心目中树立一种负责任的企业形象。

3. 参谋决策功能

由于医疗器械企业公关活动所面对的对象是社会公众，所了解的信息主要是社会公众的相关信息，有利于企业及时掌握各种环境的变化，有利于企业决策者综合各种因素进行科学决策。如企业可以通过公关活动了解企业的知名度及美誉度的大小，首先要了解社会公众对企业知名度及美誉度进行评价所考虑的主要因素有哪些，其次企业要知晓采取何种策略或活动提高知名度及美誉度，最后还要通过公关活动及时掌握这些活动的实施效果，以便有效控制。

4. 协调功能

公共关系是医疗器械企业的一项系统工程，要协调企业内部资源与外部环境的和谐发展。企业运用各种有效沟通手段，为融洽与各方的关系，协调各种冲突，求得顺利发展创建一个良好的环境。企业还要解决内部思想统一的问题，其中包括管理层与全体员工的关系、企业内部部门之间的关系等，只有内部思想统一，才能对外宣传口径一致，有利于企业形象的提高。

二、公共关系的类型及程序

（一）公关的类型

公关活动方式是指以一定的公关目标为核心，运用多种传播方法，并协调各种公关媒介，形成一系列公关职能的活动方式。根据公关功能的不同，可以将公共活动分为八种类型：

1. 宣传型公关

此种公关方式是指利用广告或新闻媒体形式，以宣传企业新形象或新产品特性，如传播自己独特的企业管理模式、生产工艺、生产技术及良好的经济效益及社会效益等信息，或者是产品独特的配方、技术突破等信息。除了广告宣传和新闻报道外，还可以通过名人效应进行有效传播。宣传型公关是公关活动方式中非常重要的一种，而且时效性较强，影响面较广，对于企业形象的提升效果较好。

2. 社会型公关

通过举办社会活动，与公众建立一种特殊联系，使公众产生特殊兴趣。如长期赞助某项公益事业、举办有益的大型群众性活动，有利于吸引社会公众的关注，提高企业的美誉度。此类活动，必须及时保持与新闻媒体的合作与联系，通过新闻媒体和自身广告两方面的共同宣传，效果较为理想。

3. 交际型公关

此种公关方式一般不用媒体形式，而直接采用人际交往的形式进行联络感情、广结善缘，创造一种良好的氛围。如电话沟通、茶话会、联谊会或座谈会等形式。交际性公关的特点是直接、灵活、亲密、富有人情味，便于加深双方之间的感情，公关效果较好。

4. 征询型公关

此种公关方式是指企业通过开展各种征询业务，协调与社会公众之间的关系。如设立热线电话、聘请兼职信息沟通员、定期举办信息交流会等方式及时征询社会公众对企业的态度等情况，形成良好的信息沟通渠道，及时改善、调整企业与社会公众之间的关系。

5. 服务型公关

此种公关方式是指以各种附加服务为主要公关手段，增进与社会公众之间的了解、信任，以获得他们的好感，如医疗器械企业在社区建立活动室，免费宣传有关疾病预防及治疗方法等。此种服务方式的目的不是促进销售，而是树立企业形象和提高知名度及美誉度，必须长期坚持，切勿急功近利。

6. 维系型公关

企业在稳定发展过程中，要保持与社会公众的关系，以保持良好的社会形象，所进行的公关活动，要有一定的见报率、长期播放公益广告，以及长期支持某项公益事业或活动。维系型公关不易大张旗鼓、虎头蛇尾，要"润物细无声"，起到潜移默化的效果，不时地影响、感染社会公众，以树立良好社会形象。

7. 进攻型公关

当企业所处的环境不利于企业发展时，如发生危机事件，企业必须主动通过调整与社会公众的关系来消除危机带来的不利影响。企业建立危机处理组织，统一对外宣传声音，提高对危机事件处理效率，及时向外界公布处理结果，并给予相关受害人一定补偿或相关责任人一定惩罚，都有助于平息社会公众的质疑与抱怨。

8. 改进型公关

此种公关形式是指当企业定位发生改变时，要及时通过公关宣传活动，向社会公众准确传达企业新的定位，如企业由医疗器械科技型企业转变为医疗器械服务型企业时，要及时对社会公众进行宣传，以利于社会公众了解、支持企业的新定位、新形象。

（二）医疗器械公关促销程序

医疗器械公共关系的促销程序包括公共关系调查、方案、实施及监控等四个步骤：

1. 公共关系调查

医疗器械公共关系调查，主要是通过调查企业在社会公众的形象和地位。调查是公关促销的第一步，只有准确了解企业目前的形象、所处的环境及公众心理等因素，企业才能设计和策划合适的公关方案。医疗器械公关调查的程序分为准备阶段、实施阶段、整理分析阶段三个基本步骤组成。

2. 公共关系促销方案公共关系促销方案包括以下几方面内容：

（1）制定公关促销目标和主题。公关促销目标包括提高企业形象、改善与社会公众的关系、处理危机事件等情况。

（2）确定公众范围。企业明确公关所面对的公众范围，并将其进行分类，才能针对具体情况，采取相应措施，设计不同的公共关系方案。

（3）选择公共关系活动模式。

（4）选择公共关系活动的媒介。要根据公关促销的目标、对象、内容及经济条件来选择公关活动的媒介。公关活动的实质是针对目标公众进行信息传播活动。

（5）确定公关促销的时间表。

（6）确定公关促销的地点。

（三）医疗器械公关促销控制管理

1. 控制公关进度

在企业的公关工作展开以后，还要及时地掌握其进度。在实际公关工作展开过程中，往往会出现多方面工作不同步的现象。如某项赞助活动在电视台和报刊已经播出，但其纪念品尚未制作完成，也会造成公关工作失信于消费者，延误赞助工作的正常进行。因此，要经常检查各方面工作的实施过程，及时发现超前或滞后的情况，注意在人力、物力、财力等方面予以协调，以求在总目标的引导下，使各方面工作达到同步和平衡发展。为此，在开展公关的整个过程中，必须做好计划的控制工作，在计划编制过程中，实行预先控制，使计划的制订符合实际；在计划的执行过程中，深入公关活动现场，直接进行检查和监督，实行现场控制；在计划执行结束后，及时了解计划执行情况及存在问题，并对其进行分析，提出相应解决对策，以便指导未来的行动，实行反馈控制。

2. 调整公关计划

及时对公关计划的调整、修正，也是企业公关工作过程中十分重要的一项内容。由于客观环境（包括所面对的公众）都是在不断的发展和变化之中，因此在实际操作中，执行的计划必然会与原订计划之间出现不一致的情况，加上计划制订过程免不了与实际有一定的差别，因此，在执行具体计划时，企业制定的公关计划与客观实际之间总会存在一些矛盾。为了排除实施计划过程中的各种障碍，必须经常对公关工作进展情况进行监督和检查。

此外，由于营销沟通本身的障碍，加上社会公众的复杂性（尤其在国外），某项计划、某个行动的执行可能会受到噪音干扰，引起混乱、混淆公众视听。为此，企业公关人员要敏锐地察觉并迅速将其真情向公众说明，以正视听，取得社会舆论和公众的理解与支持，以保证企业的公关目标能够顺利完成。

三、医疗器械的销售促进

（一）销售促进的含义

销售促进又称营业推广。它是指在一定时期内，企业运用各种促销手段或方式，激发消费者或经销商购买产品的兴趣，使产品销售增加的一切促销活动。销售促进是指除人员推销、广告和公共关系等促销方式以外的所有促销活动，尤其是指短期的促销活动，是构成促销组合的重要方面之一。

（二）销售促进的特点

销售促进作为一种短期的促销方式，其特点如下。

1. 销售促进促销效果较为明显

企业采用销售促进的促销方式比较注重各种促销手段的使用及各种营销自愿的整合，而且具有一定的时间限定，因此易引起较大规模的轰动效应，能够诱导消费者及时做出购买决定，促进产品的销售。而广告和公共关系则需要长期坚持才能见效。因此，相对来说，销售促进的促销效果更为明显。

2. 销售促进是一种辅助性的促销方式

企业选择促销方式，一般采取人员推销、广告及公共关系等方式较为常见，此三种促销方式需要长期坚持使用才能看到效果。而销售促进是在某时期内，为达到某促销目标所采取的一种短期的促销方式，因此使用频率不宜过为频繁，否则会降低其促销效果。

3. 销售促进具有一定的风险性

企业运用销售促进主要是通过各种方式，如优惠、折扣等促使消费者尽快购买其产品，虽然短期内促销效果较为明显，但是如若操作不当，也容易引起消费者对其器械的质量、疗效以及企业声誉等产生怀疑，因此具有一定的风险性。

（三）销售促进的方式

1. 对用户的销售促进

向用户进行销售促进，主要适用于低值耗材促销，主要目的是为了激发用户更大的购买欲望。其方法有如下几种：

（1）赠品销售。对购买一定量产品的用户给予某些赠品，以鼓励其购买某产品。如购买一瓶碘伏，赠一小袋棉签，购买滴眼露的用户可获得一张视力表等。

（2）折价销售。有些商家，为了吸引人气，在某时期内，可将某些低值耗材以某种折扣价格进行销售，如某暖宝宝以九折销售等。

（3）有奖销售。如购买某产品可以按照一定方式给予一定的奖品，如抽奖，以激励用户购买。

（4）累计换物。此类促销主要是针对老顾客的一种促销方式，对于经常购买本产品的顾客，可以凭借某些有效凭证如包装盒、累计卡、瓶盖或相关单据等，给予一定的奖励，如小礼品或优惠折扣等。

2. 对经销商的销售促进

对经销商的销售促进主要是指生产企业对医疗器械批发企业、零售商或代理商及医疗单位等进行的促销活动，其主要目的鼓励其购买更多或尝试出售新产品。常用的方式如下：

（1）购买折扣。为刺激、激励经销商购买更多的产品，对一次购买数量较多或在某段时期内购买较多产品的经销商给予一定折扣，购买产品越多，折扣越大。

（2）回款返利。对销售本企业产品较多的经销商，在年底结算时给予较多的返利，以激发其更大的销售激情。

（3）给予促销支持。为鼓励零售商能够提供较好的陈列位置和更大的陈列空间，如提供样品专柜，给予一定的费用补贴或者是广告费用支持。对较远的经销商，还支付其一定的运费，以鼓励其购买本企业的产品。

（4）对其人员进行培训。企业为了提高其产品在零售终端的销售效果，可以专业培训药店店员的销售理论与销售技巧。

3. 对医院的销售促进

对医院销售促销的工作的形式分为以下几种：

（1）对医、护人员。在企业产品进入医院后，必须积极开展对相关医生、护士、专家、教授的临床促销工作。医疗器械促销人员要注重会见时的礼仪及谈话技巧，并与医护人员进行感情交流，有利于产品销售量的提升。

（2）公司对医院促销。除了对重要医护人员进行促销之外，企业还应将所有相应科室的医护人员及专家、教授组织起来召开座谈会，以迅速在医院中树立公司、产品形象，让医院领导及医务人员直接了解、接受本公司的产品。

（3）公司对医疗系统促销。对本地区的医疗系统进行促销，此种方式规模最大、辐射面最广、费用相当高，是在本区域医疗系统全部或大部分已购进本公司产品的情况下进行。这种方式能够完善医生促销环节，建立医生网络，有助于产品销量的增加。

参考文献

[1]（英）罗德·西夫（Rod Sheaff）. 医疗保健业市场营销 [M]. 黄燕译 . 北京：机械工业出版社，2006.

[2] 陈放 . 医药营销 [M]. 北京：蓝天出版社，2005.

[3] 程小永，李国建 . 微信营销解密 移动互联网时代的营销革命 [M]. 北京：机械工业出版社，2013.

[4] 邸国斌 . 营销真功 GE 医疗、东软数字医疗营销管理感悟 [M]. 北京: 经济管理出版社，2005.

[5] 丁桂兰 . 医疗机构营销 [M]. 北京：清华大学出版社，2005.

[6] 方鹏骞 . 医疗服务营销与市场学 [M]. 北京：科学出版社，2010.

[7] 何志坚 . 医药企业营销财务管理实战宝典 [M]. 北京：海洋出版社，2002.

[8] 侯胜田 . 医疗服务营销 [M]. 北京：经济管理出版社，2010.

[9] 季骅 . 医药市场营销 [M]. 上海：上海交通大学出版社，2007.

[10] 黎宗剑 . 营销之道 [M]. 北京：中国市场出版社，2006.

[11] 李东贤 . 现代医院营销 [M]. 北京：清华大学出版社，2008.

[12] 梁万年 . 卫生服务营销管理 [M]. 北京：人民卫生出版社，2013.

[13] 刘全喜，秦省 . 社区卫生服务管理与营销 [M]. 郑州：郑州大学出版社，2002.

[14] 马志伟 . 医疗器械市场营销战略 [M]. 北京：中国纺织出版社，2018.

[15] 秦美娇 . 医疗消费者行为学 [M]. 上海：上海交通大学出版社，2007.

[16] 秦夏明等 . 营销战例评说 [M]. 南昌：江西高校出版社，1996.

[17] 汤少梁 . 医药市场营销学 [M]. 北京：科学出版社，2007.

[18] 王峰 . 医药市场营销学 [M]. 北京：高等教育出版社，2007.

[19] 许彦彬，伊利 . 医药市场营销学 [M]. 济南：山东人民出版社，2010.

[20] 严振 . 药品市场营销学 [M]. 北京：化学工业出版社，2004.

[21] 余健儿，张英 . 现代医院营销战略 [M]. 广州：广东人民出版社，2002.

[22] 张卫东 . 网络营销 [M]. 北京：电子工业出版社，2002.

[23] 周先云，刘徽，孙兴力 . 医疗器械市场营销技术 [M]. 武汉：华中科技大学出版社，2016.

[24] 徐福宁 . 精准营销·医用耗材营销管理手册 [M]. 南京：江苏凤凰教育出版社，

2016.

[25] 曹天生.医院医疗器械市场营销的误区与营销战略[J].广东培正学院学报,2005(2).

[26] 杜桂霞.对我国医疗器械市场营销的思考 [J]. 现代经济信息，2008（12）.

[27] 黄琳娜.浅析医疗器械企业市场营销管理信息系统的研究与开发对策 [D].2017 年博鳌医药论坛，2017.

[28] 麻震敏.新兴医疗器械市场的营销经验 [J]. 成功营销，2011（6）.

[29] 滕冲.医疗机构营销平台的设计与实现 [D]. 湖南大学，2016.

[30] 张宏.正向医疗设备管理系统市场营销策略优化研究 [D]. 郑州大学，2015.

[31] 张织云.医疗器械市场营销病症分析及治疗 [J]. 国际医药卫生导报，2002（10）.

[32] 郑志凯.医疗器械市场营销管理现状分析 [J]. 山海经，2016（11）.